可愛い折り紙
左：お座りパンダ
(p.156)
下：チューリップ
(p.97)
ネコ (p.168)

森に動物たちが現われる
上２つ：キリン（p.184）、上右：ヒトコブラクダ（p.187）
その下２つ：ゾウ（p.164）

上2つ：ツリー（p.114）、上右：ゴリラ（p.153）
左：リス（p. 210）、右：子ザル（p.194）

暮らしに役立つ折り紙
上：ハートのネームプレート（p.142）、中：のし鶴の箸袋（p.126）
下左：V カットの箸置き（p.124）、下右：パーティー皿（p.130）
撮影＝磯貝スタジオ

ちくま文庫

ハッとする！　折り紙入門

布施知子

筑摩書房

目次

第二章　暮らしに役立てる

第三章　動物たちが現われる

ハッとする！

折り紙入門

はじめに

ようこそ、折り紙の世界へ。
なつかしいなあ、と思って本書を手にされた方、どうぞお上がりください。
何のめぐりあわせか偶然本書を手にされた方、遠慮なさらずどうぞお入りください。
趣味の折り紙は、知的でたわいない遊びです。場所もとらないし、お金もそうかからないし、ひとりでもできるし、孫ともできるし、ボランティアにも役立つし、その気になれば世界中の愛好家と友人になれるし。
たわいない遊びだけれど、折るときは集中。できあがってにっこり。
「アハ！体験」という茂木健一郎さんの言葉を聞いたことがあるでしょうか。なかなかわからなかったことがわかったとき「あっ、わかった！」と思う喜びの体験のことです。そのことが脳を活性化するのだそうです。折り紙はまさに「アハ！体験」に満ちた世界です。なかなか折り方がわからなかった作品が、ある日突然できてしまったとき。わかって折っていてもいざ自分の手の中にその形があらわれたとき。何か良きものが体を走ります。

そのためにも、折るときは次の二点に注意して下さい。

○折り線はアイロンをかけるように、しっかりつける。
○折り図は、今折っているところだけでなく、一つ二つ先も見る。

本書は、やさしい折り方の伝承作品も多くあります。折り紙が久しぶりの方は、ああ、そうだったなあ、と思い出しながら折ってください。初めての方は出来そうな所からゆっくり始めてください。

折り方は忘れるものです。

忘れるから本があります。

面白く折っていただき、後で折り方を忘れたとき、本書が折り方を思い出すよすがとなれば、著者として幸いです。

折り方の約束

裏返す

図が大きくなる

図の位置が変わる

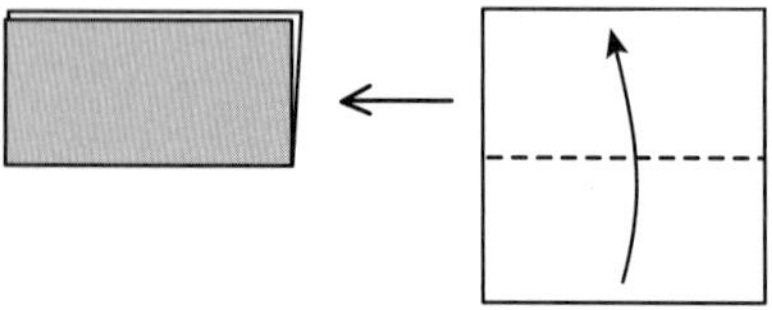

谷線

向こう側へ折る

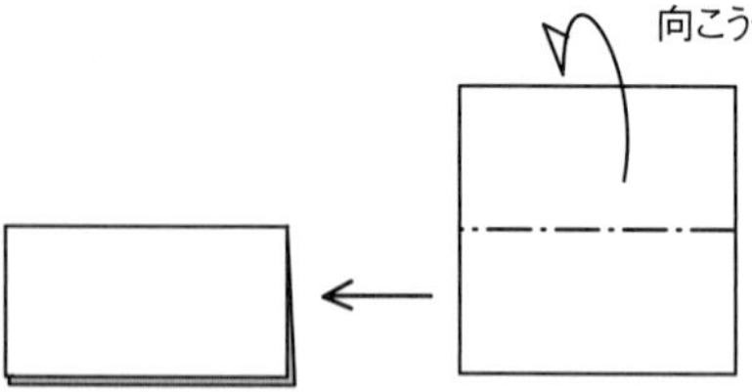

山線

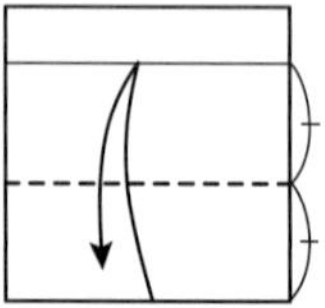

同じ幅で折る

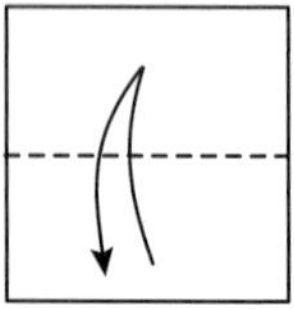

折り線をつけてもどす

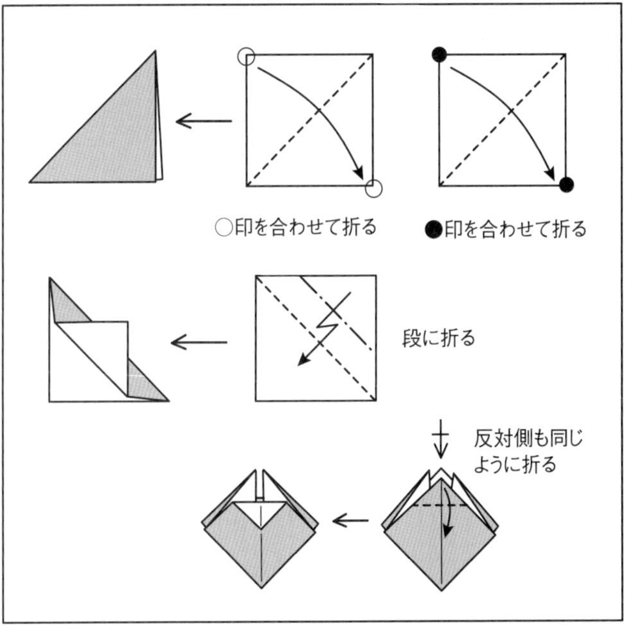

○印を合わせて折る
●印を合わせて折る
段に折る
反対側も同じ
ように折る

折り方の難易度と紙の寸法

題のわきに書いてあるものは折り方の難易度と、折るのに適当と思われる紙の寸法です。
折るときのめやすにしてください。

★　15cm×15cm

折り方の難易度　紙の寸法

★　かんたん
★★　ふつう
★★★　むずかしい

「中割り折り」と「かぶせ折り」は、折り紙の重要な技法です。2つの折り方をしっかりマスターしましょう。

中割り折り

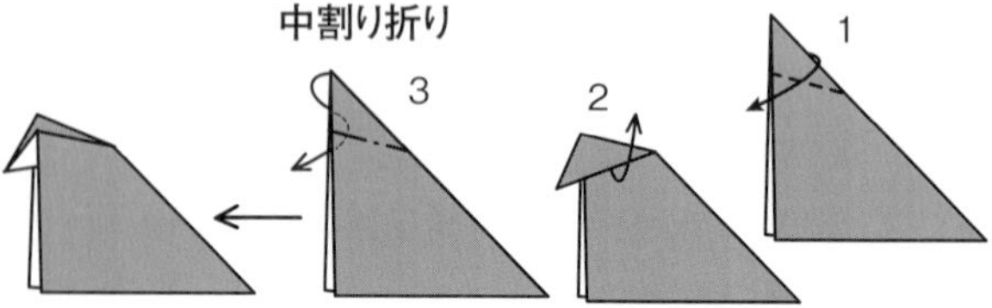

1、2で一度折り線をつけるのは練習。
実際は3からいきなり折る方がよい。
3-1〜3-2、指の入った折り図を参照。

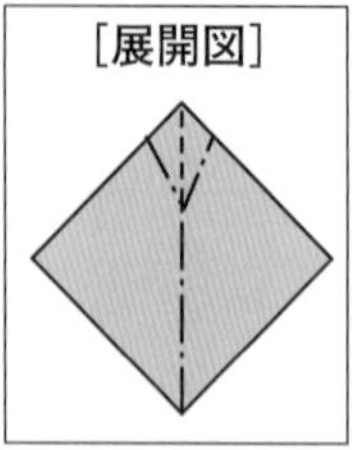

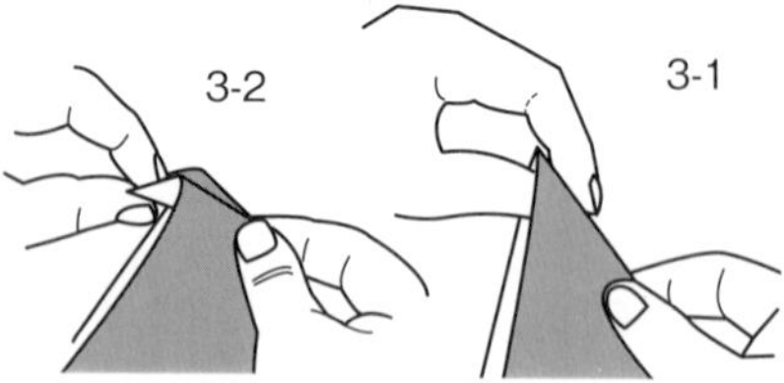

注意
図の煩雑を避けるため「中割り折り」と「かぶせ折り」は1、2を省いて表記されることが多い。慣れると1、2は折らなくてもできるし、その方がきれいな仕上がりになる。指の入った図を参照。

かぶせ折り

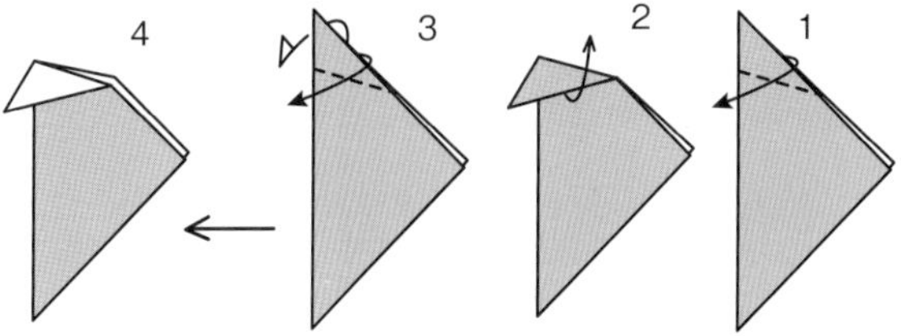

1、2で一度折り線をつけるのは練習。
実際は3からいきなり折る方がよい。
3-1〜3-4、指の入った折り図を参照。

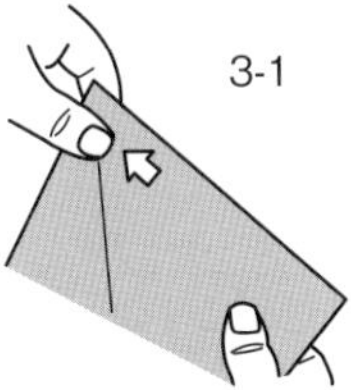

紙を開きかげんにして、
親指の山線を押してく
ぼませる

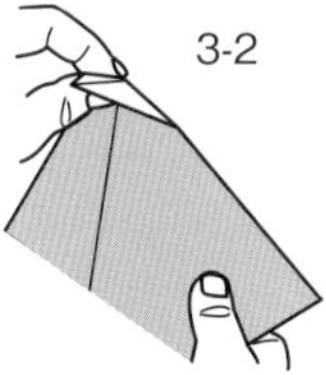

くぼんだ所から
手前にかぶせる

3-2を横から
見たところ

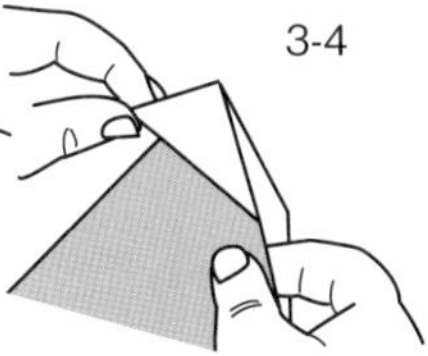

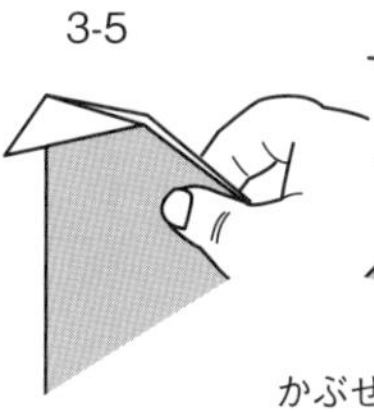

かぶせたら、角度を決めて
しっかり折り目をつける

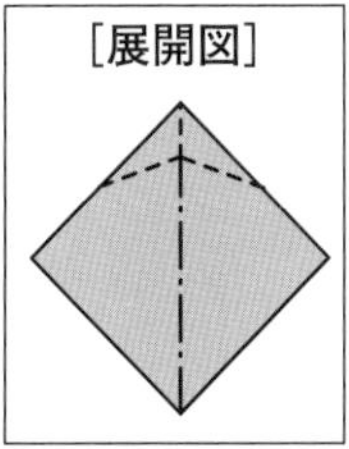

ぐらい折り

はっきりした目安がなく、だいたいこのあたりかなあ、これぐらいのところかなあ、と折ることを「ぐらい折り」といいます。
次に折るときに、合せるべき線やかどがないので、これでいいのかと不安になる折り方です。完成して、動物など、バランスがとれていない場合、この「ぐらい折り」が良くなかったのでしょう。折り幅や角度を変えて再挑戦してください。

一見簡単そうな作品でも「ぐらい折り」が多くあるものはむずかしいものです。

例:「お座りパンダ」(156ページ)
の顔のあごを折るところ

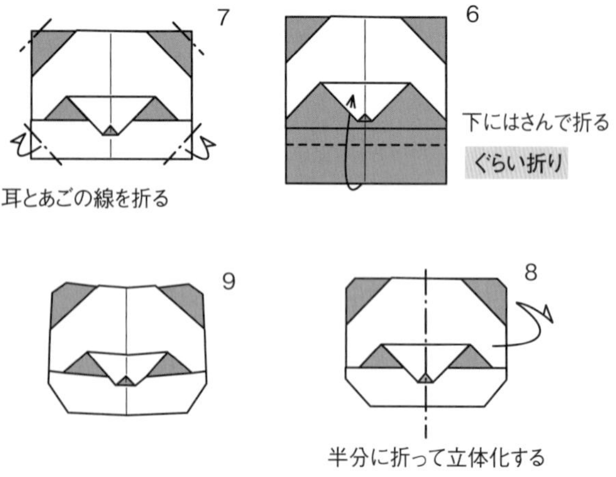

6
下にはさんで折る
ぐらい折り
7
耳とあごの線を折る
8
半分に折って立体化する
9

仕込み折り

料理の仕込みのように、後で作業が簡単に進むようにあらかじめ折り線をつけておくことをいう。
「仕込み折り」はしなくてもすむが、しておいた方がきれいにできる折り方のこと。（より詳しくは36ページ参照）

鶴の基本形を折るための
仕込み折り

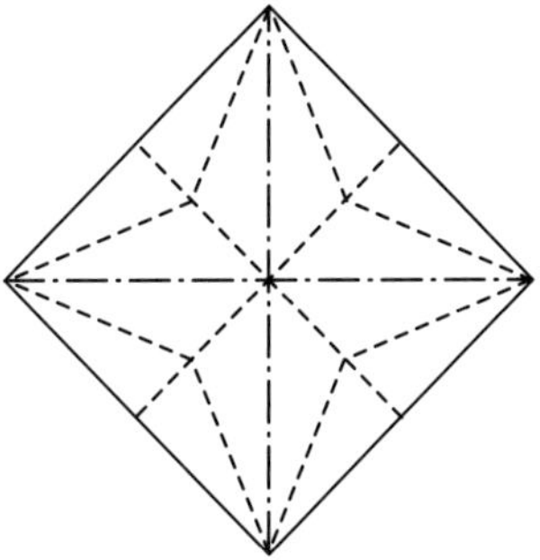

（36ページ参照）

基本形

折り線でよく使う形を「基本形」といいます。
目的の形に折る方法はひとつではありません。
「正方基本形」では2つの方法を示しました。

正方基本形——折り線をつけてまとめる

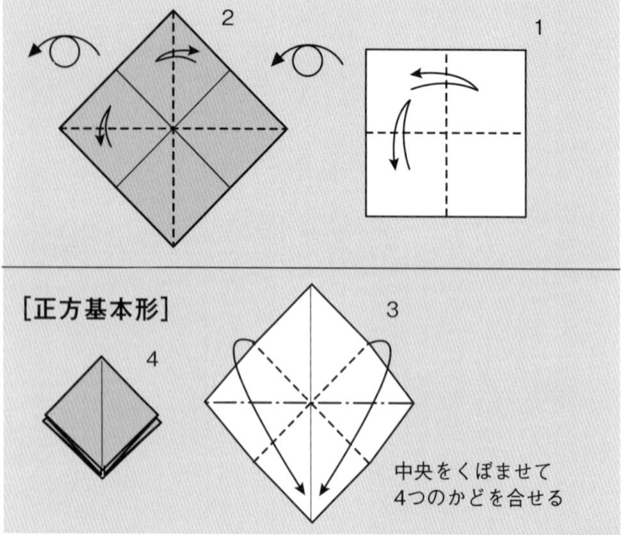
1
2
3
中央をくぼませて
4つのかどを合せる
4
[正方基本形]

正方基本形——順に折りたたむ

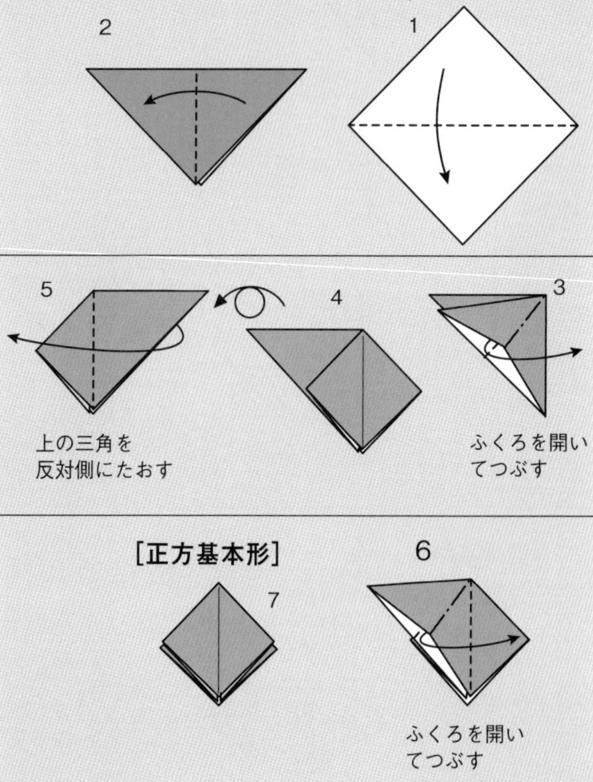

1
2
3
ふくろを開いてつぶす
4
5
上の三角を反対側にたおす
6
ふくろを開いてつぶす
7
[正方基本形]

つるの基本形

1

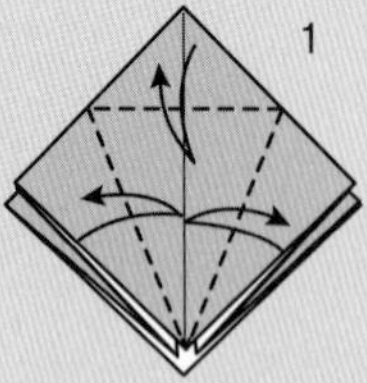

正方基本形から
（16ページ）

（16ページ）

折り線をつけてもどす

2

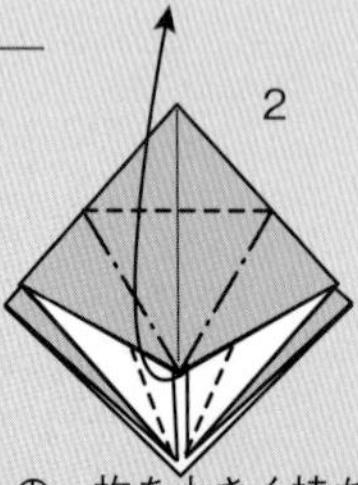

上の一枚を大きく持ち上げ、左右のポケットをつぶして平らにする

3

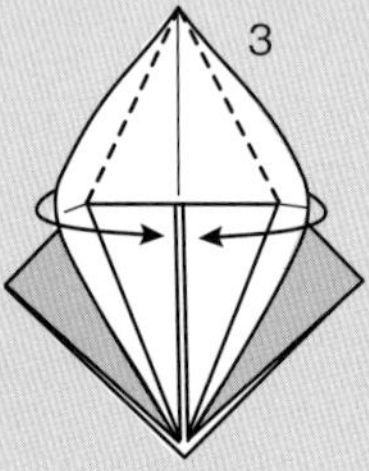

（途中の形）

4

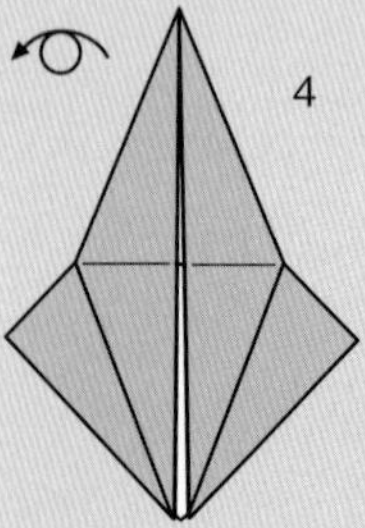

5

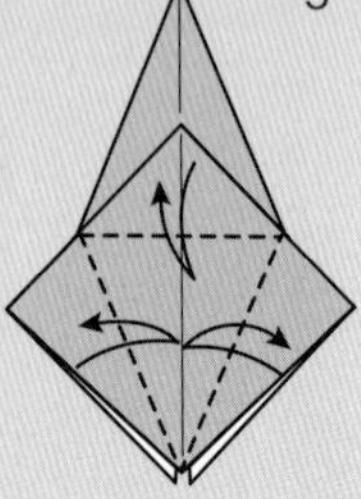

6

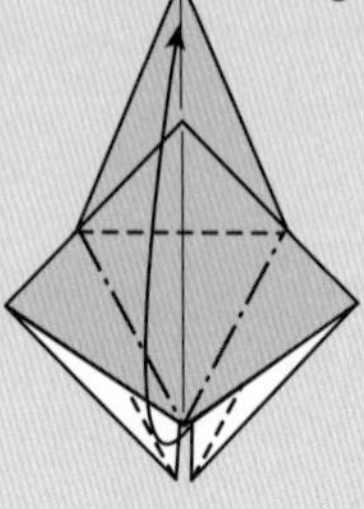

[つるの基本形]

7

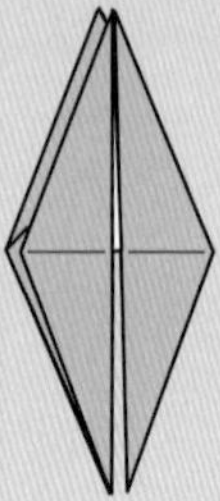

かえるの基本形

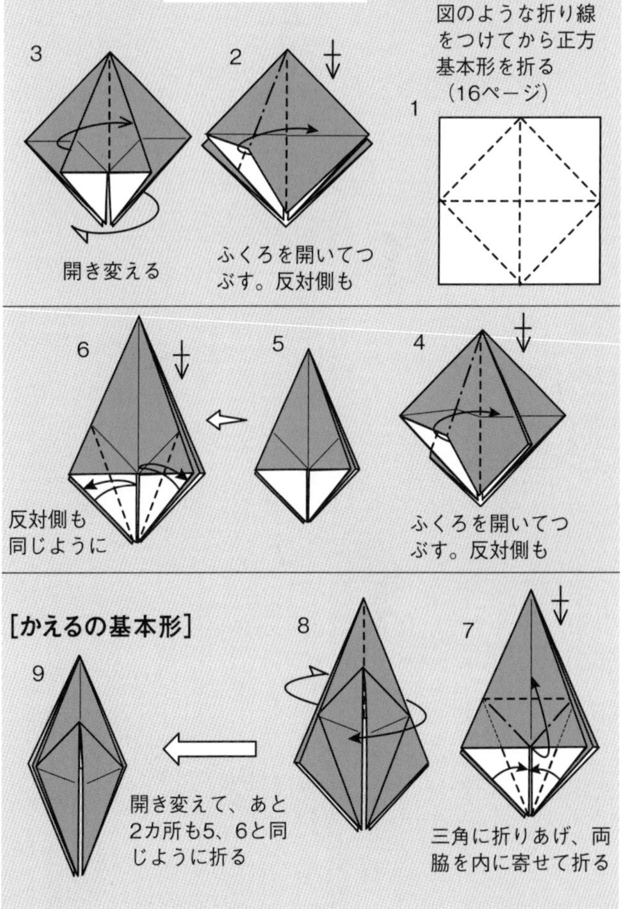

1
図のような折り線をつけてから正方基本形を折る（16ページ）
2
ふくろを開いてつぶす。反対側も
3
開き変える
4
ふくろを開いてつぶす。反対側も
5
6
反対側も同じように
7
三角に折りあげ、両脇を内に寄せて折る
8
開き変えて、あと2カ所も5、6と同じように折る
9
[かえるの基本形]

つる+かえるの基本形

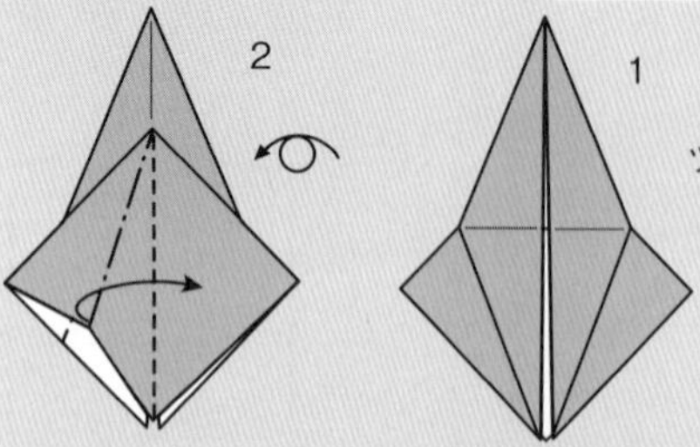

ツルの基本形から
（18ページ）

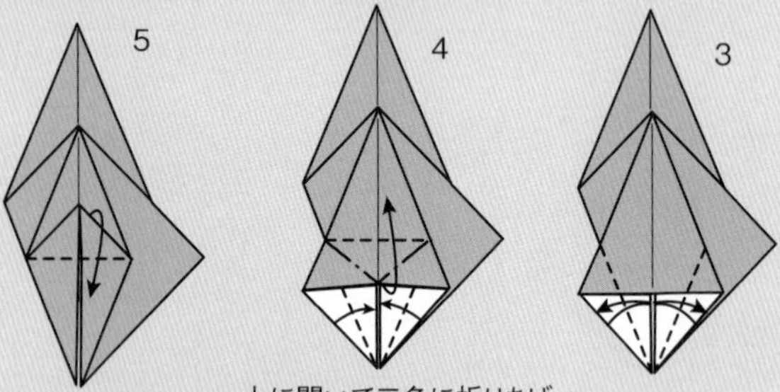

上に開いて三角に折りあげ、
両脇を内に寄せて折る

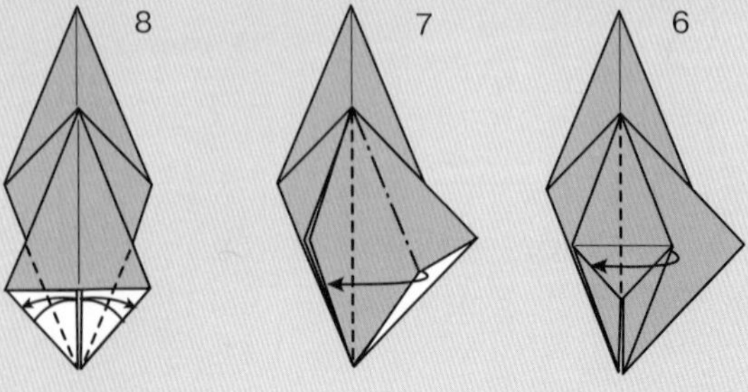

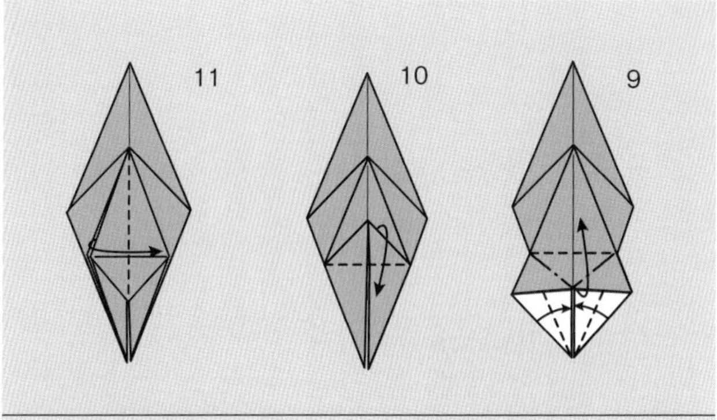
11
10
9

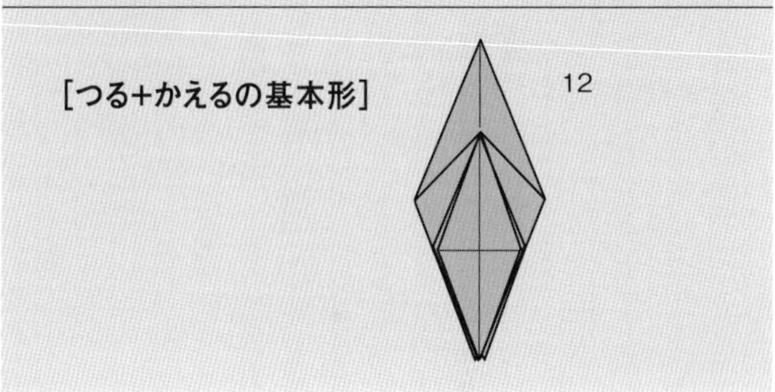
[つる+かえるの基本形]
12

第一章　伝承とその応用

伝承作品は、だれもが一度は見たり折ったりしたことのあるなつかしい折り紙です。
伝承作品は折り紙の基本であると同時に、広がりをもっており、たくさんの楽しみを与えてくれます。

コップ（伝承） ★15cm×15cm

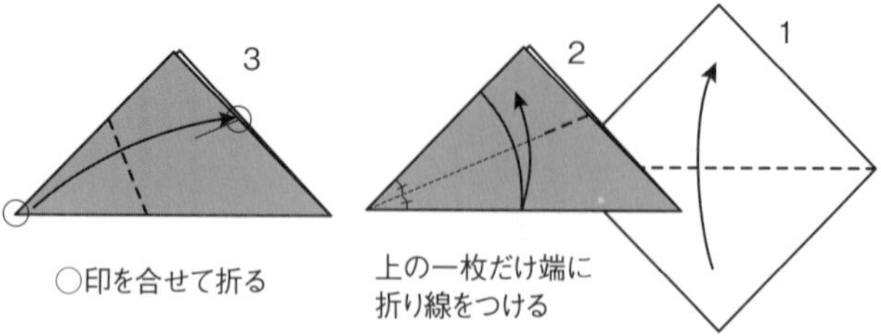
1
2
3
○印を合せて折る
上の一枚だけ端に
折り線をつける

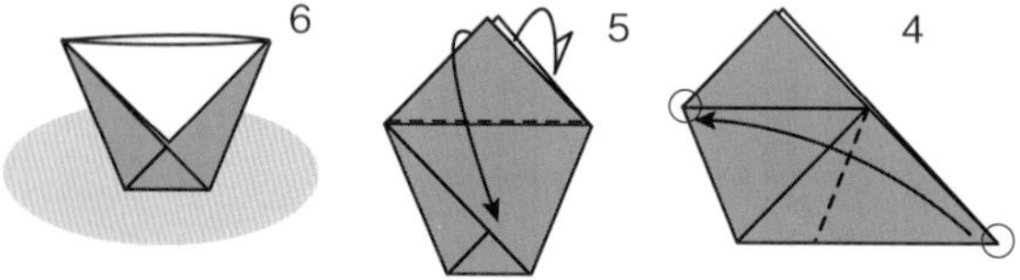
4
5
6

コップで拍手 ★15cm×15cm

「コップ」の両端を中割り折りしたら、おもしろいものができました。これを見つけたときはにっこりしました。

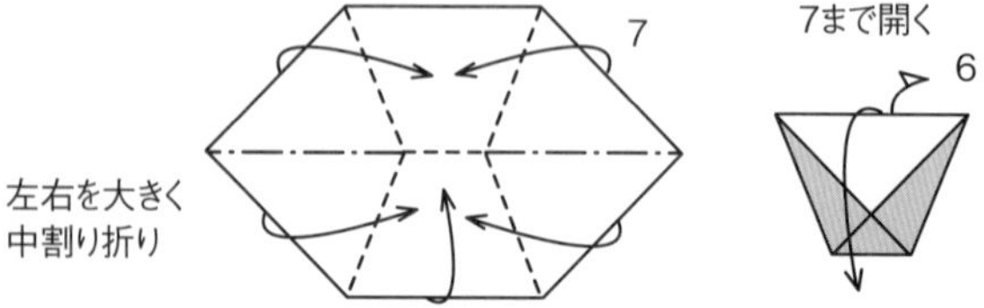
7まで開く
6
7
左右を大きく
中割り折り

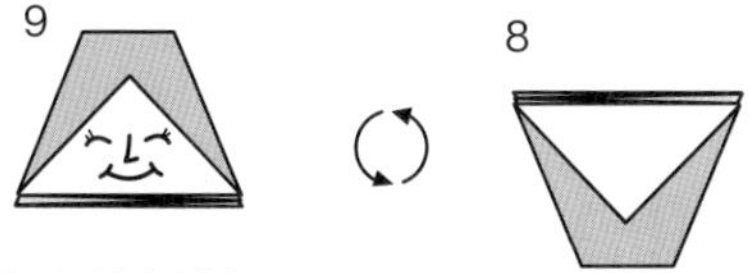
9
8

顔などを書き込む

▶ 遊び方 ◀

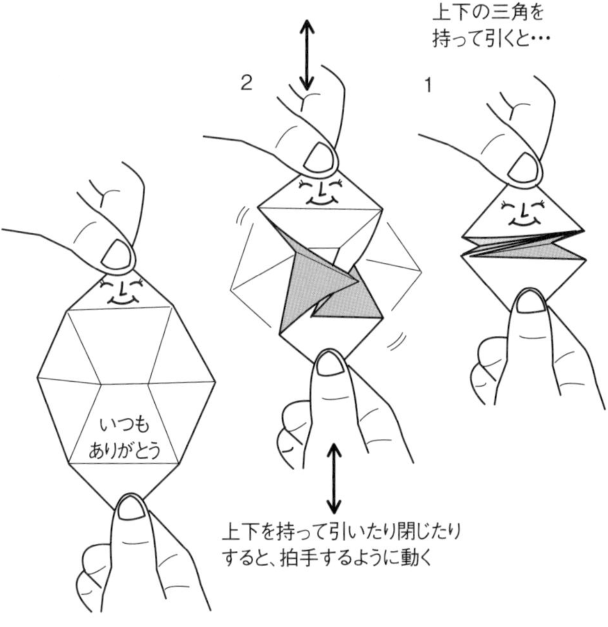
上下の三角を
持って引くと…
1
2
上下を持って引いたり閉じたり
すると、拍手するように動く
いつも
ありがとう

メッセージを書いてもよい

かぶと、金魚（伝承）　★15cm×15cm

「かぶと」をひと折り変えてハサミをいれると、金魚になります。ハサミを使わないことが折り紙の基本ですが、こんなに劇的に変化するなら良しとしましょう。

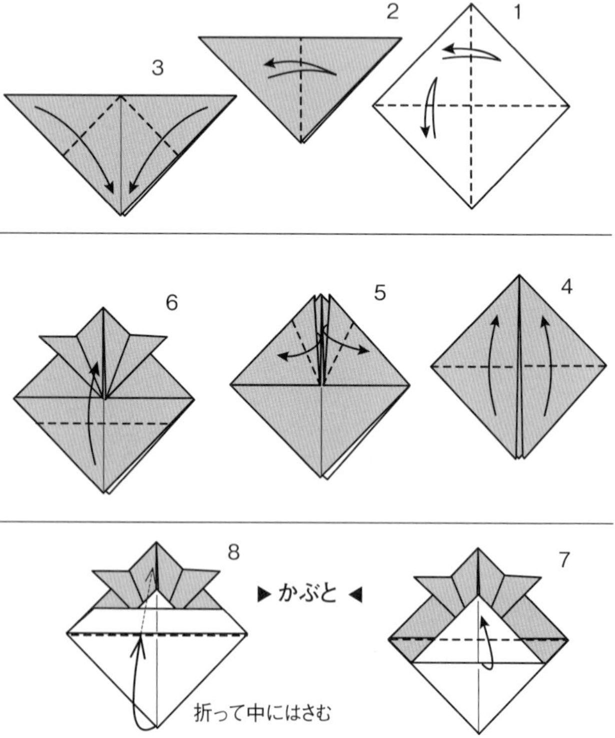

9

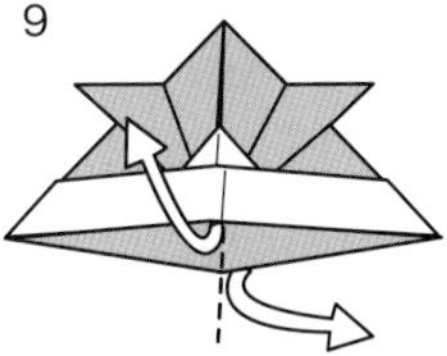

開いて形を整える

10

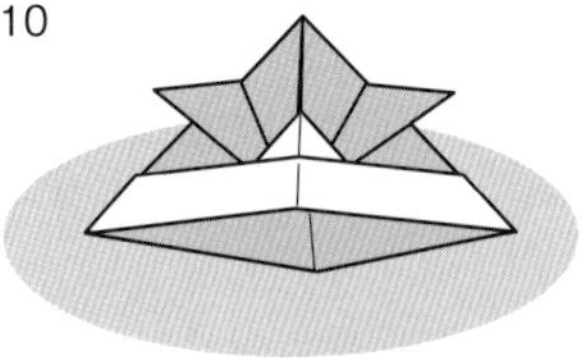

▶**金魚**◀

かぶとの7から

8

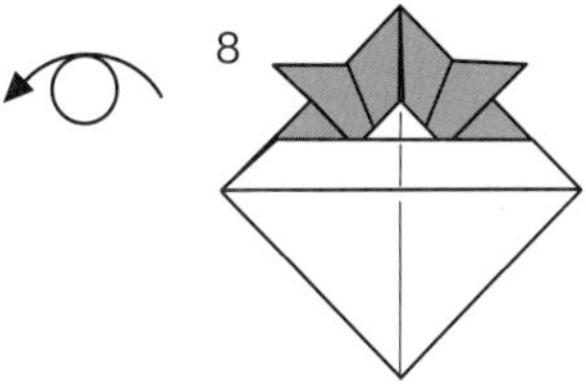

9

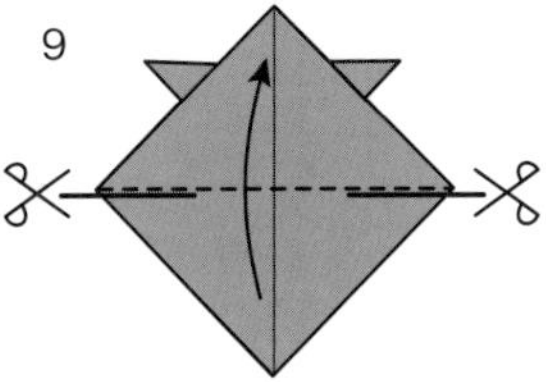

左右を一枚切ったら折り上げる

10

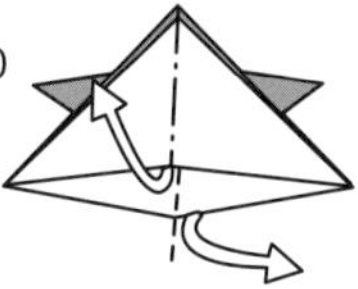

開き変える

11

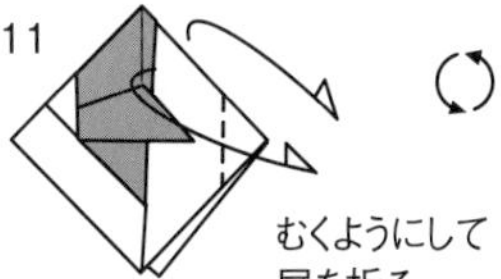

むくようにして
尾を折る

12

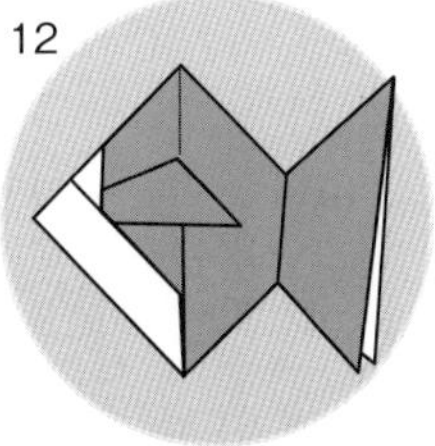

ひよこのトブカ ★★12cm×12cm

7.5〜12cmくらいの小さめの黄色い紙で折るとかわいい。
トブカはひよこの名前。「かぶと」を逆さまに読みました。

1

かぶとの7から

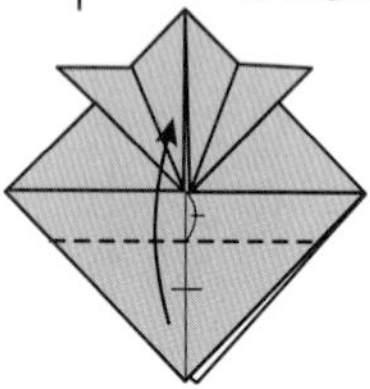

4分の1くらいのところで折るとよい

2

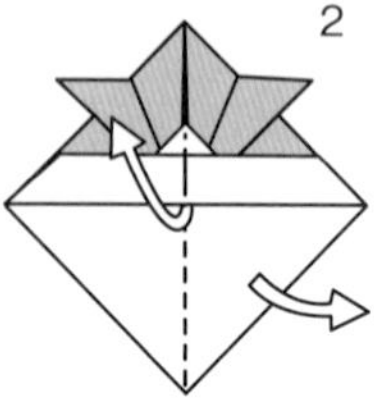

開き変える

3

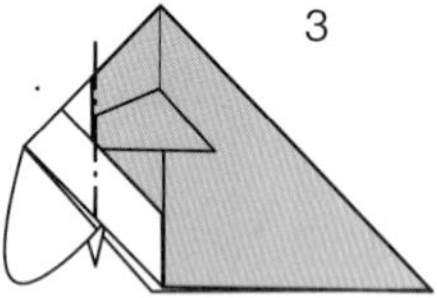

中割り折り

4

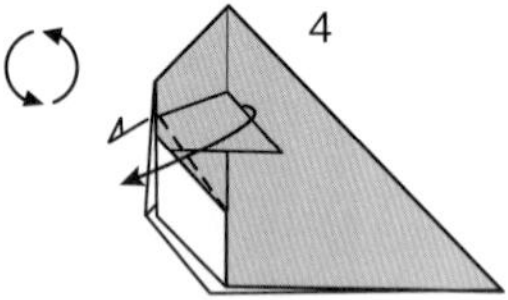

かどいっぱいに折る

5

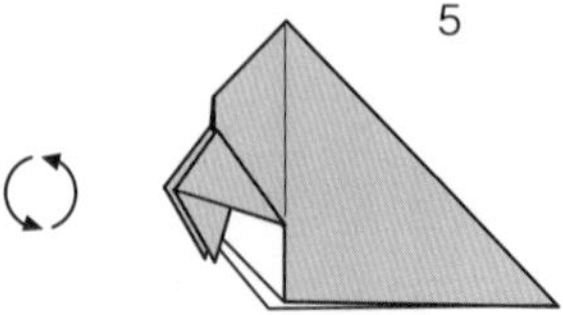

折ったところ

6

中割り折り

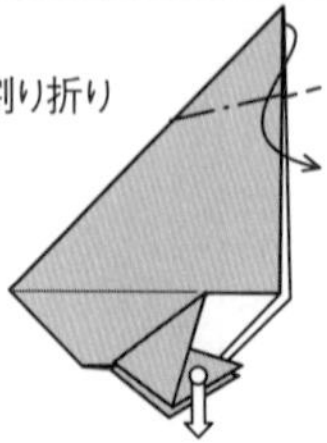

足を引っ張って長くする

column　思いがけない変身

幼い頃、折り紙を教わっていて「かぶと」が「金魚」に変身したときは、もう本当にびっくりしました。想像もつかない、思いもよらない変身。折り紙の魅力のひとつです。こうしたものは作り出すというより、見つけ出すものなのでしょう。

私もいつかそんな発見をしたいものだと思い続け、ある日、ひとつ見つけました。それがこの作品です。ひよこといっても象徴的な形ですが、「かぶと」の頭がひよこのお尻になる、思いがけないものになった、というあたりを楽しんでください。「かぶと」を逆さまから読んで「とぶか」。「ひよこのトブカ」と名付けました。

これをぽーんと人に手渡すと、「これ何だろう？」とあちこちからながめ、正しい位置になったとき、「ああ、鳥だね！」とにっこりします。

このとき、色も大切。なるべく黄色の小さめの紙で折ってください。するとあらふしぎ！　ひよこに見えてきます、というより、ひよこに見せてしまいましょう。

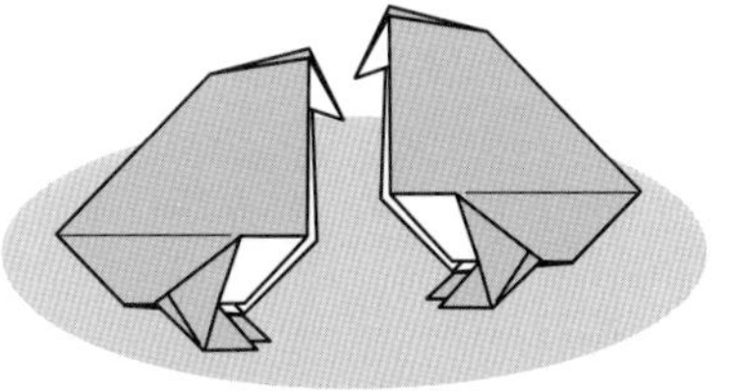

7

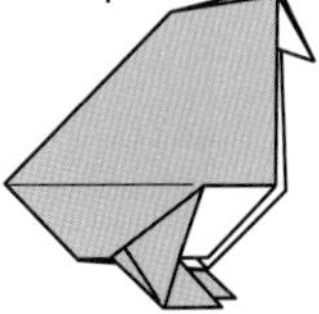

お家（伝承）　★15cm×15cm

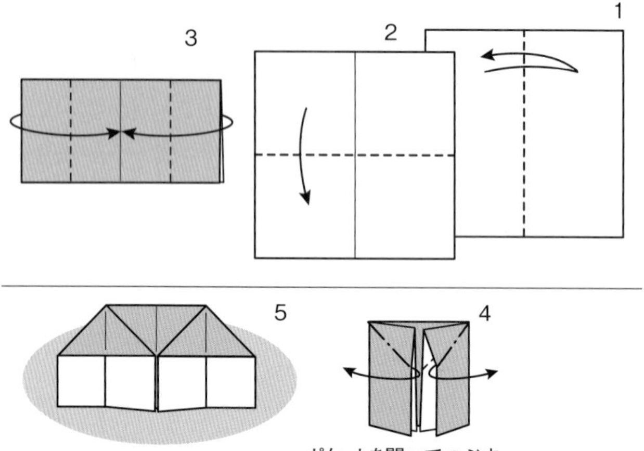

column　折り幅を変えて折る

折り紙は、同じ折り方で同じ形しかできないと思われがちですが、基本の折り方は同じでも、折り幅を変えて折るだけで、たくさんの変化を楽しむことができます。

形が変化するにつれ想像もふくらみ、まったく違うモチーフの作品が生まれることもあります。

「チョウ」（32ページ）は、「お家」からそんな過程を経て生まれた作品です。

▶ 2の折り幅を変えて折る ◀

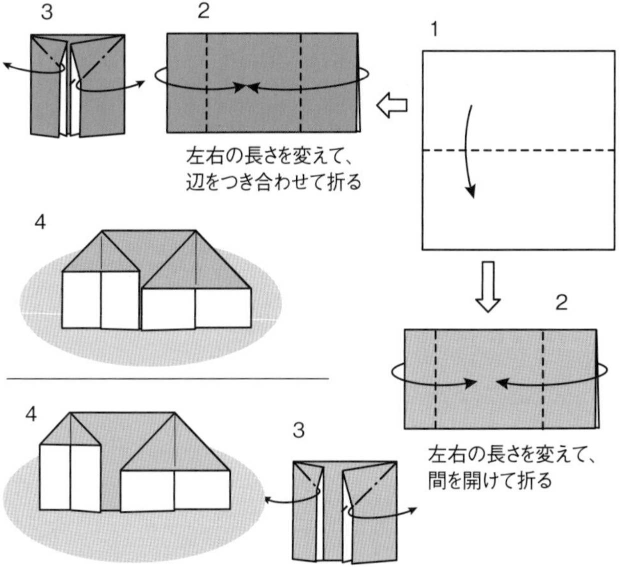
1
2
左右の長さを変えて、
辺をつき合わせて折る
3
4
2
左右の長さを変えて、
間を開けて折る
3
4

▶ いろいろなお家 ◀

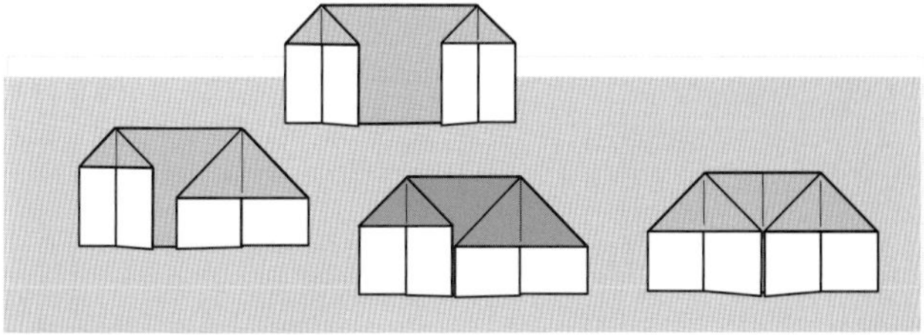

チョウ ★15cm×15cm

「お家」(30ページ)が「チョウ」に変身します。いろいろな幅で折るという折り紙の楽しさを味わってください。

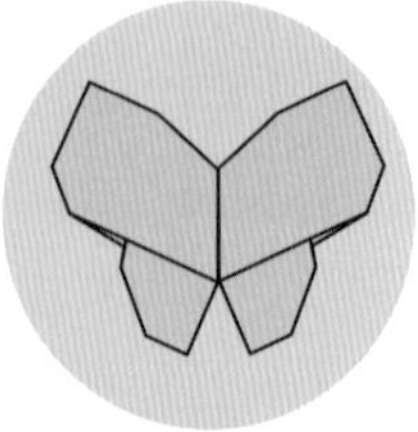

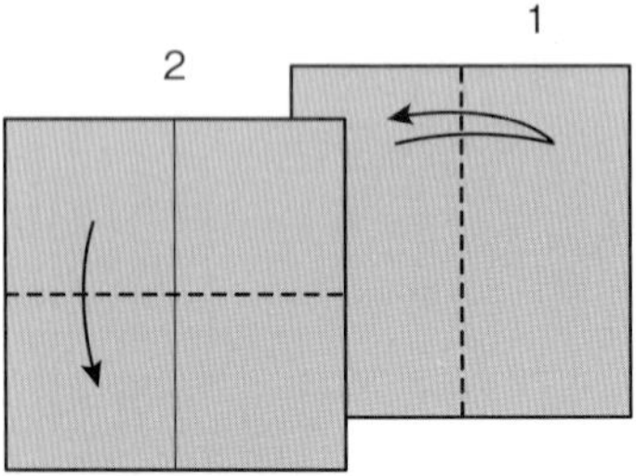

1
2

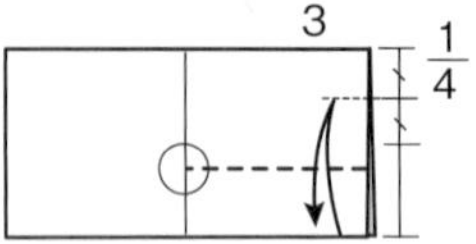

3
1/4

上の一枚を○印まで折ってもどす。4分の1はだいたいの目安。折り幅は、ある程度自由。ここを加減するといろいろな形ができる。

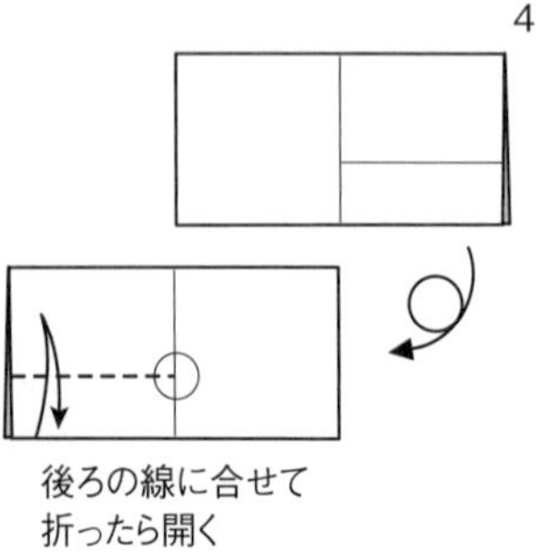

4
後ろの線に合せて
折ったら開く

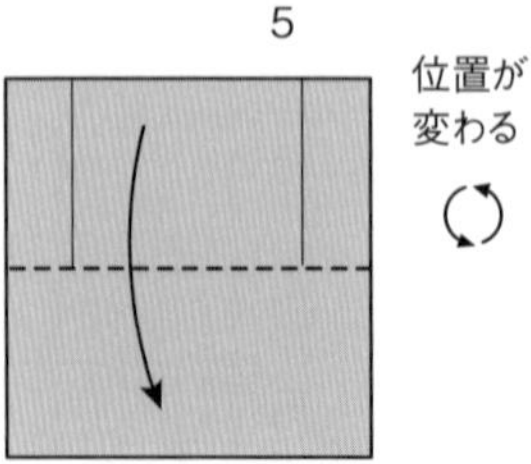

5
位置が
変わる

6

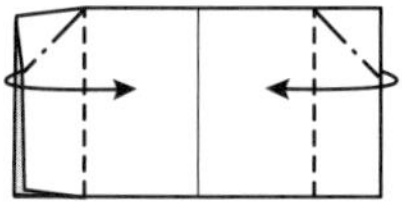

7

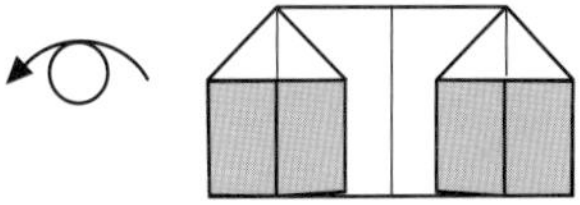

「お家」(30ページ)の
折り幅を変えて折った形

8

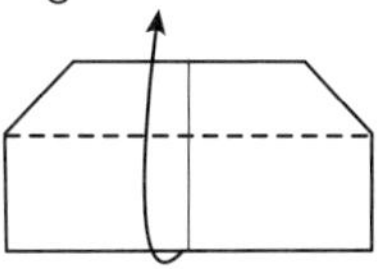

9

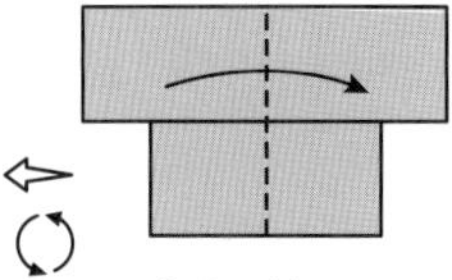

半分に折る

10

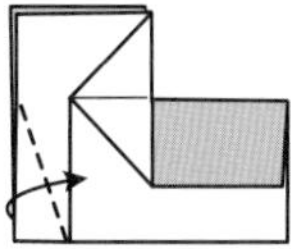

仕込み折り

(36ページ参照)

11

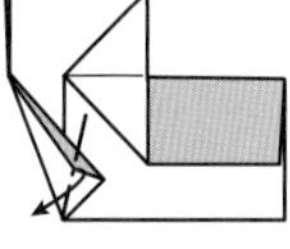

ポケットを開いて
つぶす

12

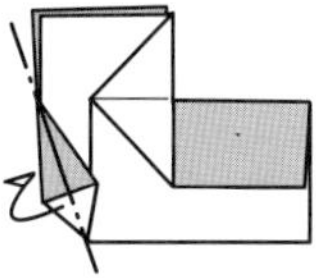

13

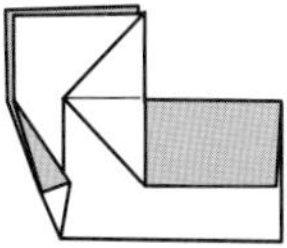

「仕込み折り」をいったん
ほどいて14まで開く

14

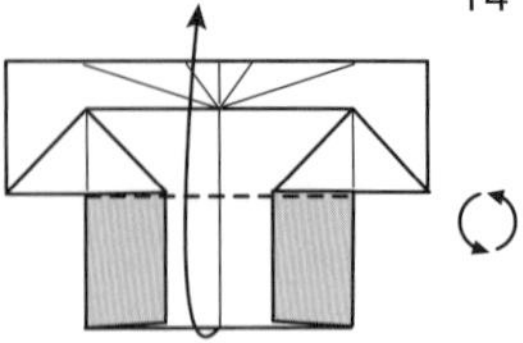

15

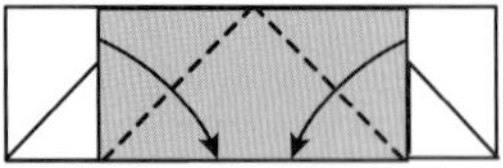

16

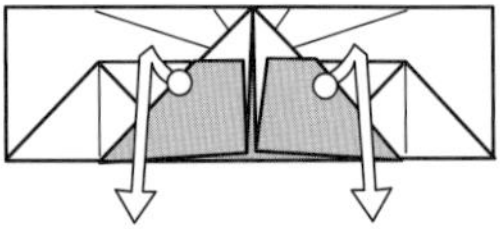

○印の一枚をはずして
下へおろす

17

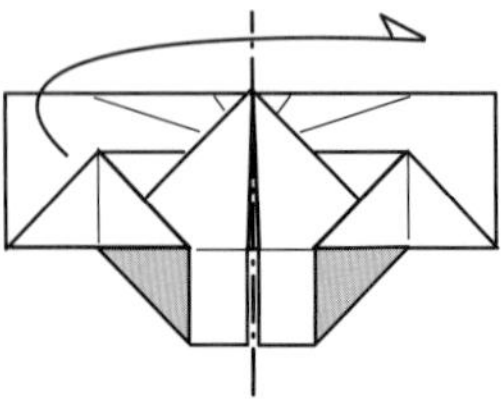

半分に折る

18

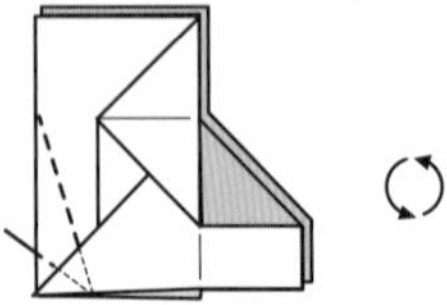

「仕込み折り」の
状態にもどす

19

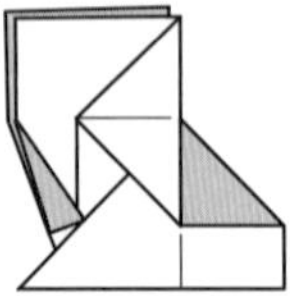

「仕込み折り」を
もどしたところ

21

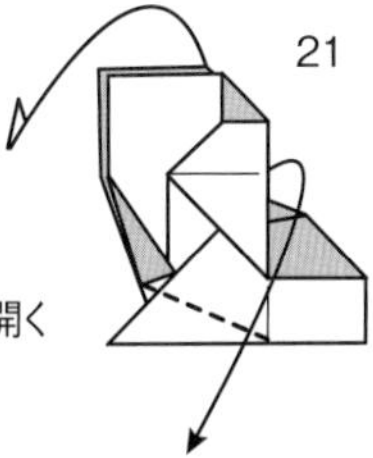

羽を開く

20

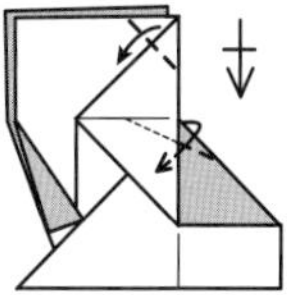

前羽の先と後羽の付け根を折る。反対側も

22

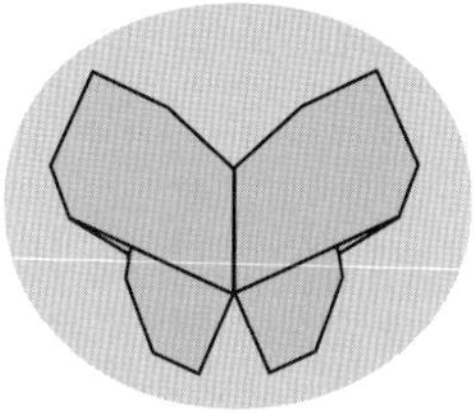

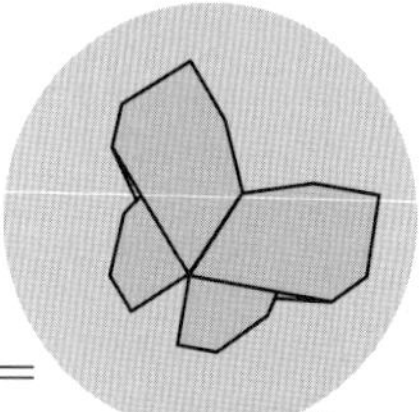

「お家」(30ページ)5から

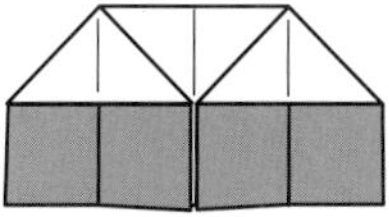

以下、折り方は33ページ7からを参考に

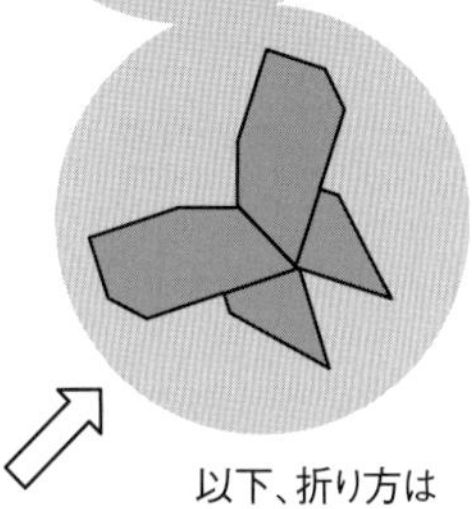

以下、折り方は前ページ19からを参考に

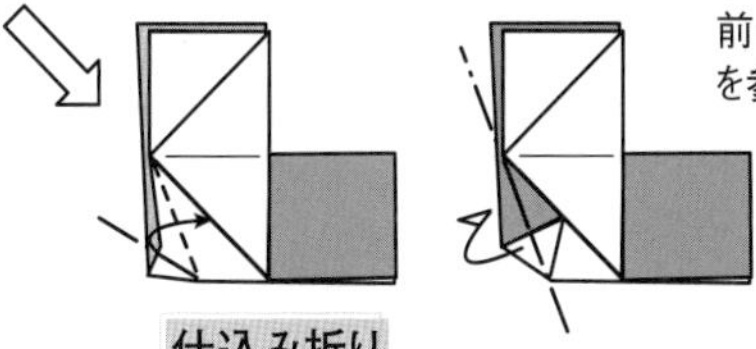

仕込み折り

column　仕込み折り

料理の仕込みのように、後で作業が簡単に進むようにあらかじめ折り線をつけておくことを「仕込み折り」といいます。

つけた折り線は、すぐには使わず、そのときが来たら有効に働かせます。

折り紙の面白さは、折っていく過程にもあります。形が意外な変貌をとげ、思わぬ方へ展開し、最終的な形へと導かれていく。手品の種明かしを見るような心持ち。

「つるの基本形」（18ページ）は、まず「正方基本形」を折って、そこから紙を一枚引き上げて菱形の形に持っていく（18ページ2参照）、とここが面白みのひとつですが、正確に折りたいときは下図のような折り線をつけてからまとめると、きれいにできます。厚い紙や癖のある紙を折るときに便利

鶴の基本形を折る

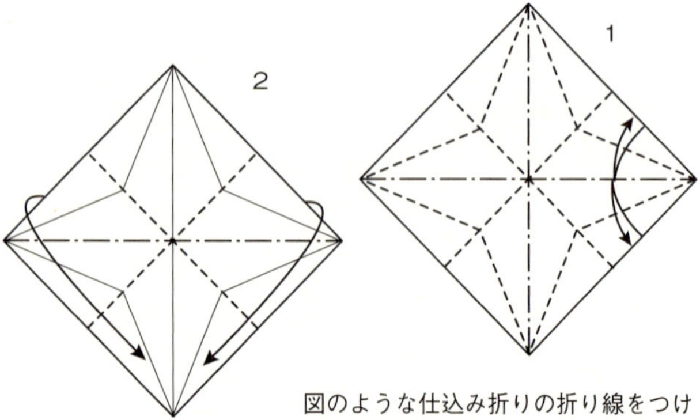

図のような仕込み折りの折り線をつけてから折るときれいにできる

です。
　折り上がった作品は、ほどいて平らな一枚にもどすと、さまざまな線がついており、ポイントとなる線をあらかじめつけてから順にまとめて行く方がきれいにできます。
　しかし折り紙の醍醐味がうすれる気がします。それぞれ良さがあるので「仕込み折り」も使いようです。好みに応じてどうぞ。
「仕込み折り」は、しなくても済むが、しておいた方が後々きれいにできる折り方のことです。

［鶴の基本形］

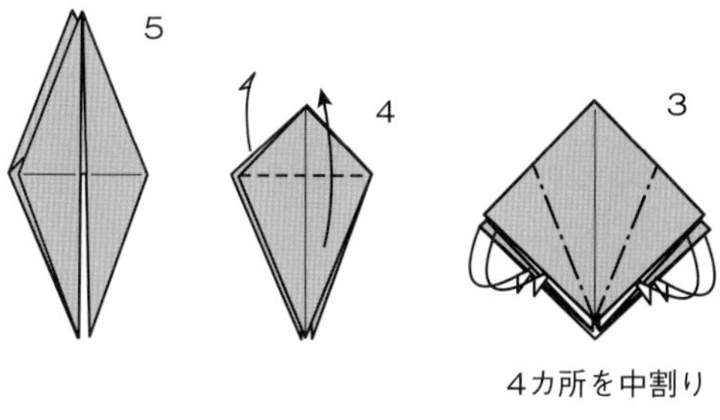

つの香箱（伝承）

★★15cm×15cm

4つのつのが飾りになった香箱です。ポケットを開いてつぶしたり、最後に立体化させるところなど、折り紙を折るたのしさを味わってください。

正方基本形から（16ページ）

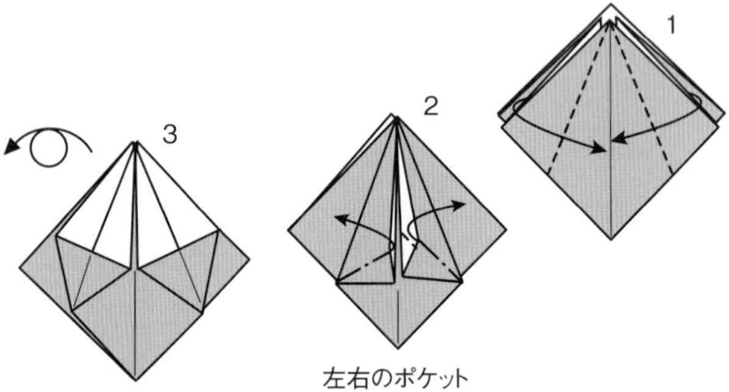

左右のポケットを開いてつぶす

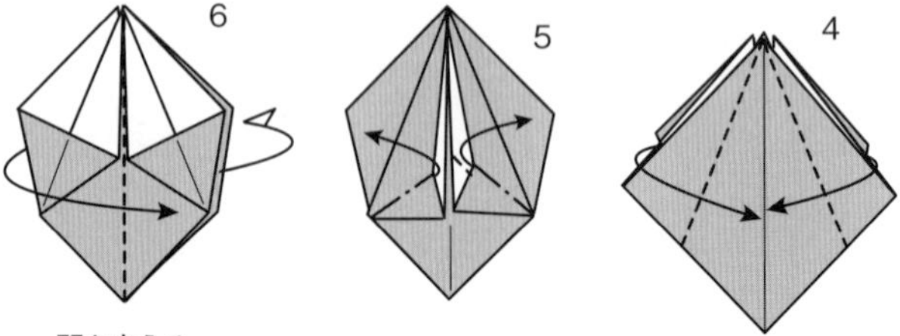

開き変える

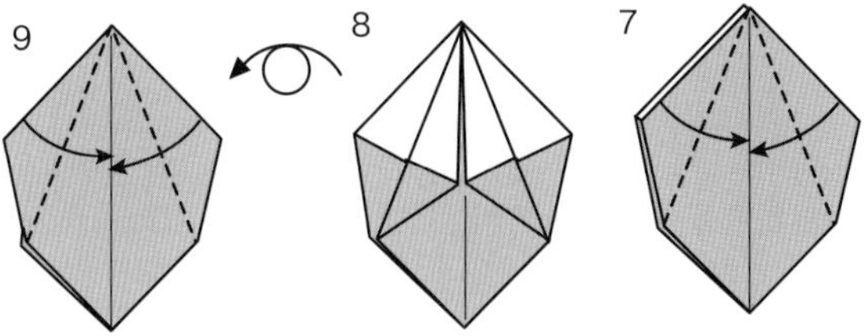

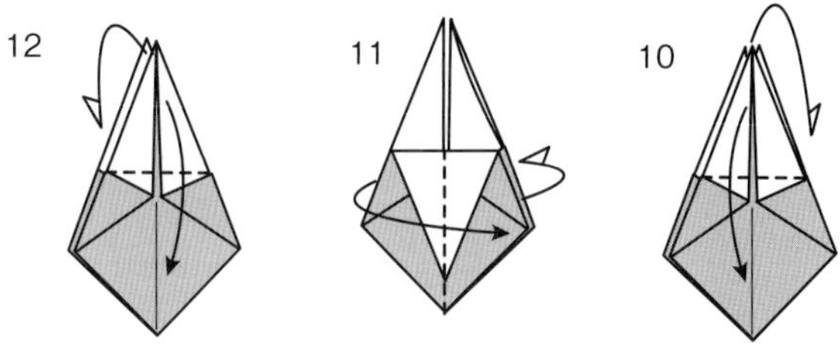

開き変える

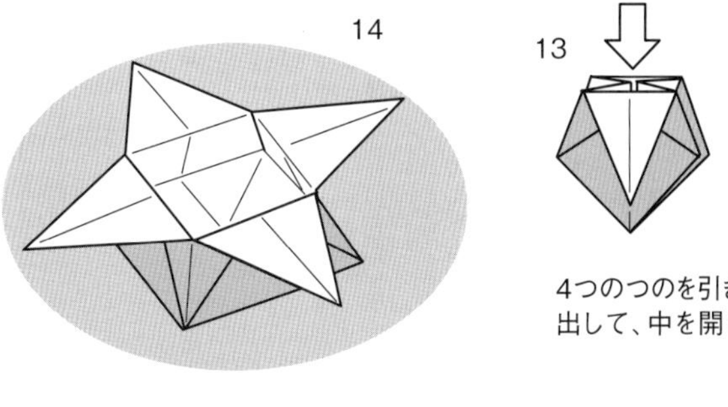

4つのつのを引き出して、中を開く

バセッタさんの星

★★15cm×15cm

作:Paolo Bassetta

イタリア人のバセッタさんから、この作品を見せられたとき、とても驚きました。見慣れた「つの香箱」が星になったのです！　思わぬ転換、折り紙の醍醐味を感じました。

2

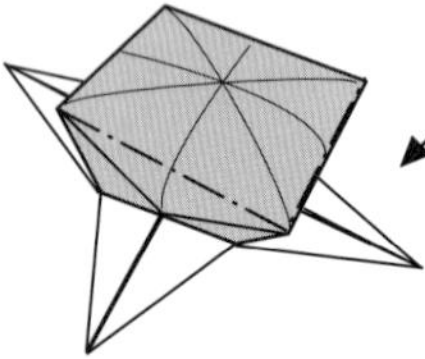

つの香箱（前ページ）

1

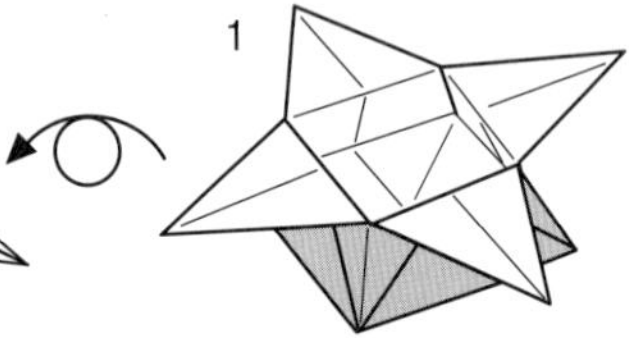

裏返して底の四角の線をしっかりつける

3

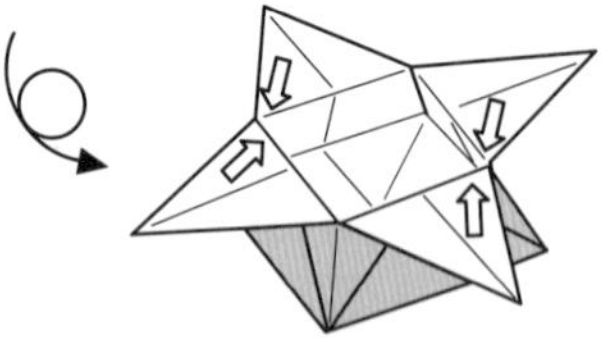

矢印を指でつまむ

4

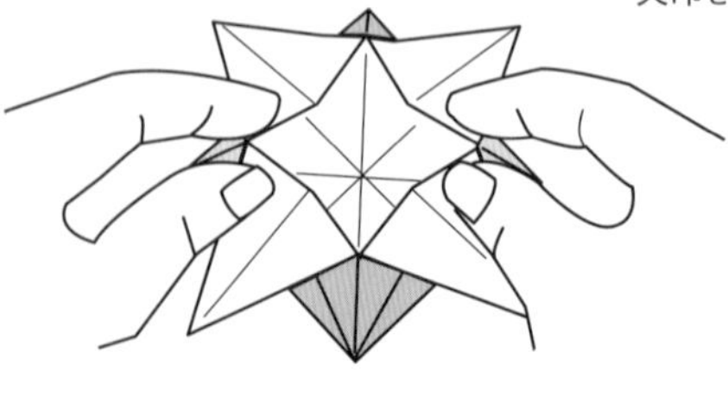

5

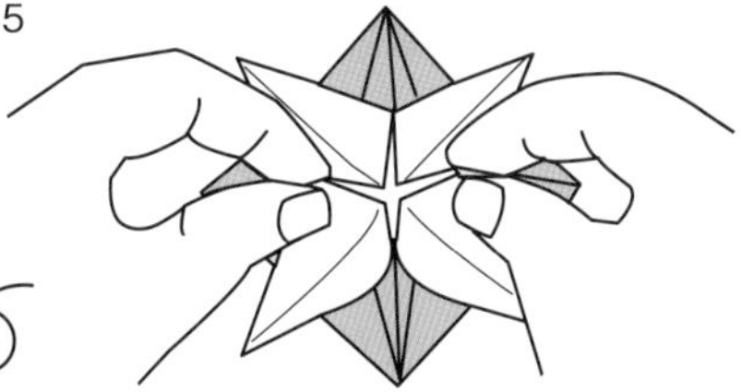

中心に寄せて、軽く中に押し込む
4つのつのが花びらのようになり、
八《はつ》角《かく》(スターアニス)に似た形に
なる

6

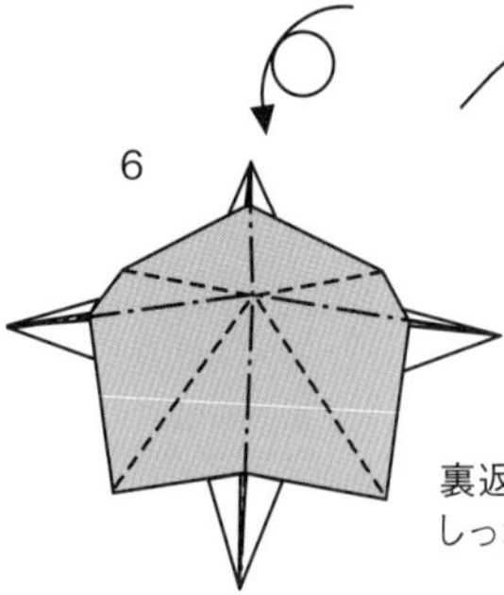

裏返して山線をつまんで
しっかり折り線をつける

7

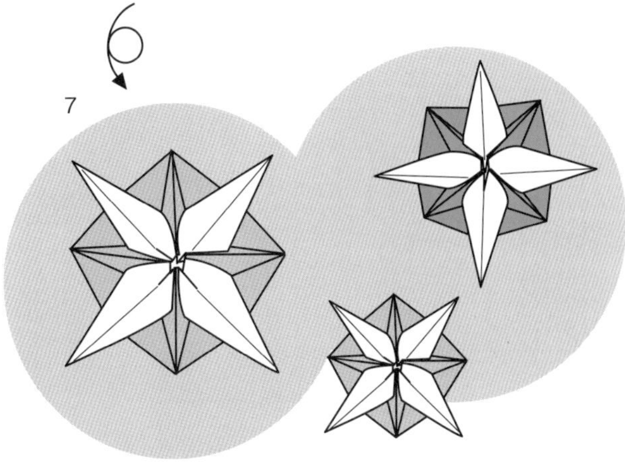

升（伝承）　★★15cm×15cm

「升」と名前はついていますが、同じ大きさの紙から一組の箱にすることもできて、使い勝手のいい作品です。

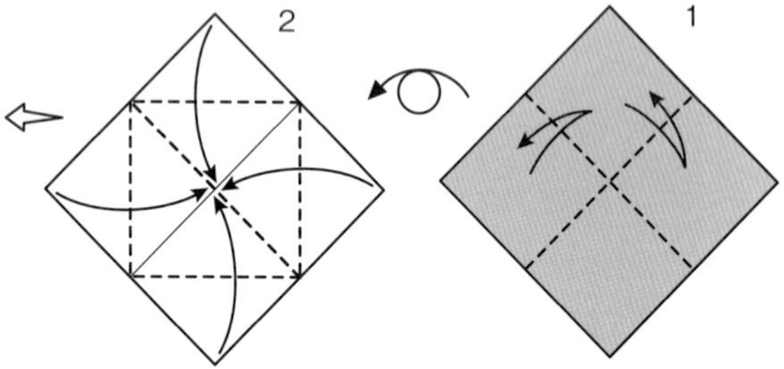

2
1

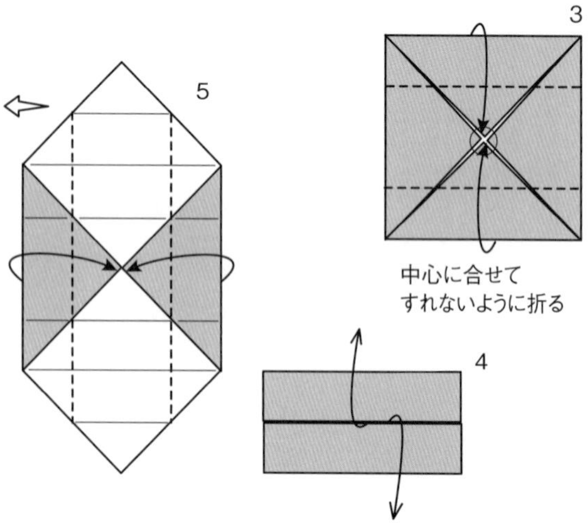

3
中心に合せて
すれないように折る
5
4

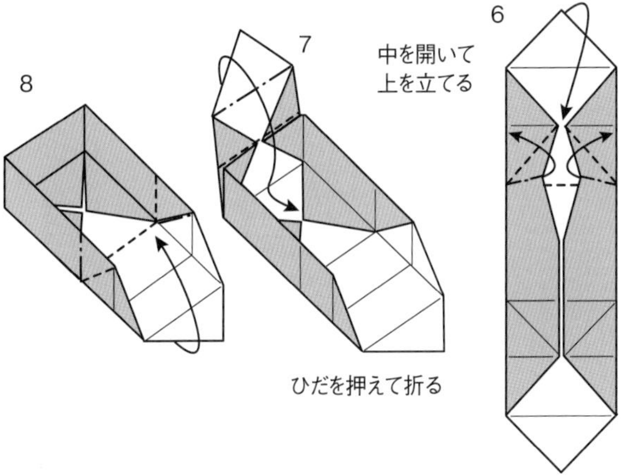
8
7
6
中を開いて
上を立てる
ひだを押えて折る

きちょうめん

升さん一家は　きちょうめん
きっちり　四角四面
すっきり　四角四面
しんよう　だいいち
まちがいなし
いうことなし

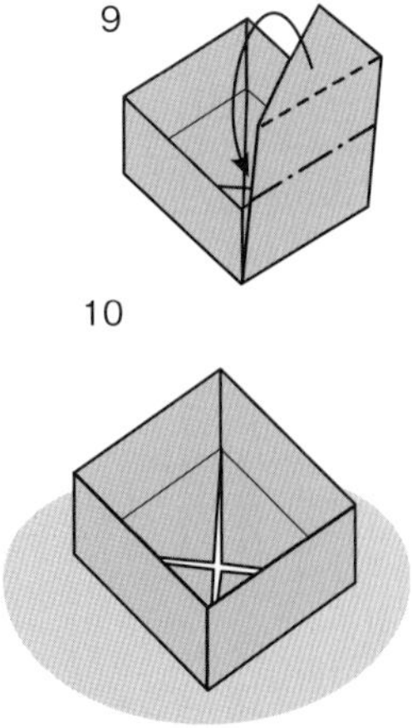
9
10

升を一組の箱にする

★★15cm×15cm

▶ 基本の升のふたにする場合 ◀

42ページ3から

1

中心より3mm
くらいあけて折る

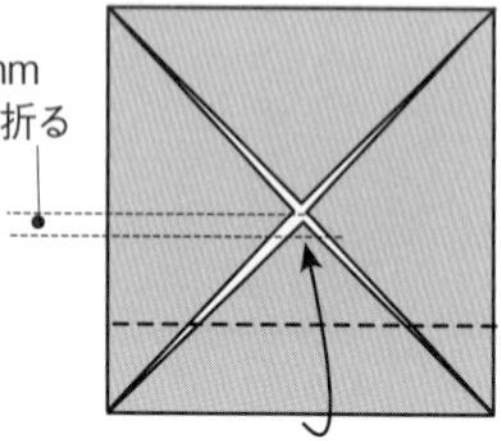

この折り幅で大きさが変わる
深く折る→小さくて深い箱
浅く折る→大きくて浅い箱

2

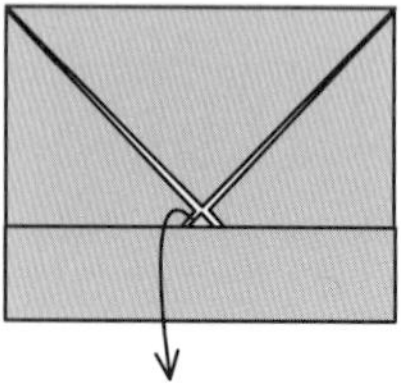

小さい三角と
一緒に開く

3

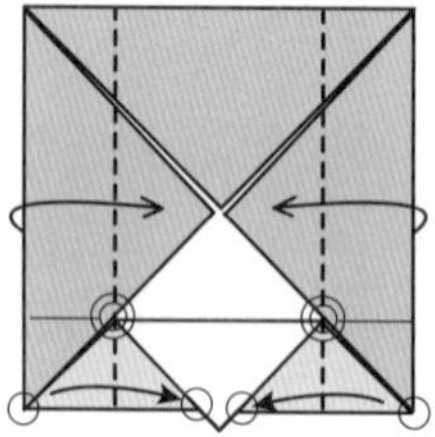

○印を合せて、
◎印のところで折る

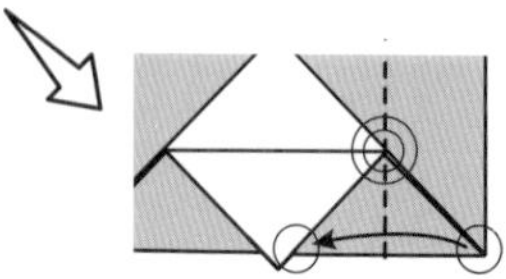

4

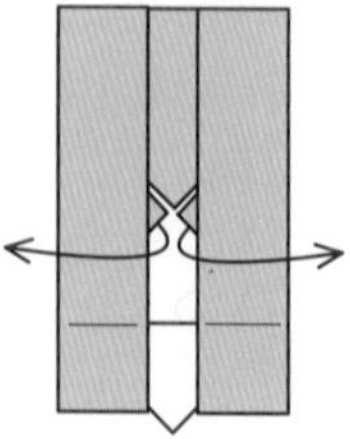

内側と一緒に開く

5

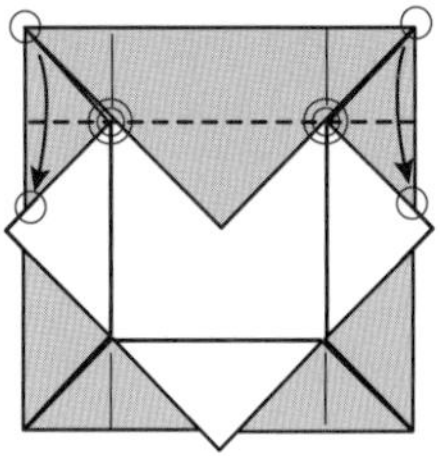

○印を合せて、◎印のところで折る

6

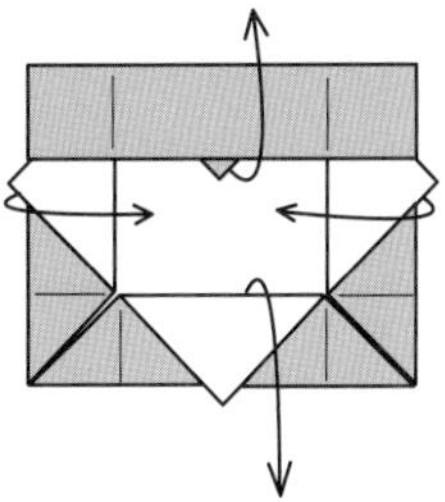

7

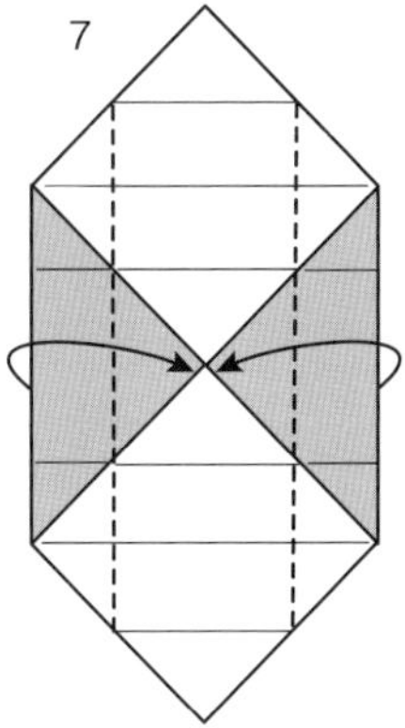

8

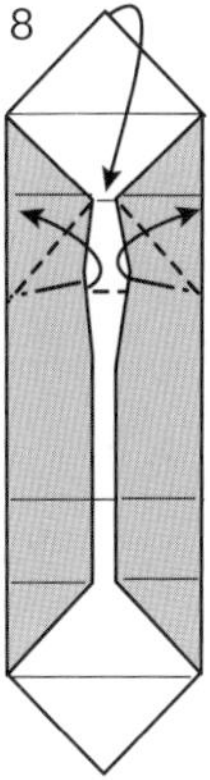

以下、43ページ8からと同じに折る

9

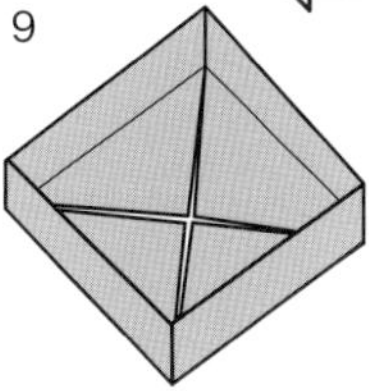

10

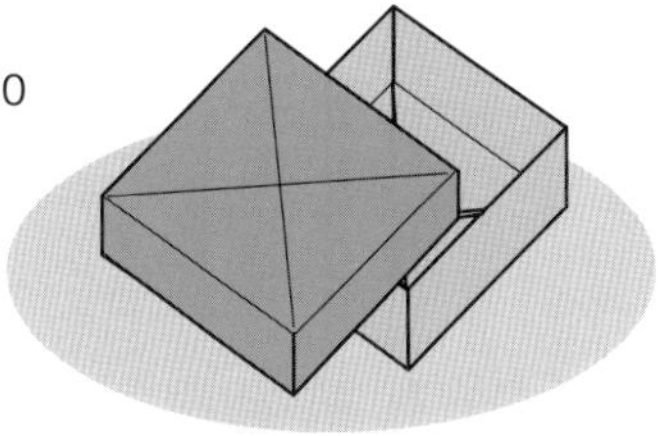

同じ大きさの紙から本体とふた、一組の箱ができます。

モーターボート（伝承） ★★15cm×15cm

最後に皮をむくようにくるんとひっくり返すところは、
何度やってもわくわくします。

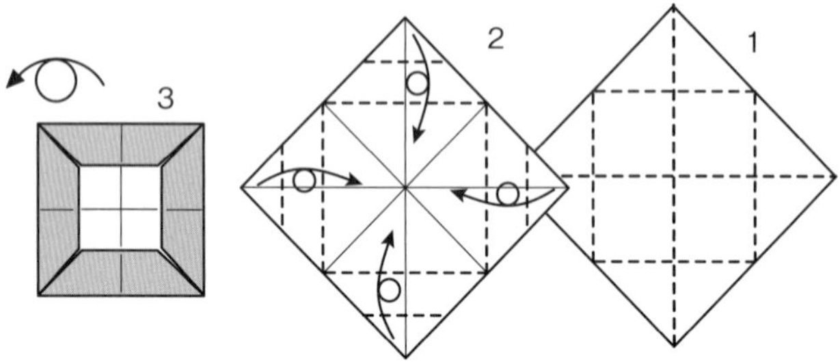

巻いて折る　図のような折り線をつける

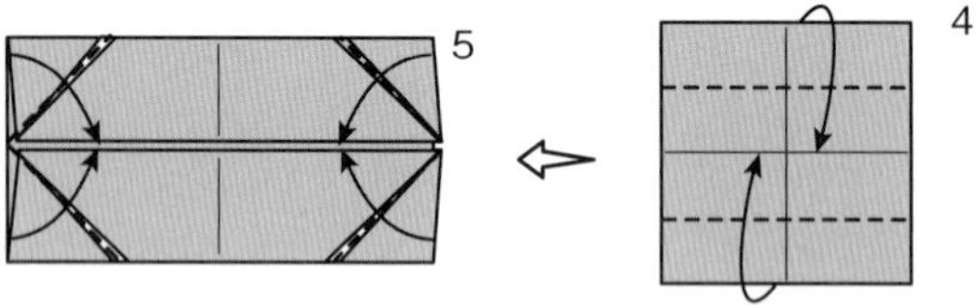

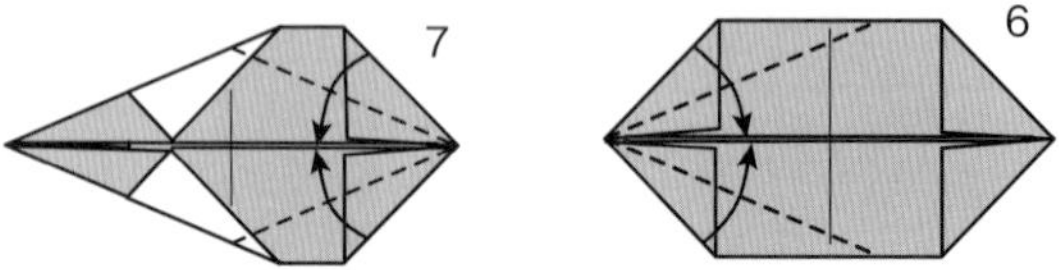

この折りは、紙が厚くなるので堅い

8

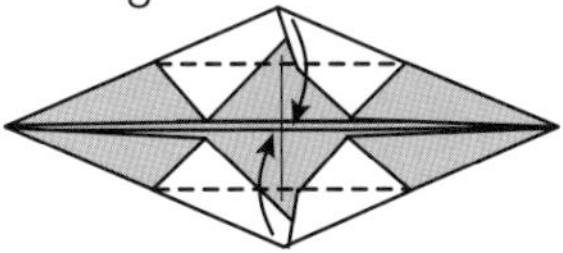

この折りは紙が厚くなるので堅い

9

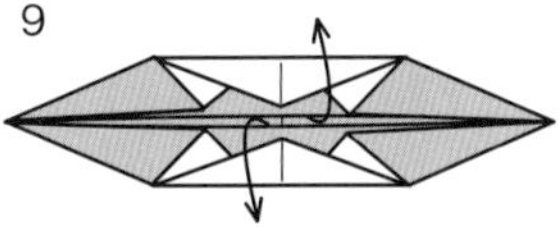

内側のひだを立てる

10

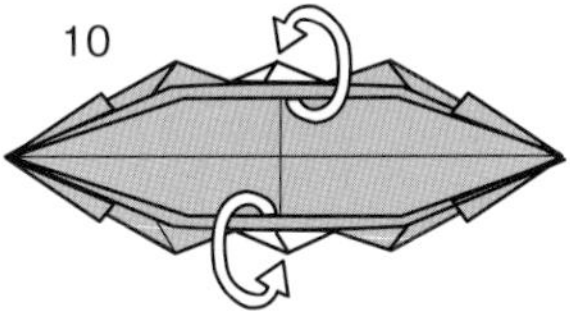

くるんとひっくり返して
内側を外側にする

11

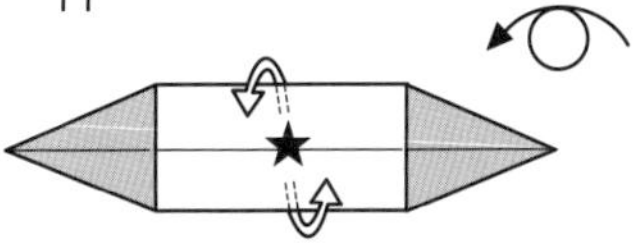

★印が内側の船底になる

12

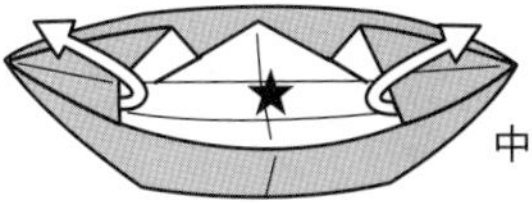

中を引き出す

両方引き出す　13

片方だけ引き出す　13

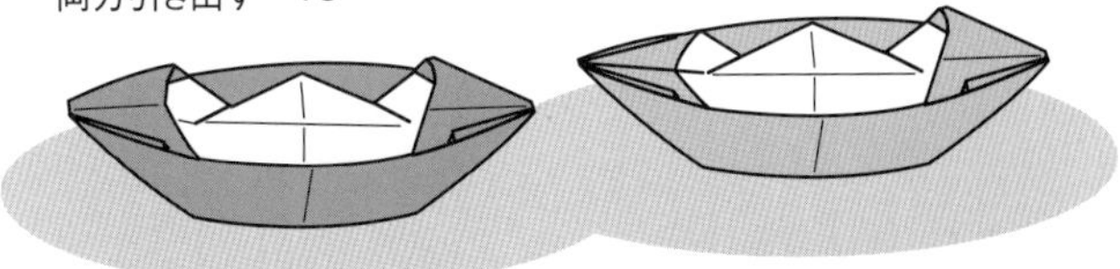

▶ やかた船 ◀

▶ モーターボート ◀

風船（伝承）

★★15cm×15cm

平らに折りたたんでいき、最後に息を吹き込むと、ふっくらと風船になります。

1

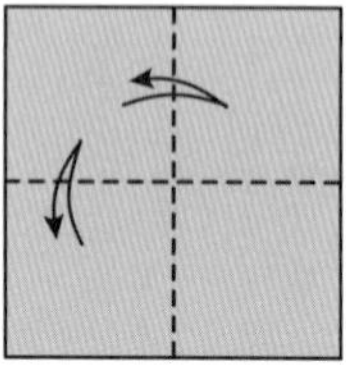

2

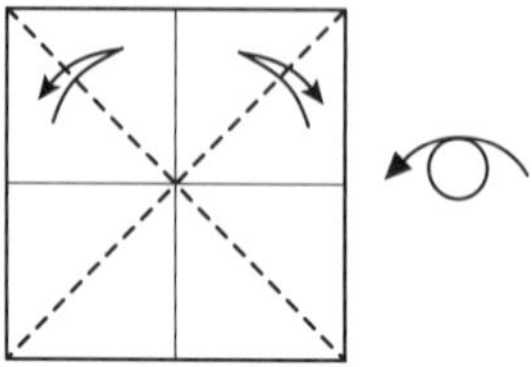

3

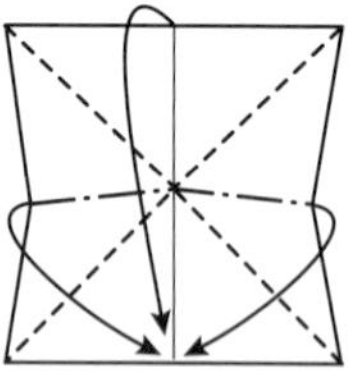

中央をくぼませ、脇を引き寄せて畳む

4

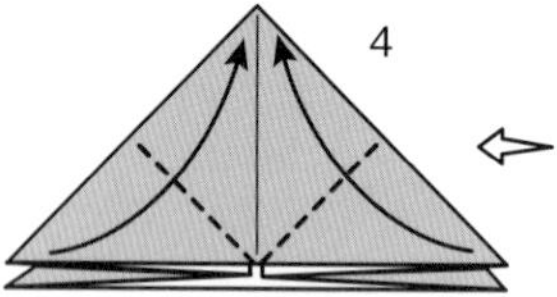

5

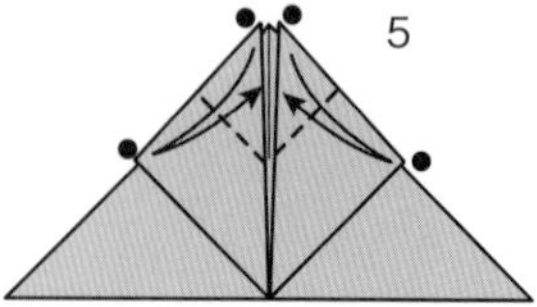

6

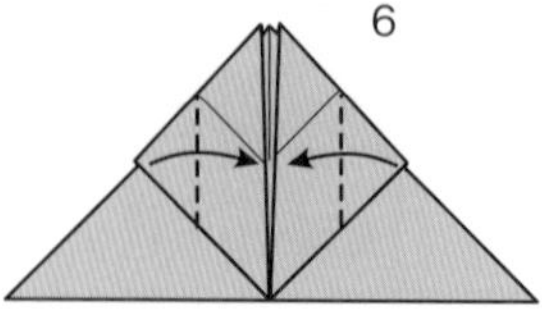

7

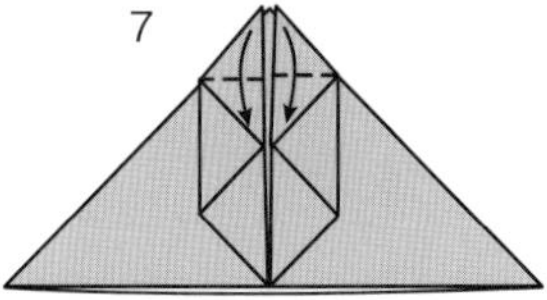

8

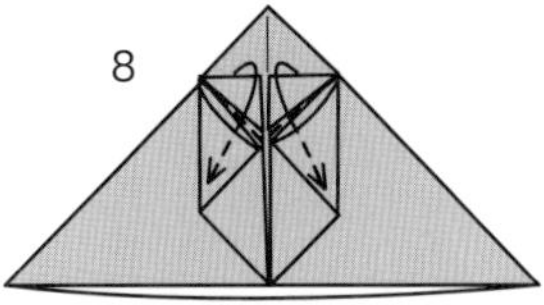

三角をふくろにはさむ

9

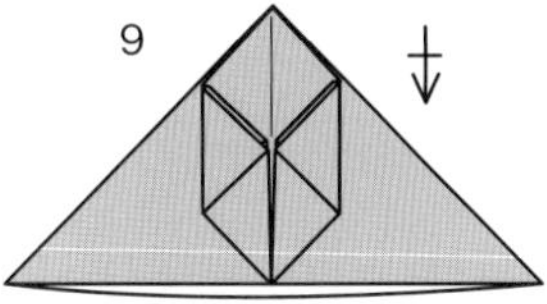

反対側も5〜8と
同じように折る

10

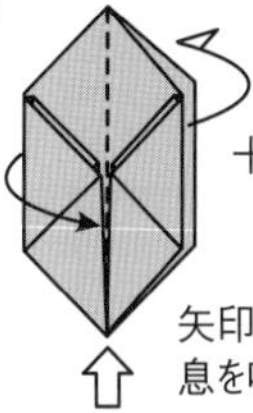

十字に立てる

矢印から
息を吹き込む

11　<指に持ったところ>

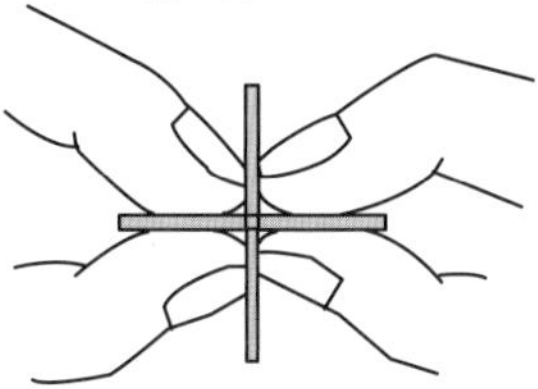

十字に立てて指に持ち
息を吹き込む

12

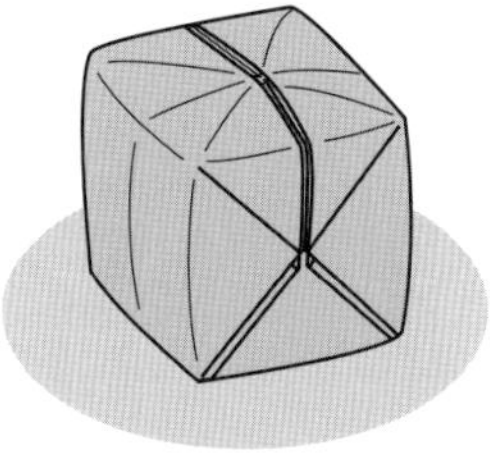

雪うさぎ1（伝承）

★★15cm×15cm

片面だけ折った「風船」から折ります。
愛らしいウサギです。

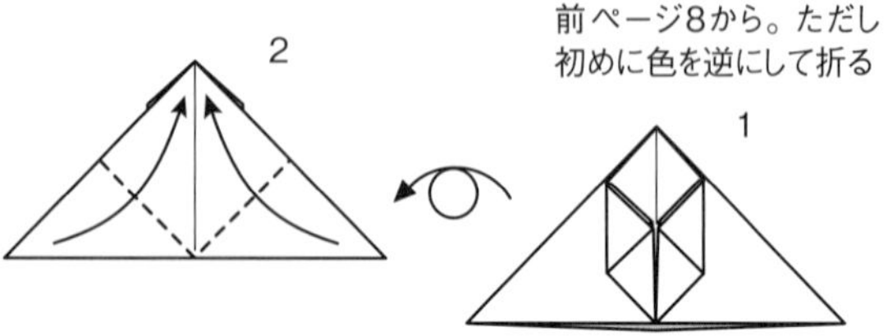
前ページ8から。ただし
初めに色を逆にして折る
1
2

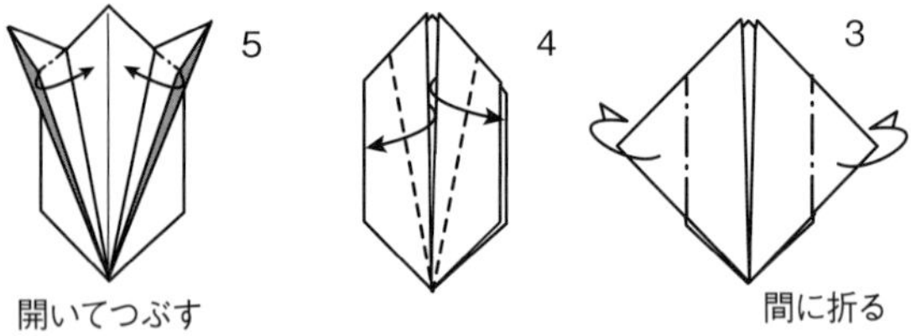
3
間に折る
4
5
開いてつぶす

「風船うさぎ」とも呼ばれています。

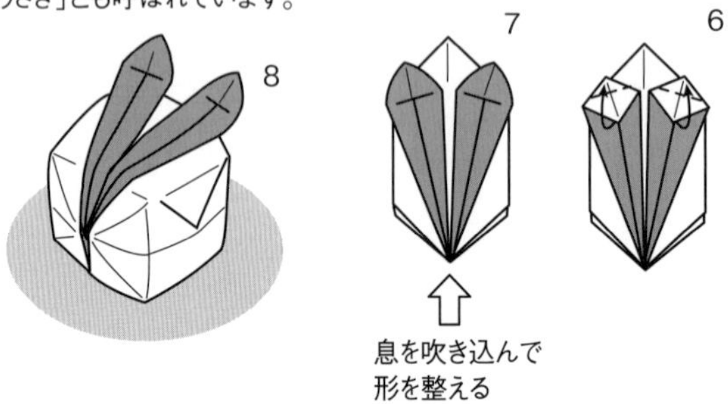
6
7
息を吹き込んで
形を整える
8

雪うさぎ2（伝承）　★★15cm×15cm

日本では全体を見て「雪うさぎ」として親しまれているものが、 イギリスでは180°反対から見て顔だけの「バニー」とされています。折り紙の見立てのおもしろさですね。

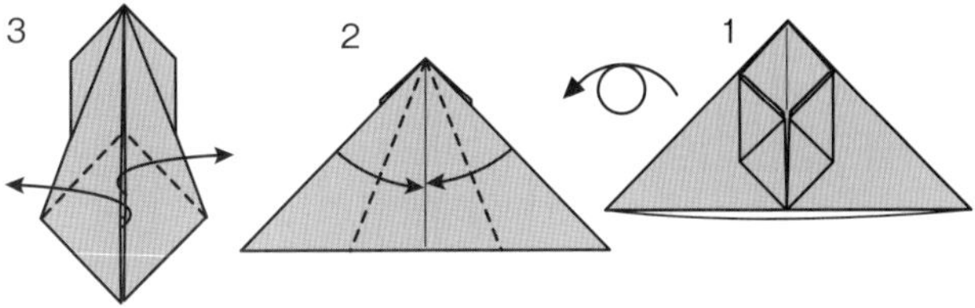
1
2
3

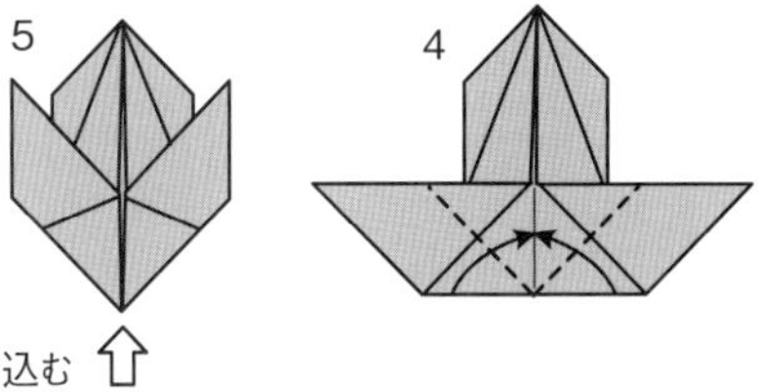
4
5
息を吹き込む

▶日本：雪うさぎ◀

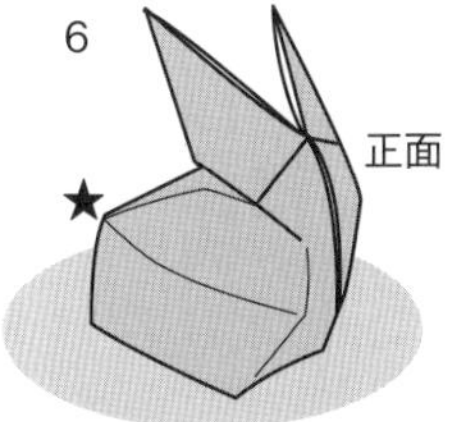
6
正面

▶イギリス：バニー◀

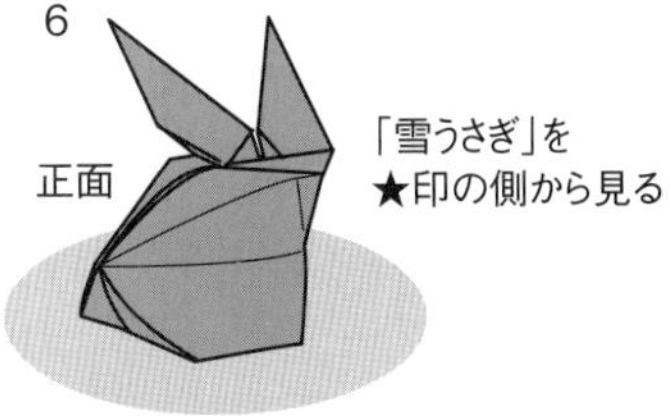
6
正面
「雪うさぎ」を
★印の側から見る

新聞紙で折る風船ハット ★★

新聞紙から折ると、実際にかぶるのにちょうどいい大きさになります。すっぽりかぶれて安定感があり、戸外のスポーツ観戦などに最適。新聞紙は二枚重ねにして丈夫にします。

1

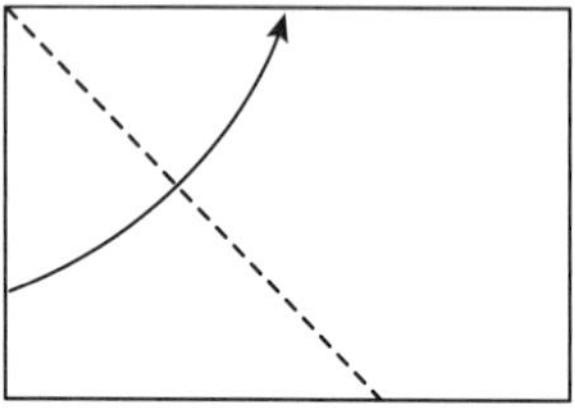

2

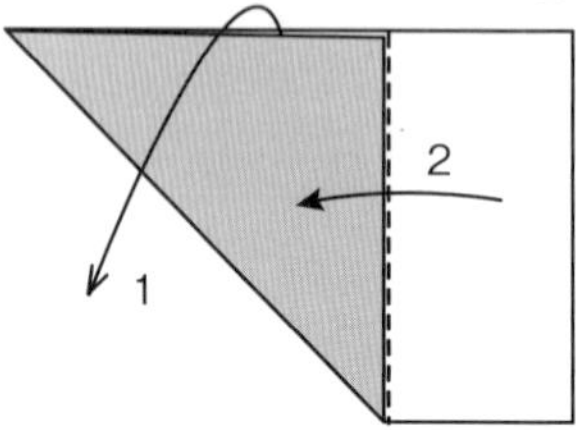

3

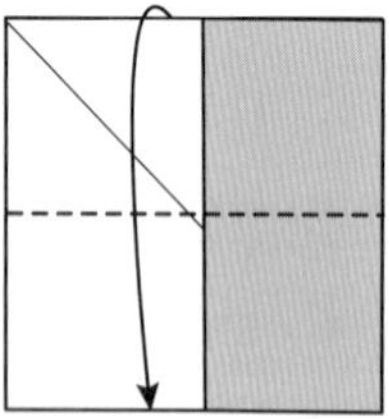

4

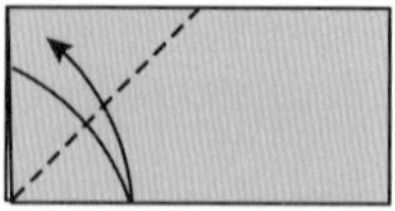

5

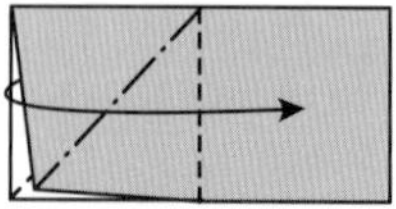

ふくろを開いてつぶす

6

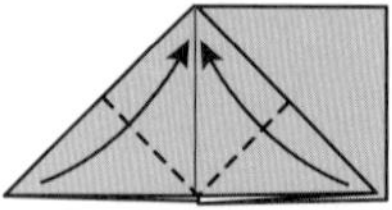

7

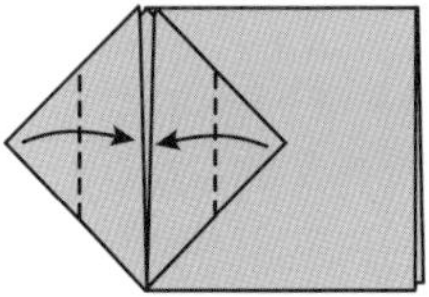

8

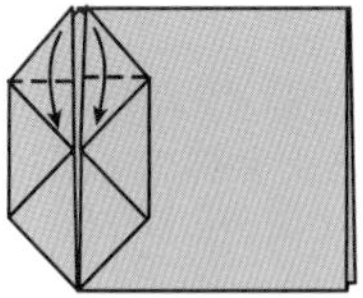

9

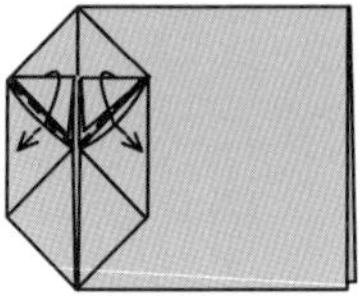

三角をふくろにはさむ

10

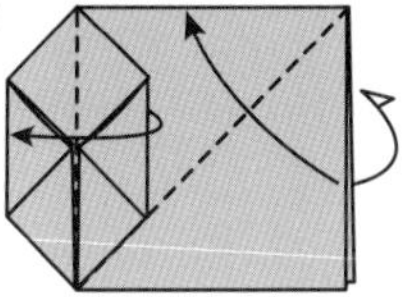

11

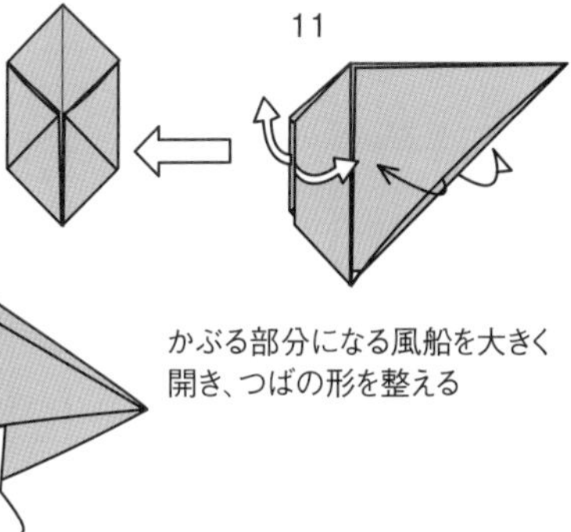

後ろから見て、畳まれている風船を12のように開く

12

かぶる部分になる風船を大きく開き、つばの形を整える

さんぼう(伝承)

★★15cm×15cm

「さんぼう」はいろいろ変化させることができます。
まず基本から。

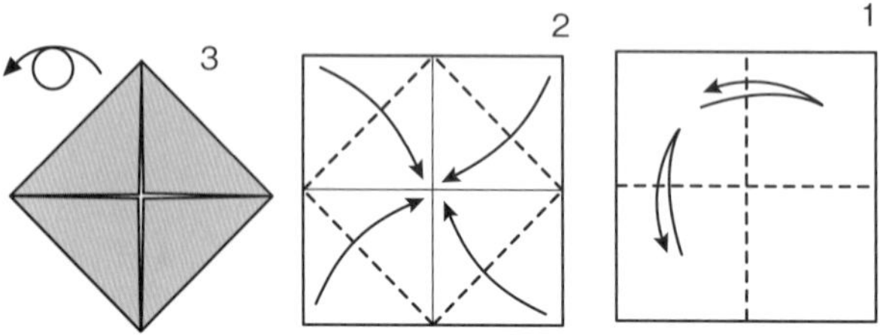

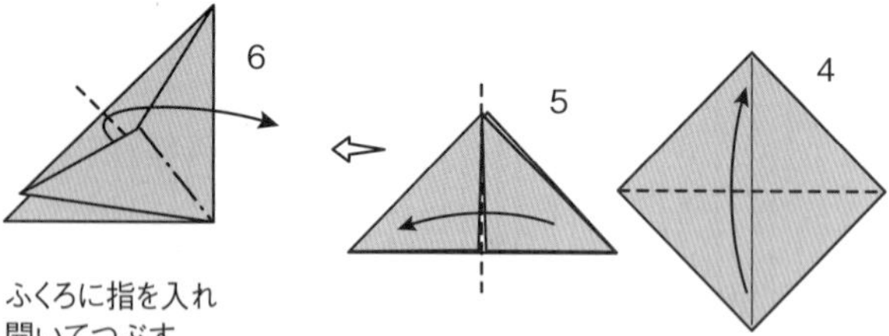

ふくろに指を入れ
開いてつぶす

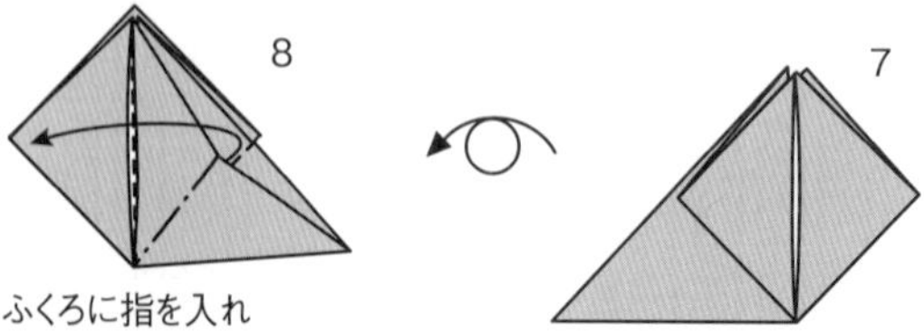

ふくろに指を入れ
開いてつぶす

9

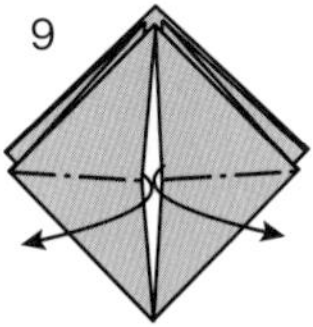

左右を開きながら
上を折り下げる

10

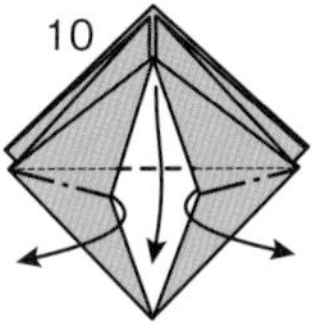

（途中）

11

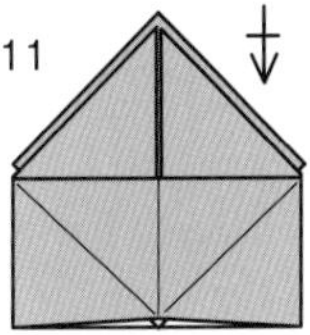

反対側も同じ
ように折る

12

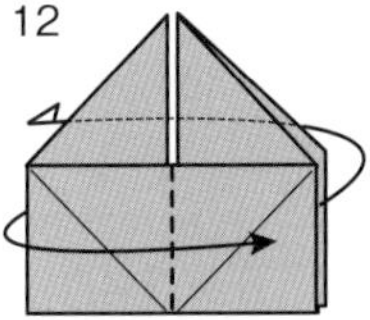

開き変える

13

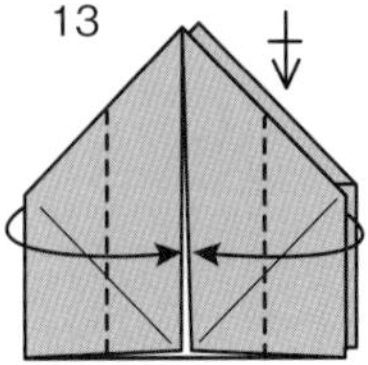

14

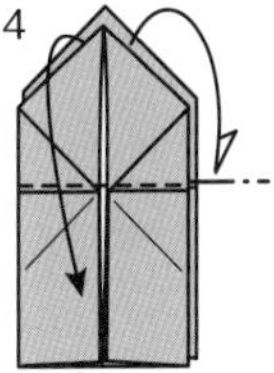

15

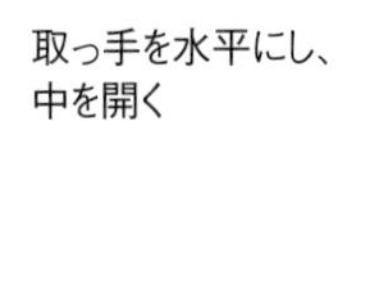

取っ手を水平にし、
中を開く

16

変わりさんぼう

★★15cm×15cm

「お家」(30ページ)と同じように、ここでも折り幅を変えて折ることができます。

前ページ13から

1

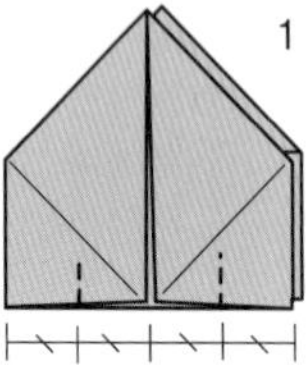

少し折り線をつける

2

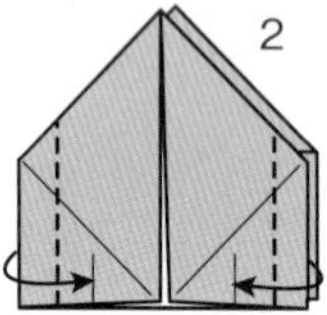

この折り幅は変えることができる

3

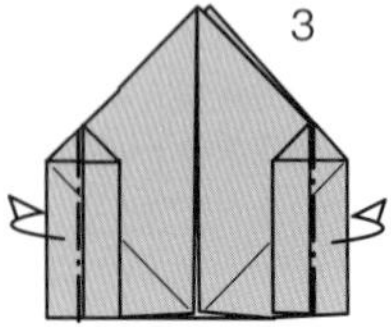

4

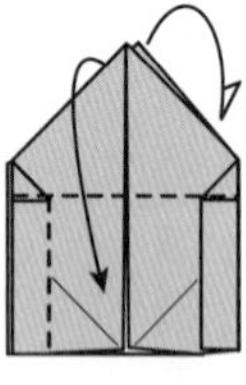

5

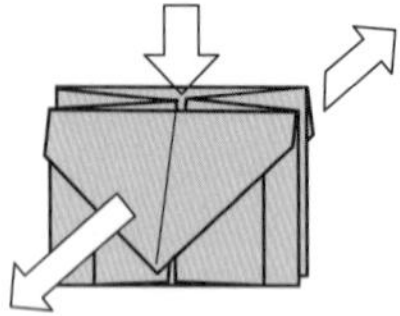

取っ手を水平にし、中を開く

6

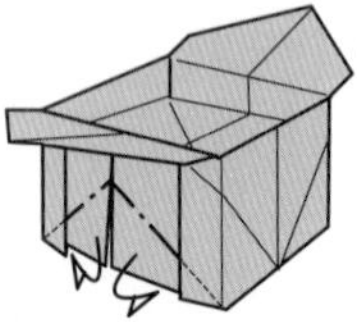

裏から押して形を整え、4つのひだを内側に折り込む

7

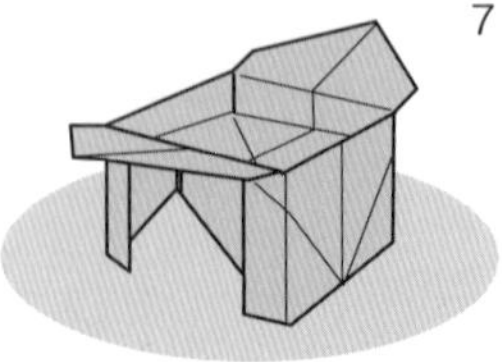

足付きさんぼう(伝承)

★★15cm×15cm

「さんぼう」より一歩進んだ「足付き」の折り方を知っていることが、子供の頃はちょっと得意でした。

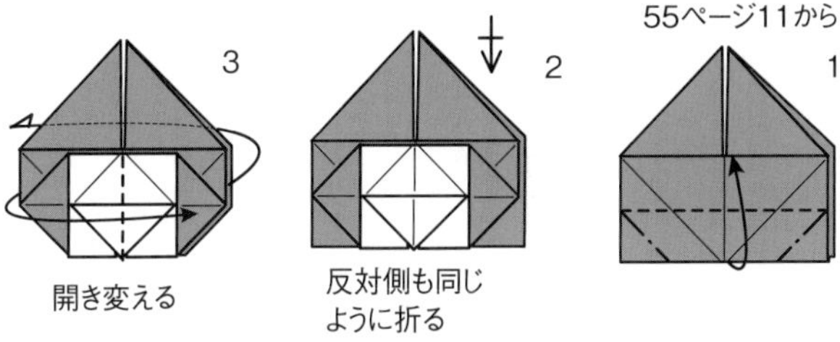
55ページ11から
1
2
反対側も同じ
ように折る
3
開き変える

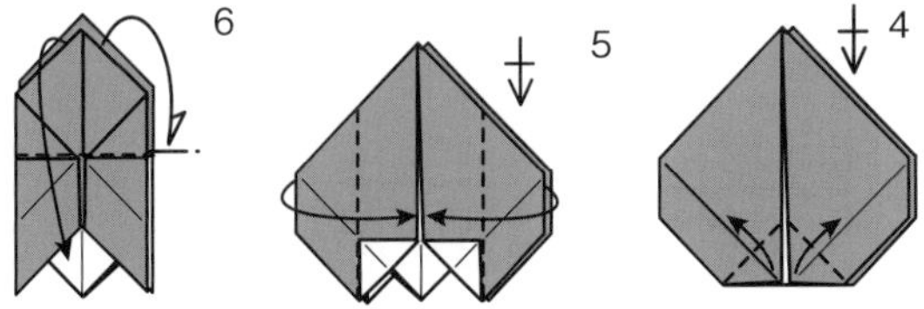
4
5
6

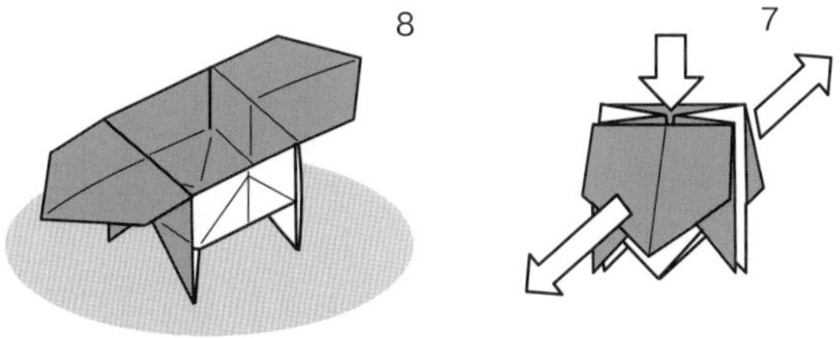
7
8

A4から折るのしいかひこうき ★★

うまく飛ばないときは3と6の折り幅を変えてみましょう。

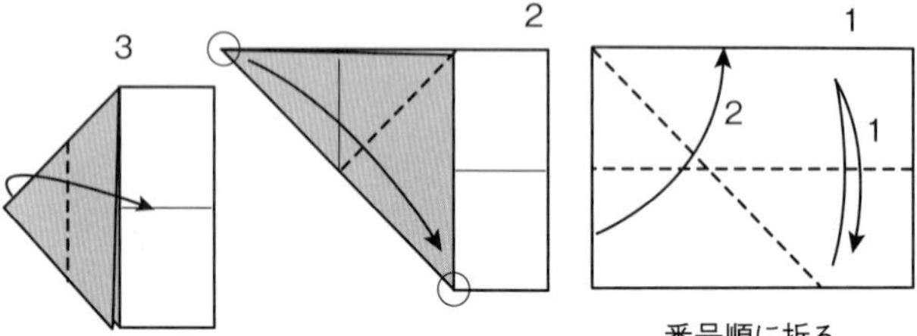

番号順に折る

先を出して折る

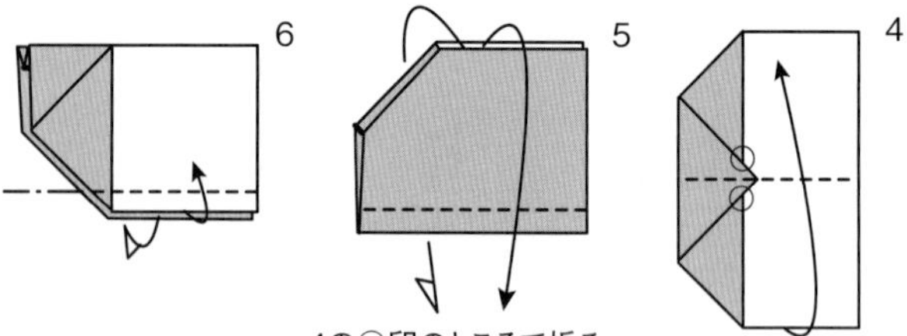

4の○印のところで折る

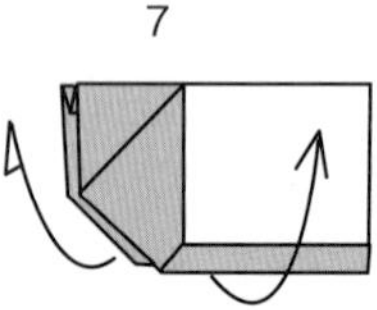

つばさを水平にし、
脇を立てる

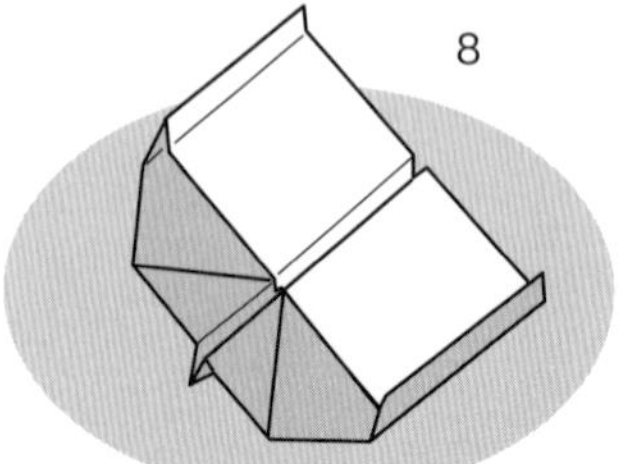

A4から折るいかひこうき ★★

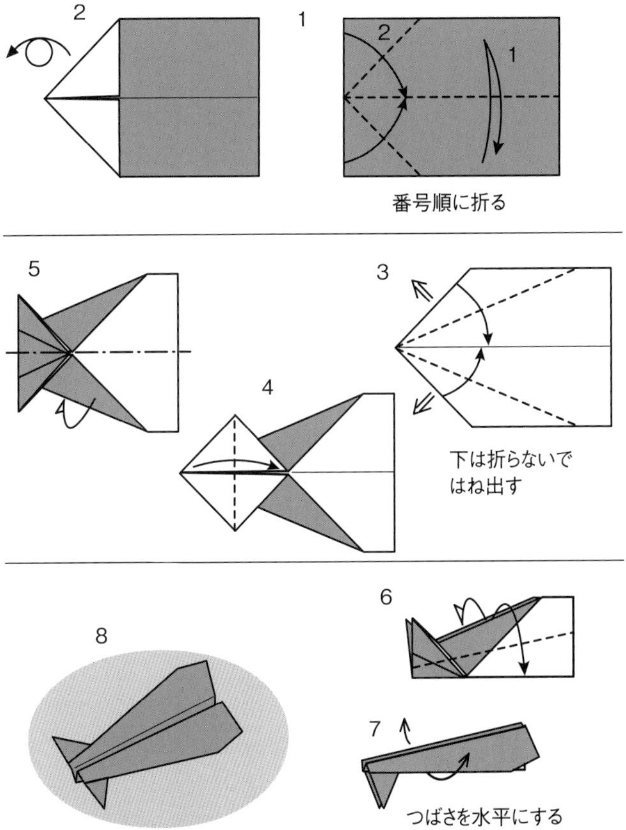
2
1
2
1
番号順に折る
5
3
4
下は折らないで
はね出す
6
8
7
つばさを水平にする

A4から折るつばくろひこうき ★★

飛ぶ姿がツバメに似ている飛行機です。切り込みをいれたり、切り取ったりしますが、それがまたたのしい作業に感じます。

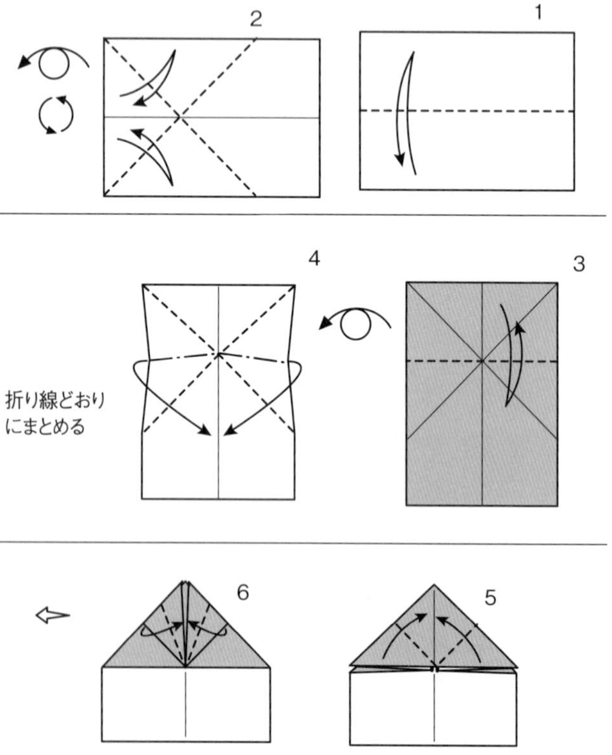

7

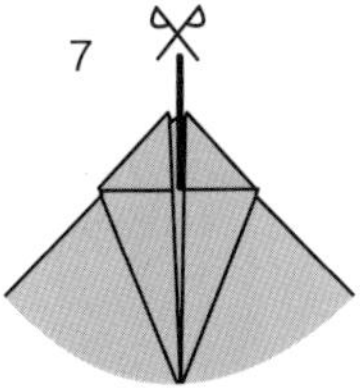

切り込みをいれる

8

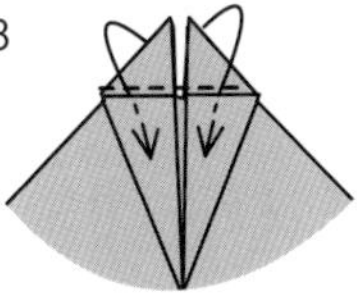

切って三角になったところをポケットに差し込む。上下2層ずつある

9

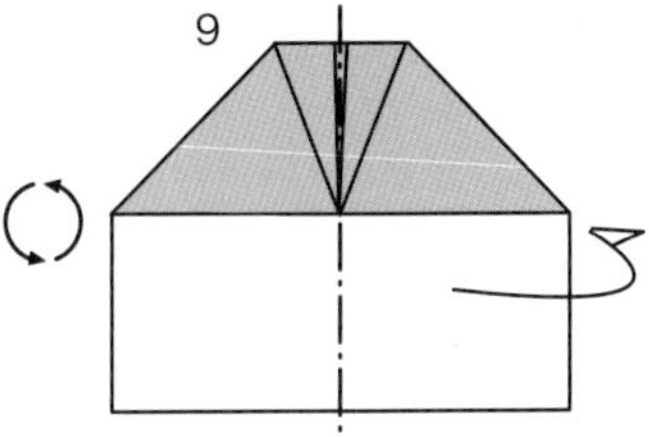

半分に折る

10

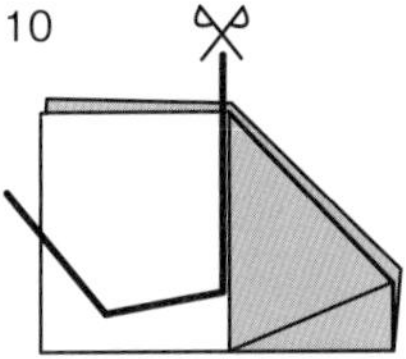

図のような形に切りとる

11

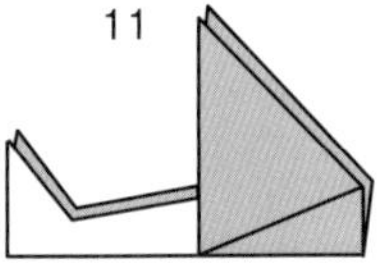

軽く開く

12

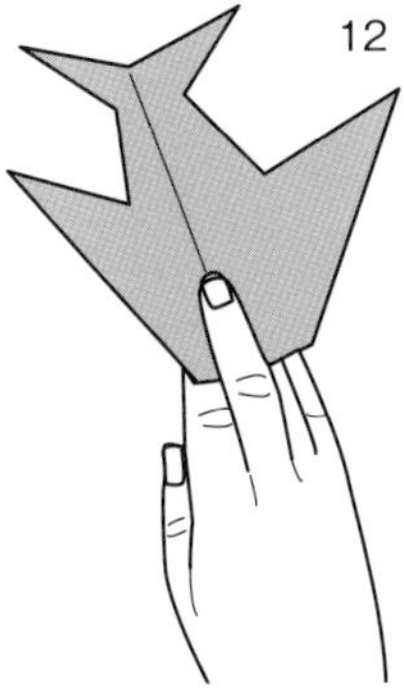

中指と人差し指にはさんで投げる
くるりと1回転して飛んでいく

水を飲む鳥（中国の伝承）　★★15cm×15cm

中国の伝承作品とされています。

つるの基本形から
（18ページ）

1

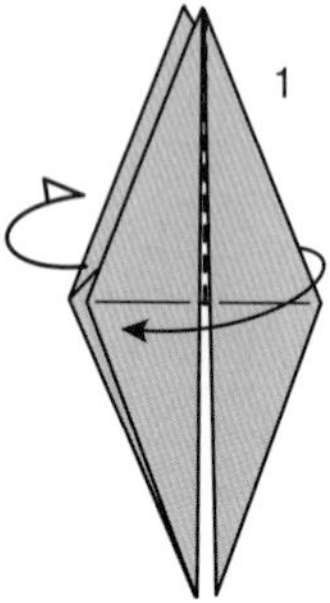

開き変える

2

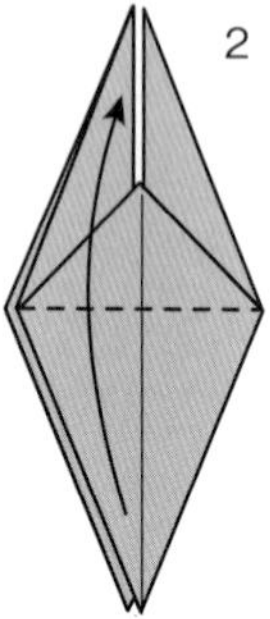

一枚だけ上へ折る

3

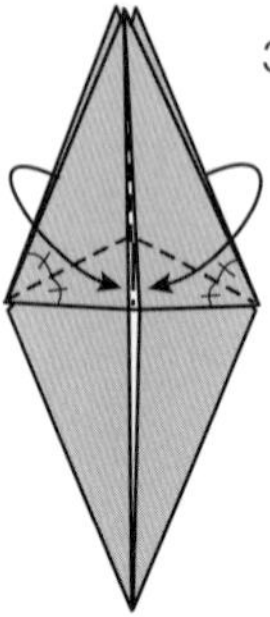

左右を折って
つまんで立てる

4

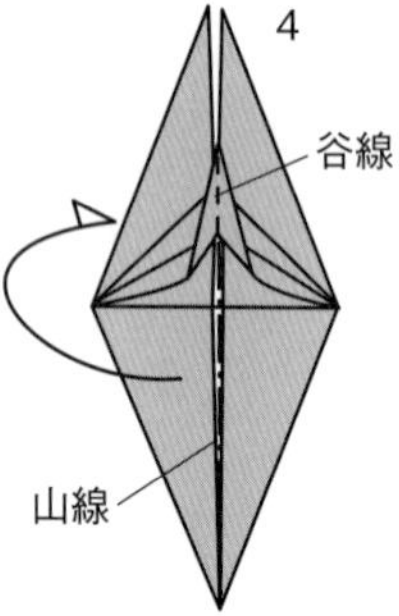

つまんだ部分を立てた
まま、半分に折る

頭を中割り折り

5

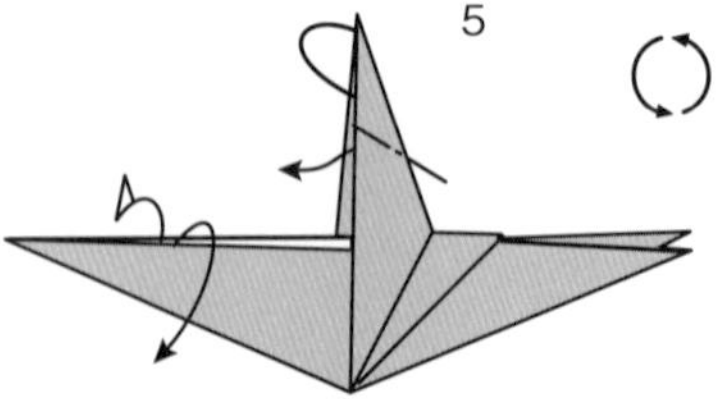

水入れにあたる部分を開いて
底を平らにする

6

★印を持ち、矢印の位置の手前と向こう側に
親指と人差し指を下からさしこむ

7

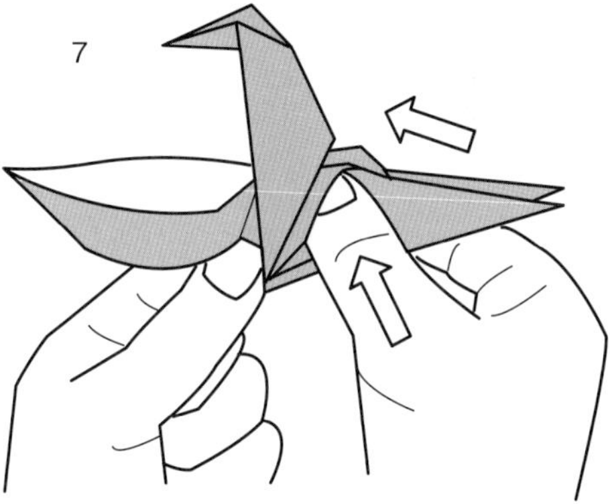

[遊び方]

右手の指を上に押し上げると、
鳥が水を飲む

8

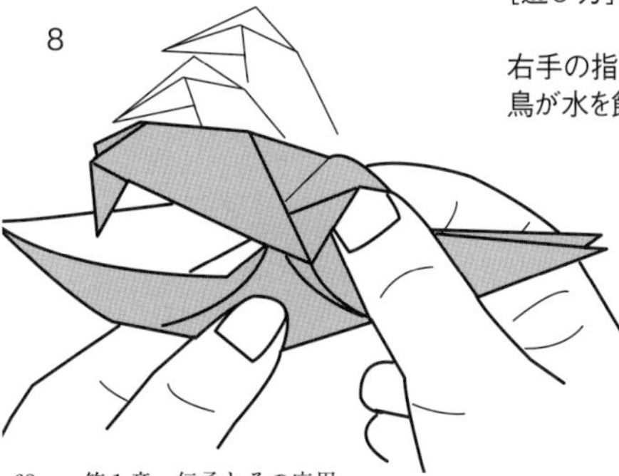

はばたく鳥（伝承）　★★15cm×15cm

尾を引くとはばたきます。人気がある作品です。

1

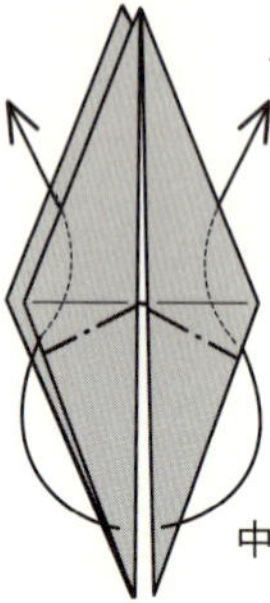

つるの基本形から
（18ページ）

中割り折り

2

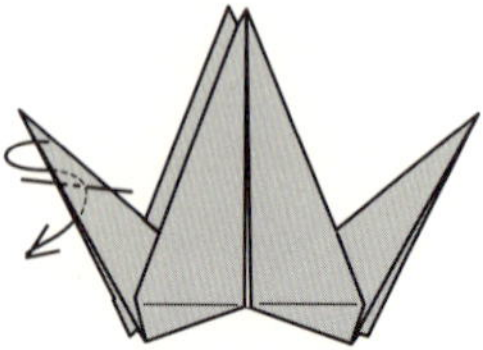

頭を中割り折り

3

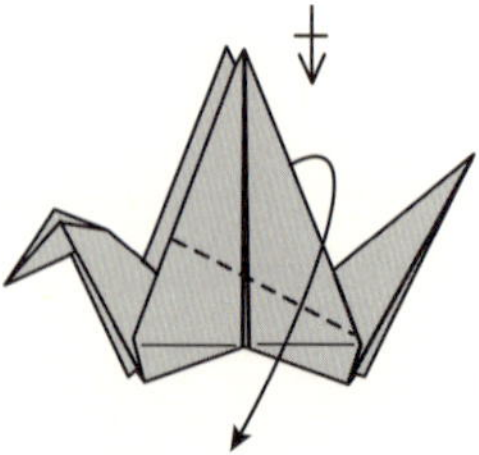

つばさに軽く折り目をつける
反対側も

4

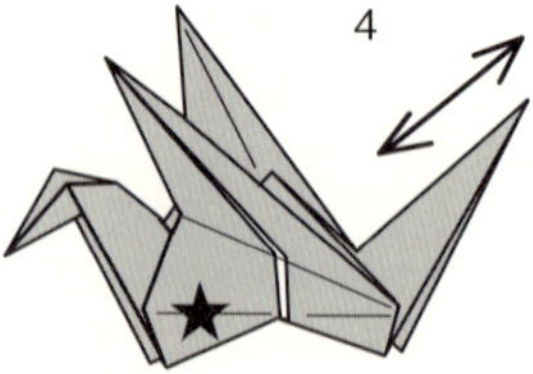

★印を持って尾を引くと
はばたく

5

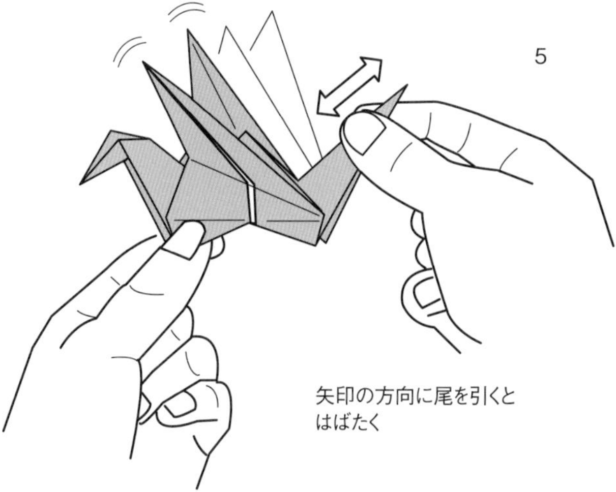

矢印の方向に尾を引くと
はばたく

▶応用◀

頭の形を「折り鶴」にしたり
尾の位置を下げてもよい

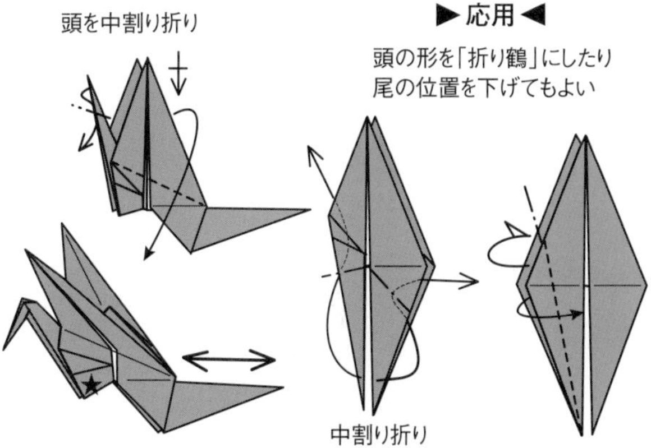

折り鶴（伝承）　★★15cm×15cm

折り紙を代表する「折り鶴」です。

1

つるの基本形から
（18ページ）

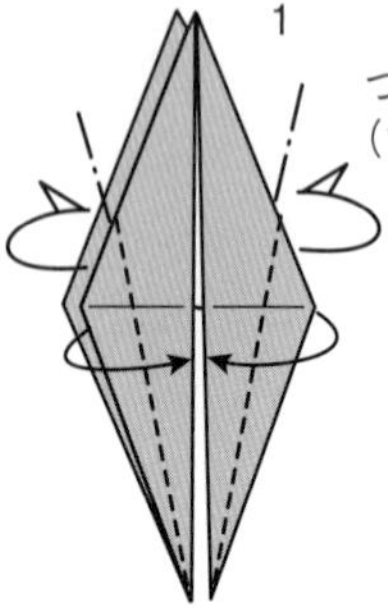

2

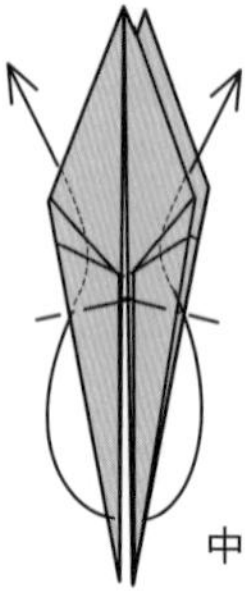

中割り折り

3

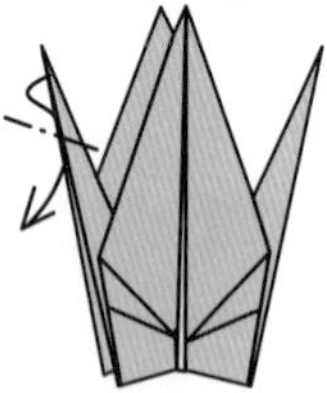

頭を中割り折り

4

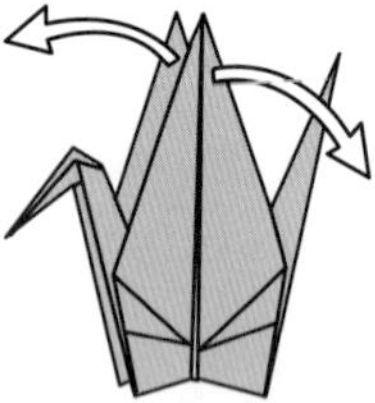

つばさを開いて
背をふくらます

5

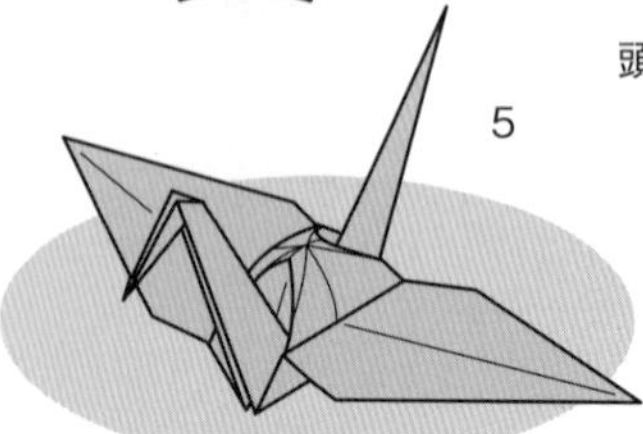

折り鶴リース8枚組 ★★7.5cm×7.5cm

尾の角度を変えると、8 枚で組むことができます。

つるの基本形から
（18ページ）

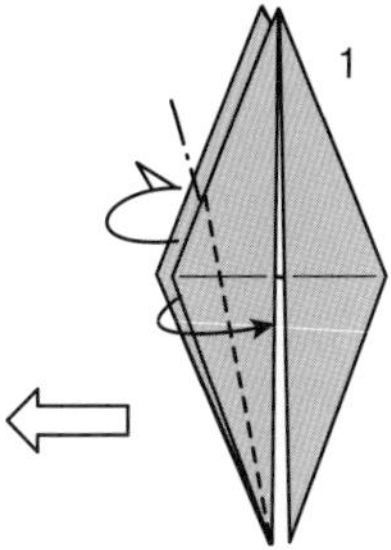

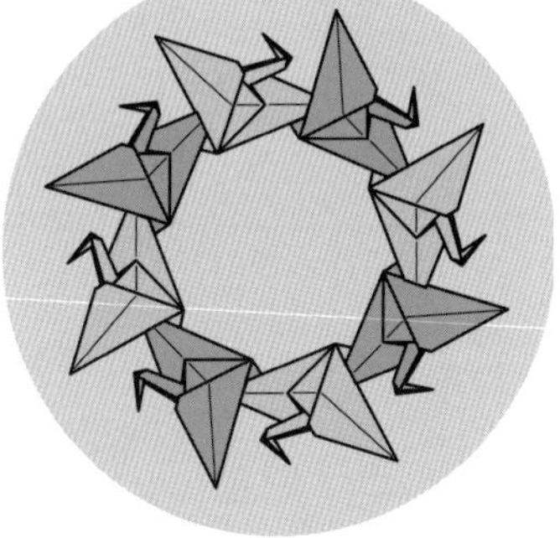

以下、鶴の頭側だけ折る
（前ページ2〜3参照）

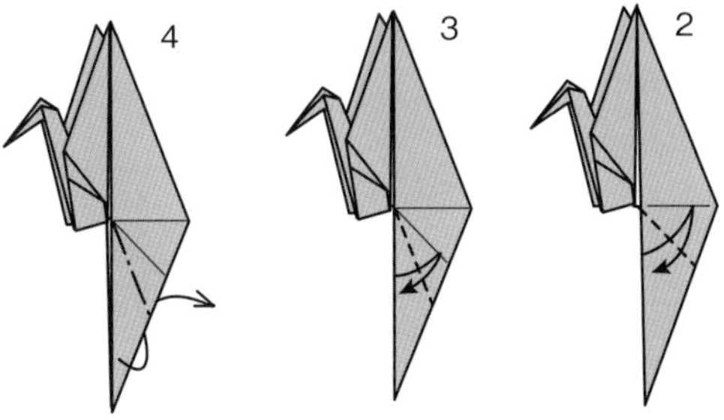

中割り折り

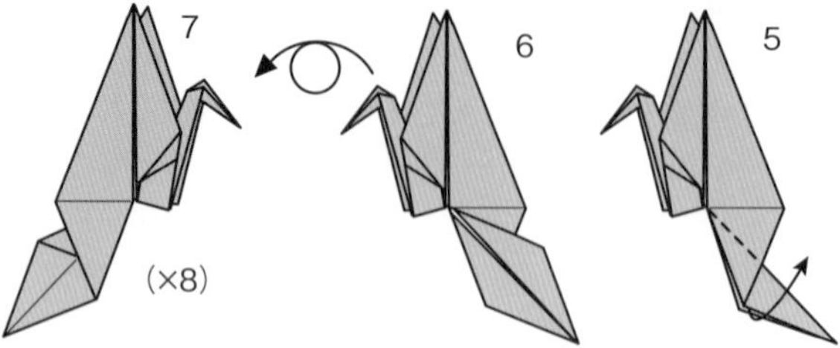

これを8つ用意

[組み方]

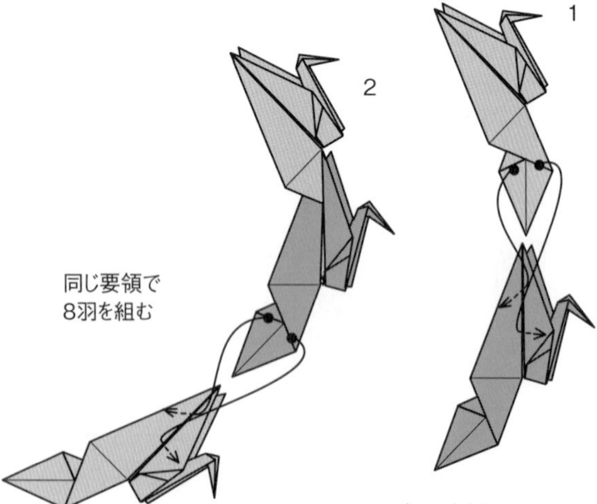

つばさの裏側のすき間に
尾をはさむ

＜裏側＞

3

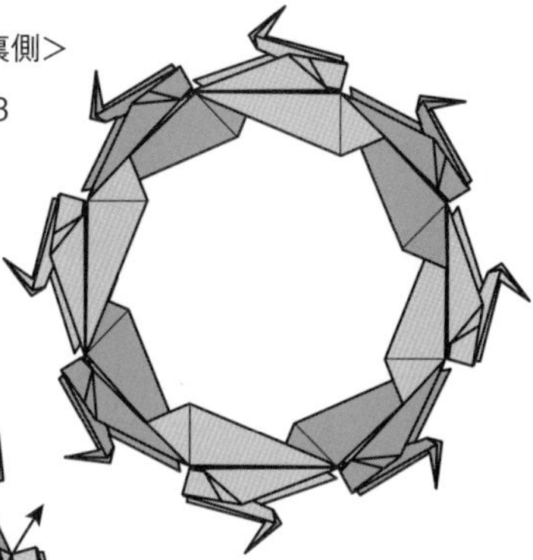

＜表側＞

4

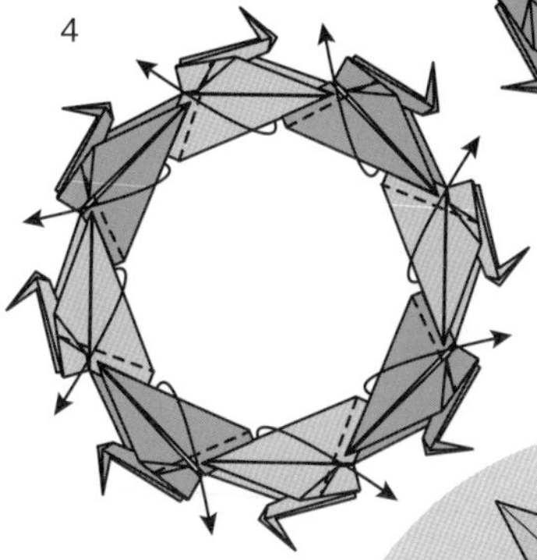

つばさを開く

5

柿（伝承）　★★15cm×15cm

「柿」とありますが、ガク（へた）のついた若い実の形のようです。最後にふくらませるところがとてもおもしろく、「おお」と声をあげたくなります。

1

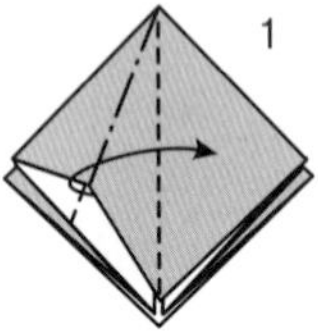

正方基本形から（16ページ）

ふくろを開いてつぶす。反対側も

2

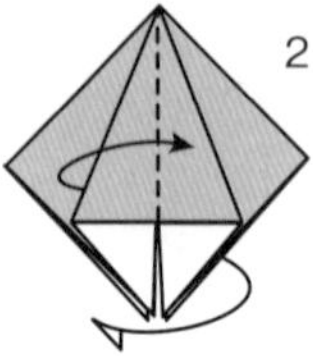

開き変える

3

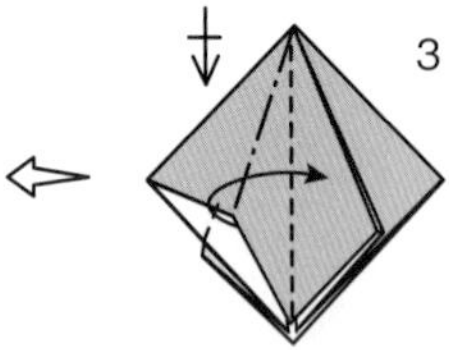

ふくろを開いてつぶす。反対側も

4

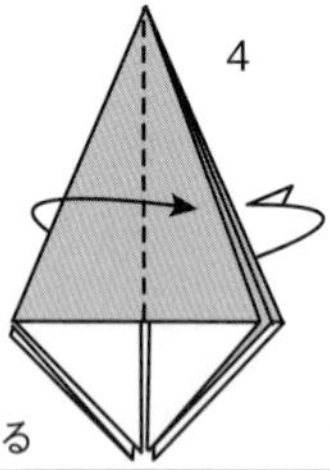

開き変える

5

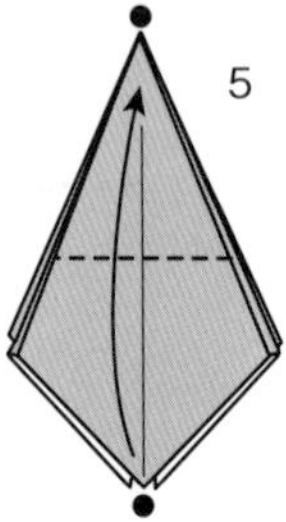

●印を合わせて上の一枚を折る

6

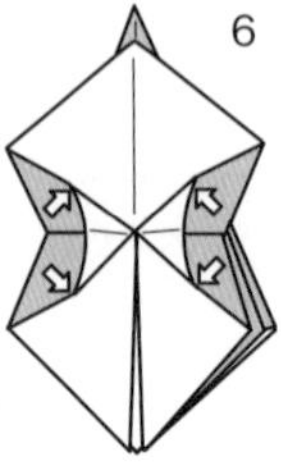

矢印部分を開いてつぶす

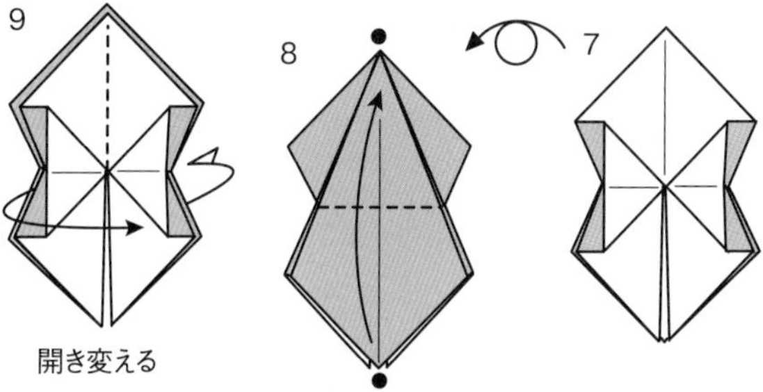
9
8
7
開き変える

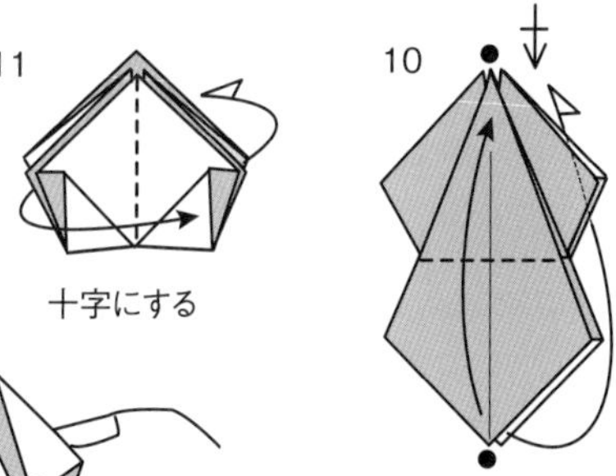
11
10
十字にする

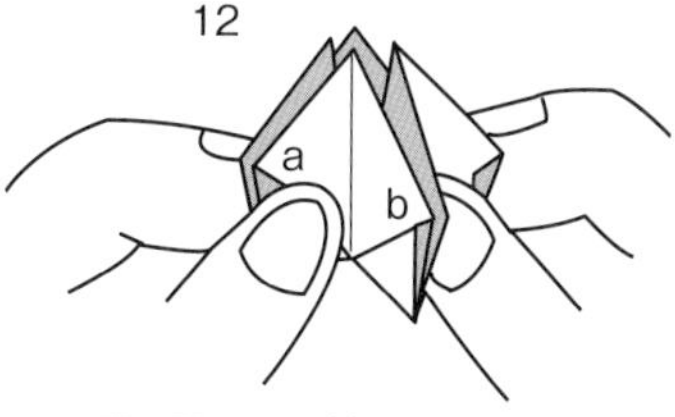
12
a
b

扇を開くように徐々に
中央を膨らませる
持ち変えてb方向から
も開く

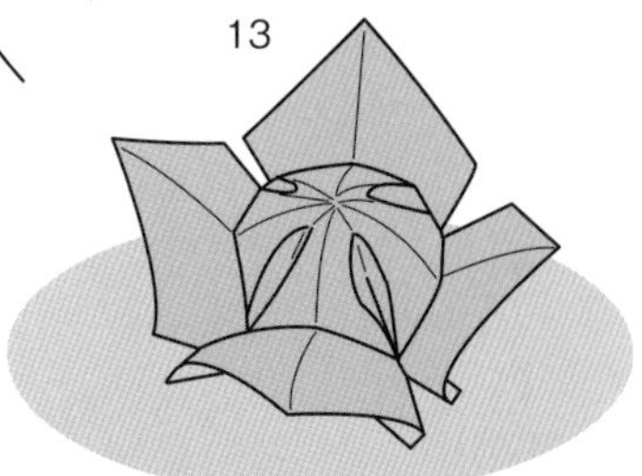
13

カエル(伝承)

★★★15cm×15cm

「かえるの基本形」さえしっかり折ることができたら、あとは迷わず進めるでしょう。

1

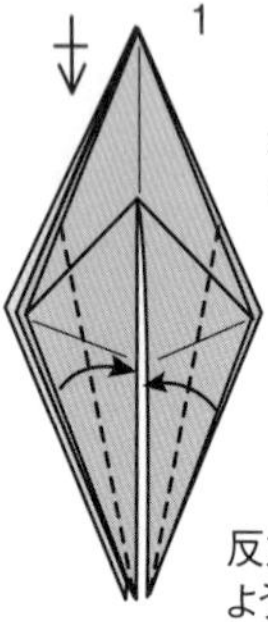

かえるの基本形から
(19ページ)

反対側も同じ
ように折る

2

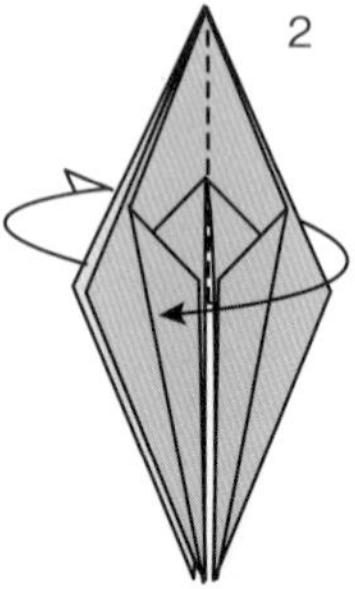

開き変える

3

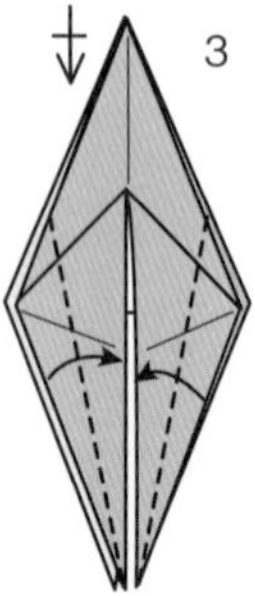

反対側も同じ
ように折る

4

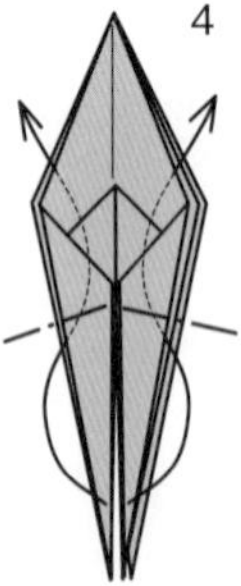

上の一対を
中割り折り

5

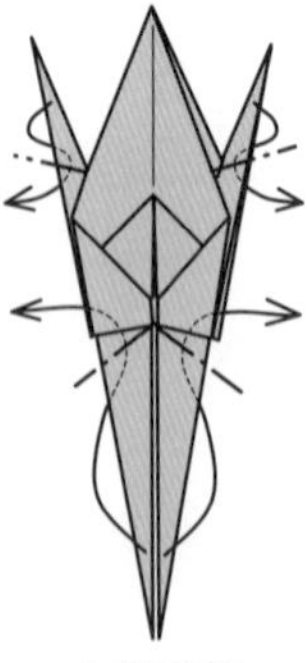

中割り折り

6

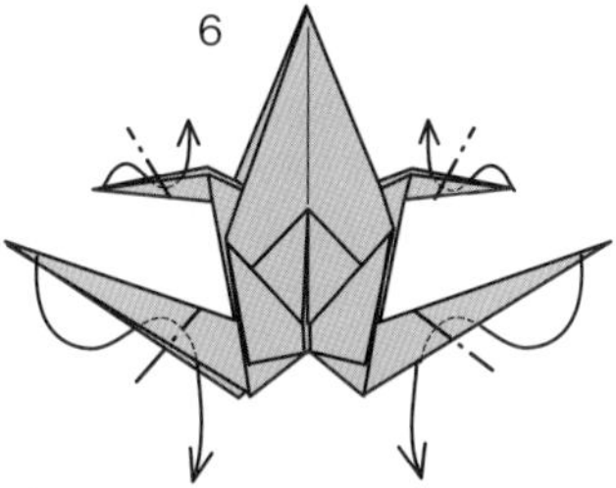

中割り折り

7

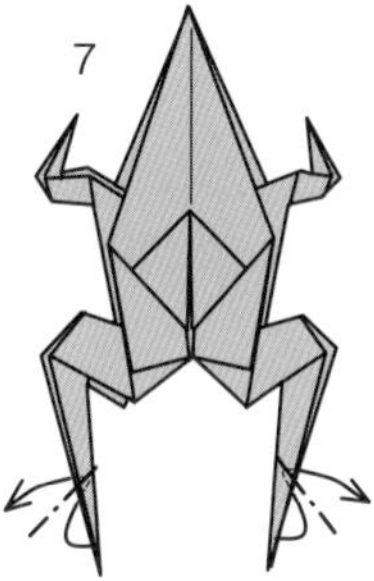

後足を中割り折りし、頭を
ふくらませて形を整える

8

「しんじらんない」

オタマジャクシは　しっぽをまげておよぎ
カエルをみて　いう
「しんじらんない」
カエルは　あしをまげておよぎ
オタマジャクシをみて　いう
「しんじらんない」

アヤメ(伝承)　★★★15cm×15cm

これも基本形をしっかり折れば、まちがいなくできあがる作品です。同じ基本形かカエルになったりアヤメになったり、折り紙は不思議です。

1

かえるの基本形から
(19ページ)

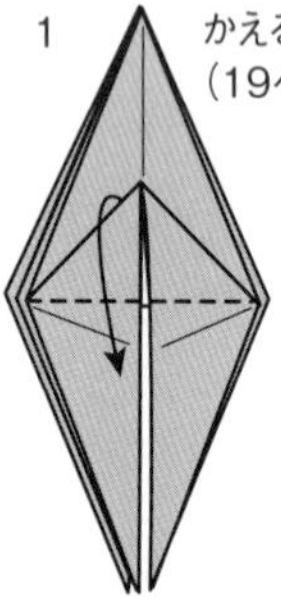

三角を反対側に折る
4カ所ある

2

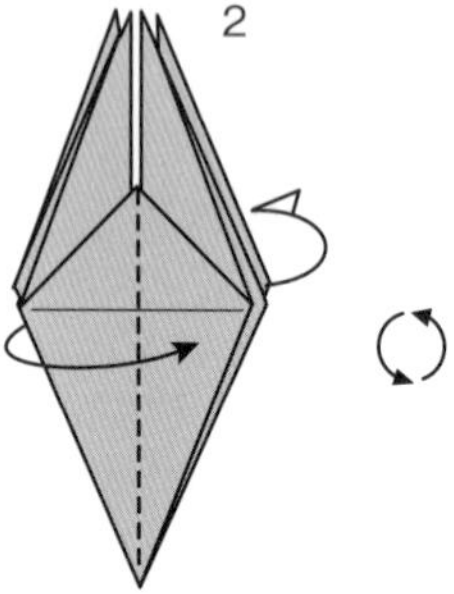

開き変える

3

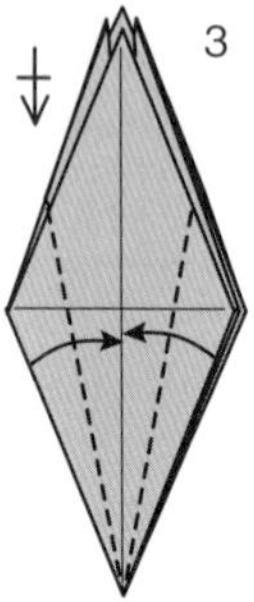

反対側も同じように

4

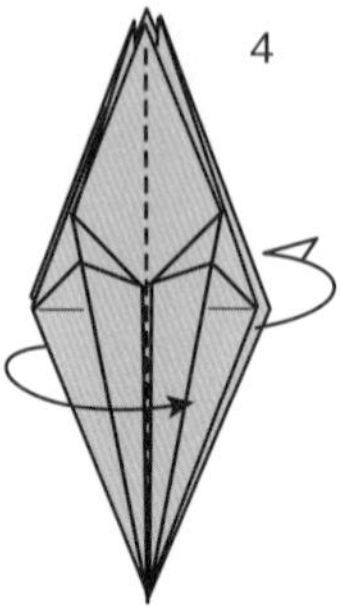

開き変える

5

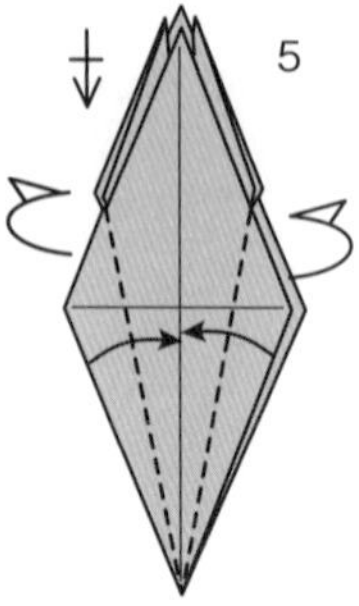

反対側も同じように

出会いのユリ

花びらを折る

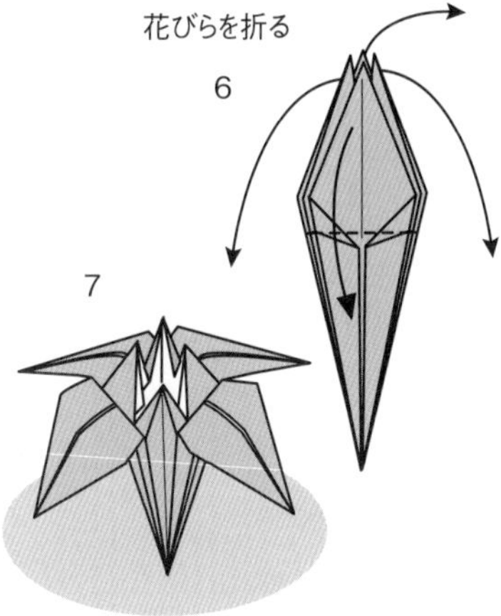

column　折り紙との出会い

　筆者が初めて折り紙の美しさを知ったのは、小学校二年生のとき入院していた病院で、同じく入院患者の男性から「ユリ」(囲みの作品)を教わったときでした。当時、薬は薬包紙という正方形の紙で包まれており、それをとっておいて折り紙をする入院患者は少なからずいました。半透明の張りのある薬包紙で折られた「ユリ」は宝石のように輝いて、筆者に折り紙の扉を開きました。

　その後、十何年たってから、それは「アヤメ」というのが伝承として正しく、伝承の「ユリ」(次ページ参照)は別にあることを知りました。

　しかし、今でも筆者のなかでは、アヤメの花びらをカールしたユリが大切な美しい花としてあります。

ユリ（伝承）

★★15cm×15cm

かえるの基本形から
（19ページ）

1

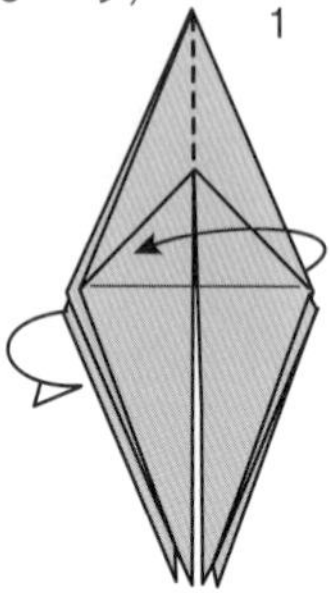

2

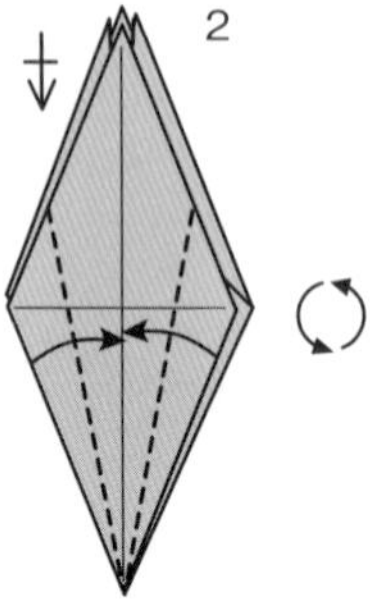

反対側も同じように

3

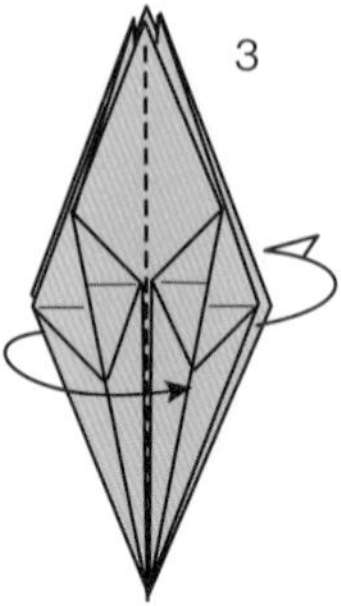

開き変える

4

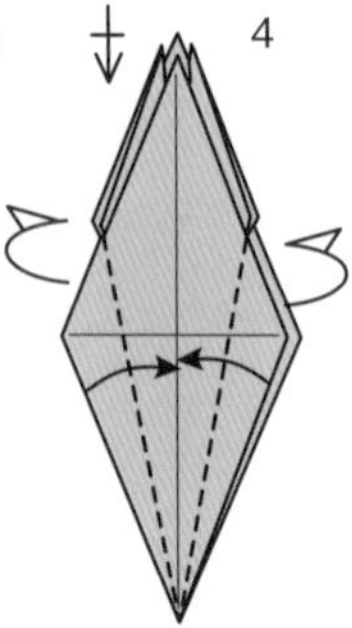

反対側も同じ
ように

5

花びらの先を
カールする

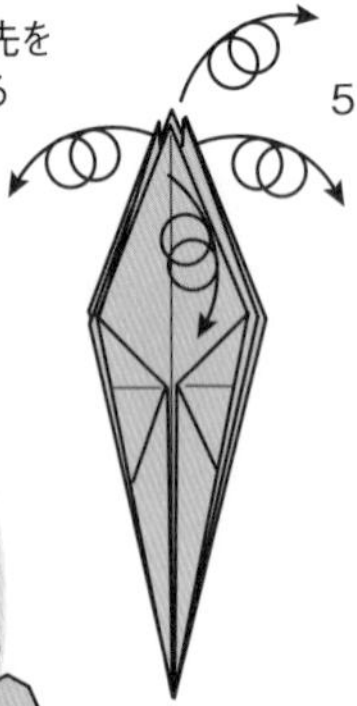

6

ユリのはな

やまのなかで　たちどまる
においのさきを　たどっていくと
ユリのはな

はまべのがけで　たちどまる
むしのはおとに　あおむくと
ユリのはな

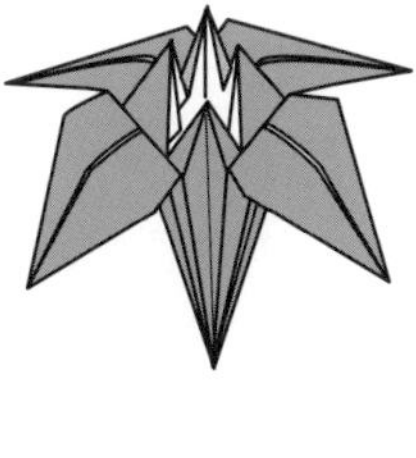
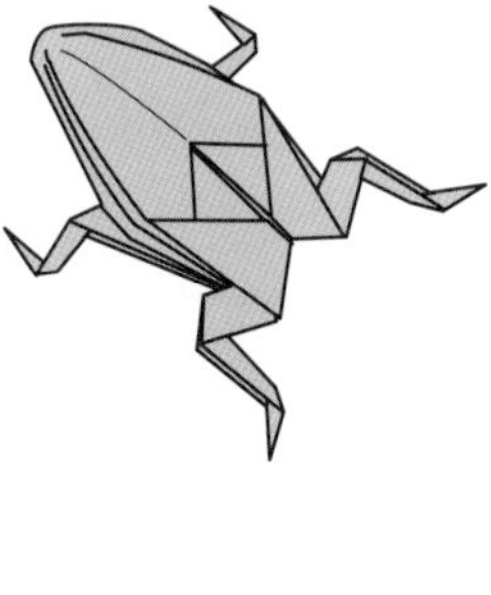

「カエルの基本形」からできる形

筆洗い（中国の伝承）

★★15cm×15cm

「お皿」とも言われています。最後に口を開いて丸い形にします。カーブが美しい作品です。

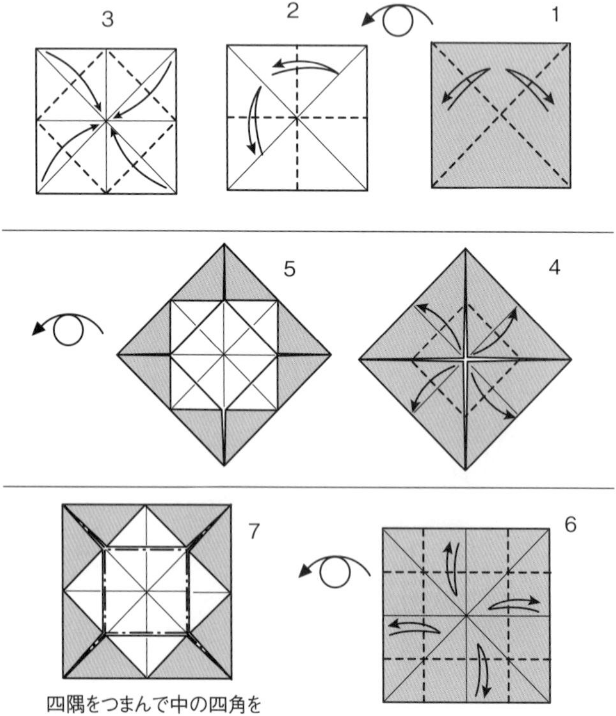

四隅をつまんで中の四角をテーブルのようにする

8

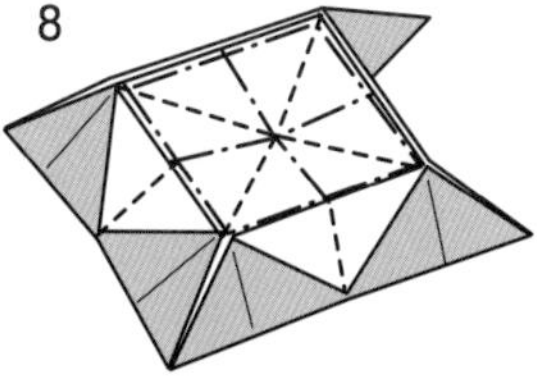

中央を沈めて折る

9

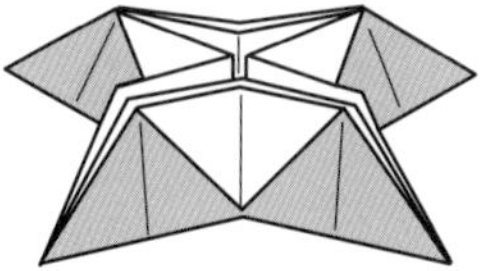

平らにする

10

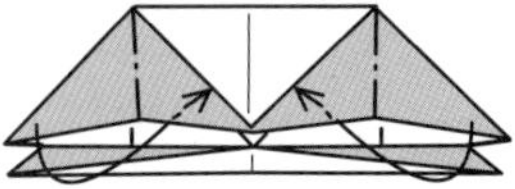

4つのかどを中割り折り

11

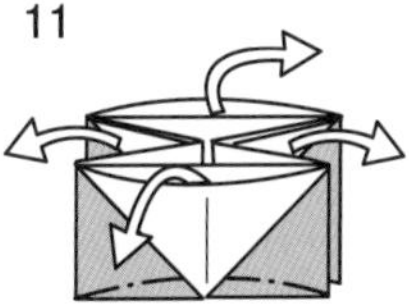

全体を開き、丸い形に整える

12

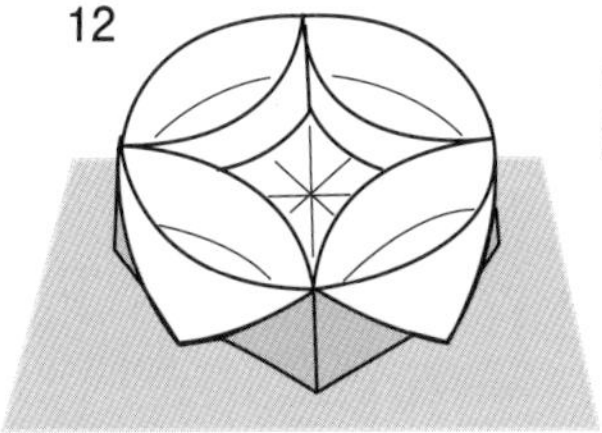

中央を平らにすると、筆を洗う所が5カ所できる

宝船（伝承）

★★15cm×15cm

最後に左右に引くと、すべての形が立ち上がり、飛び出す
絵本のようです。何度折ってもたのしい作品です。

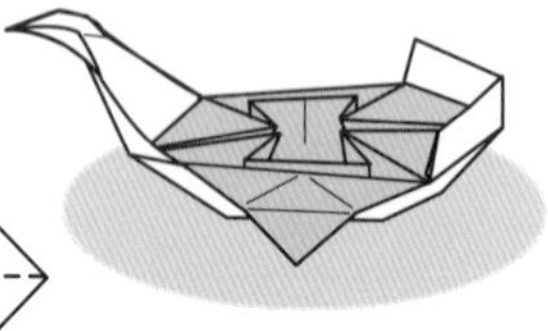

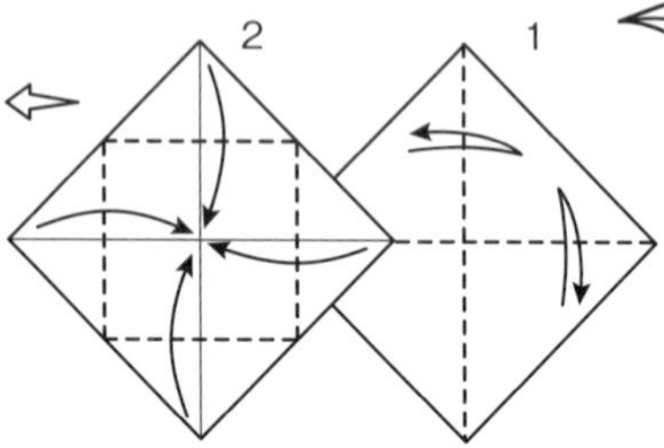

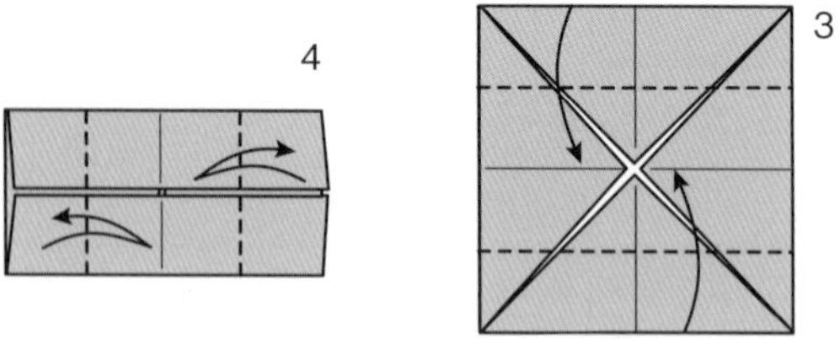

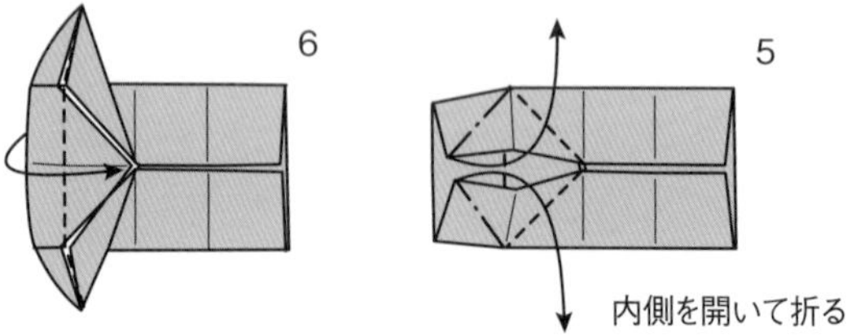

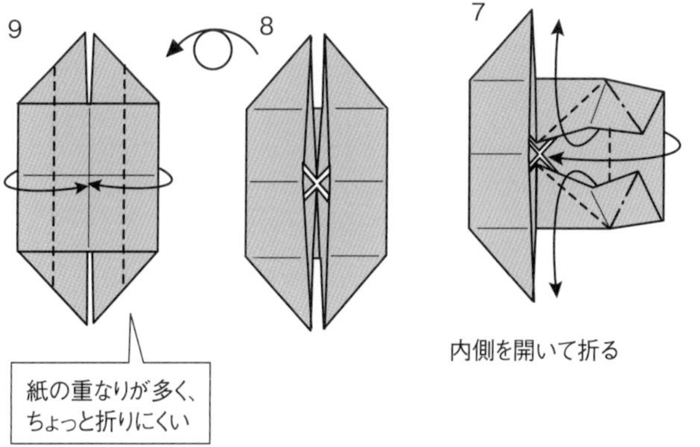
7
8
9
内側を開いて折る
紙の重なりが多く、
ちょっと折りにくい

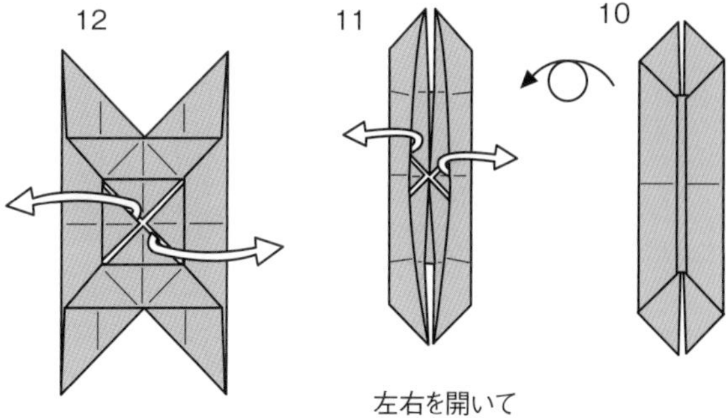
10
11
12

左右を開いて
平らにする

ほどくようにして
左右の紙を引き出す

13

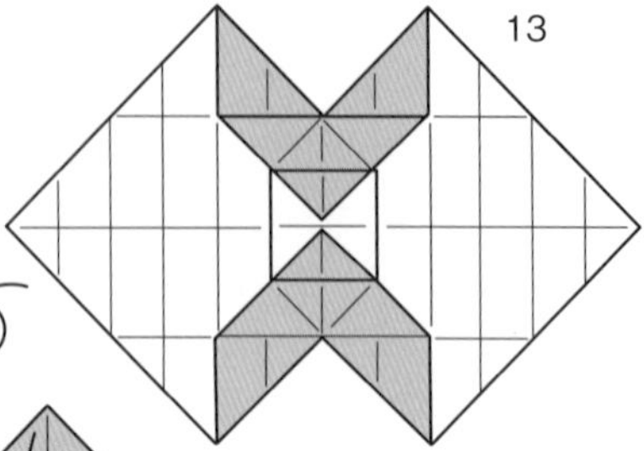

14

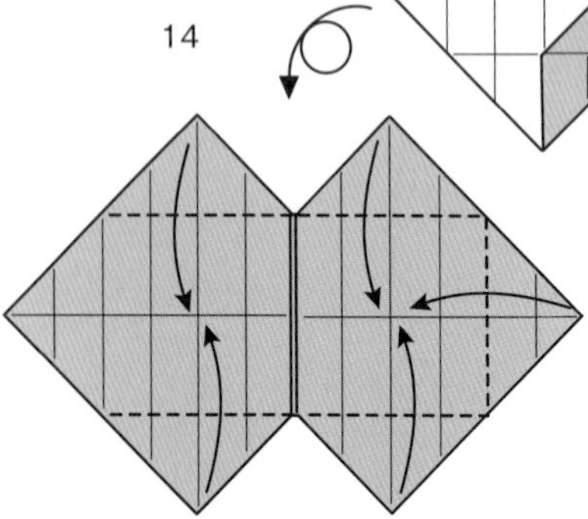

15

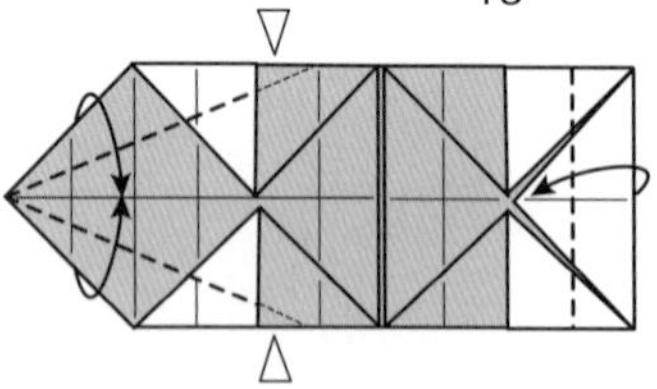

△印のところは巻くようにして内側だけ折る

16

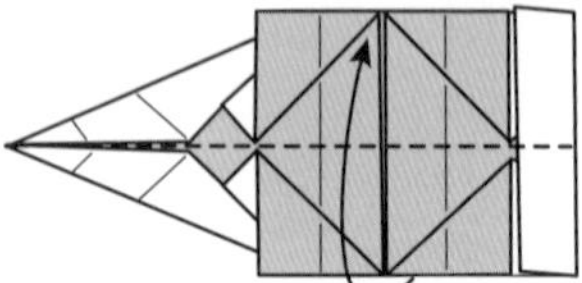

半分に折る

17

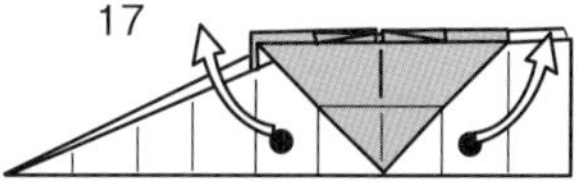

●印を持って左右に引く

18

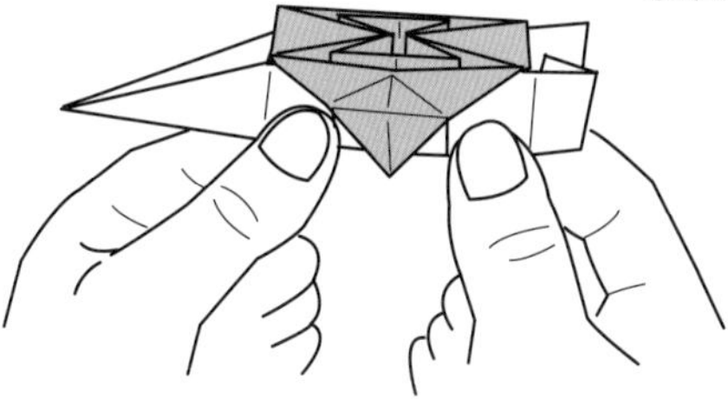

19

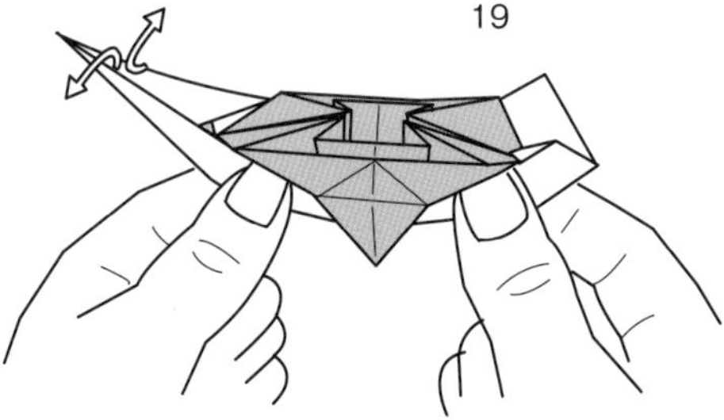

最後にへさきを形よくカールする

20

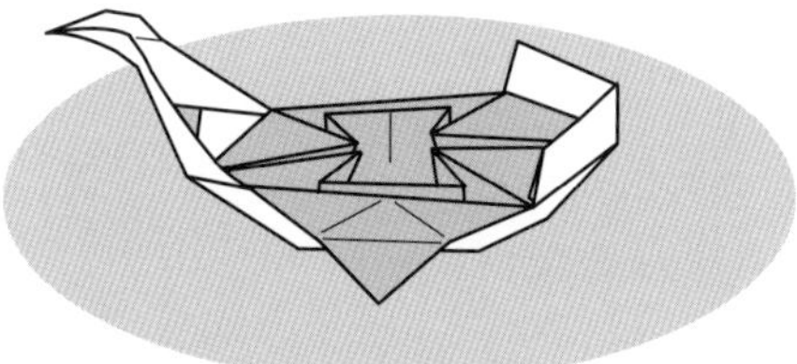

column　平らに畳み、しかるのちに立体化

物理学者であり、ご夫人共々折り紙愛好家であり、『折り紙の幾何学』（日本評論社）のご著書もある故・伏見康治先生は、

「伝承作品は多く、平らに畳んで折り、最後に立体化させる。そこがすばらしい」

とおっしゃっていました。

折っていくときも、行程ごとに平らに畳まれていき、最後に息を吹き込んだり、折り目を整えて立体化する、というものが、和洋を問わず確かに伝承作品には多くあります。折り鶴、風船、さんぼう、つの香箱、柿、宝船など。中国の伝承とされる筆洗いもそうです。最後に劇的に形が表れます。

伏見先生は、若い人に、いたずらに複雑なだけでない、そんな作品も創作して欲しい、とおっしゃっていました。

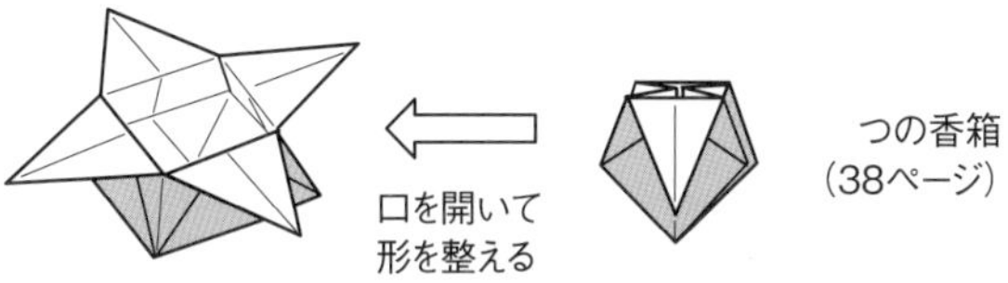
つの香箱
(38ページ)
口を開いて
形を整える

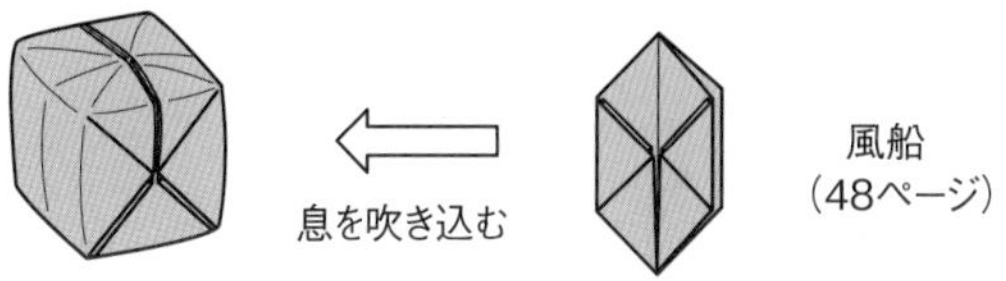
風船
(48ページ)
息を吹き込む

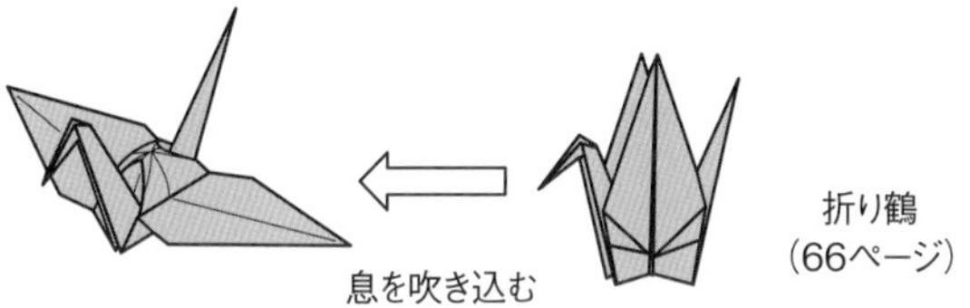
折り鶴
(66ページ)
息を吹き込む

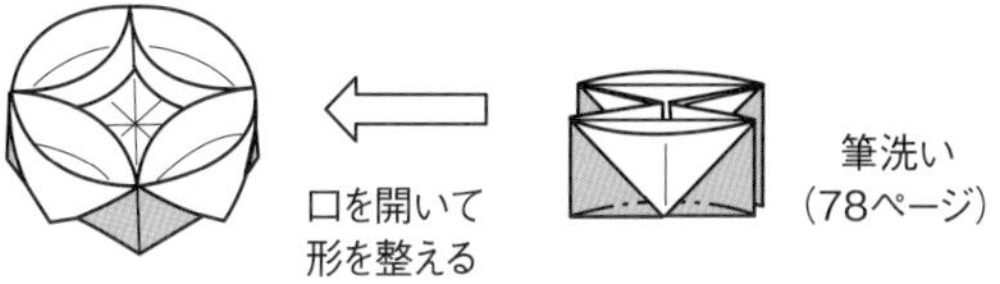
筆洗い
(78ページ)
口を開いて
形を整える

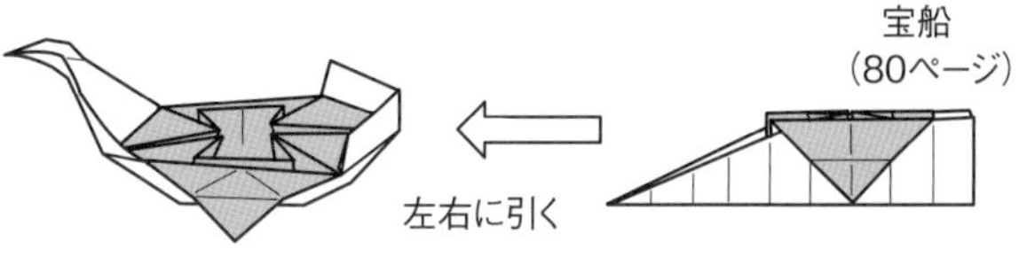
宝船
(80ページ)
左右に引く

海外旅行は折り紙の本を持って！

緑多い景色の中を走る列車の中で、文庫本を手に活字に目を落としたり、景色を眺めたりする場面が、テレビのドラマやＣＭでときおり流れる。実際そのように旅をする人は多いと思う。

さてそこで、旅に出るときに何冊か持っていく本の候補に、折り紙の本をぜひ入れていただきたい。特に海外旅行にはぜひ一冊。紙は百円ショップで売っている折り紙用紙の一束、いや二、三束あればいいし、現地で工夫調達されてもいい。

雨の日のカフェのテーブルで、バーのカウンターで、ぽつんと空いた時間に見知らぬ人と目があって微笑みを交わした後に、ひとりで寂しくなった時に、時間をつぶさなければならなくなった待合室で、むずかる子供連れと乗り合わせた乗り物で、折り紙は和やかな人の輪と穏やかな時間を提供する。

折り方はすぐに忘れてしまうものだが、折り方を書いたものを見れば思い出すことができる。海外で折り紙をするときは、仲良くなりたいなあ、ちょっと驚かせてみたいなあ、という下心があってもいいと思う。
武田百合子著『犬が星見た――ロシア旅行』(中公文庫)に、ハバロフスクにいく汽車の中で「退屈まぎれに折った鶴」を赤いセーターを着た老人車掌にあげる場面があった。折紙者(折り紙に熱中している者、くらいの意)はここで想像をめぐらす。百合子さんはありあわせの紙で折ったのだろうか。退屈することを見込んで折り紙用紙を持っていったのだろうか。もし持っていったなら千代紙か単色か……。一行にも満たない記述から、武田百合子さんに親しみを覚える。退屈まぎれに折り紙をする。わるくない時間だと思う。
折り紙はひとりで静かにやるのもいいが、人の輪を広げ心を通わせる糸口となる。海外旅行には一冊折り紙の本を持っていこう!

手触り

海外にいる折り紙の友人の幾人かは、どうも、折り紙と同じくらい、日本の紙をさわることに喜びを覚えているふしがある。友禅模様やむら染めの和紙は大人気。ながめているだけでうっとり。さわってなでて、それを折るなんてもう格別な喜び。

紙にはそれぞれ手触りがある。堅いもの、柔らかいもの、しなうもの、張りのあるもの、ごわごわしたもの。折ることでいっそうその紙を感じる。型染め模様のある紙などは、染のあるところとないところの境の手触りも楽しい。和洋を問わず豪奢な文様が印刷された質のいい紙を折るときの贅沢感。手漉きの紙はしっとりとやさしい。折って畳んで開いてまた折って……いい気持ちが満ちていく。

一方、トレーシングペーパーなど癖のある紙で折るときは、霧を吹いたりして、なだめすかして折っていく。折ることは必ずしも心地よいとはいえない。気持ちいい紙のときと方法は違うが、こちらも紙と対話しながらの作業。

ＮＨＫ教育テレビ『美の壺』という番組の「千代紙」特集で、いせ辰の紙を使って作品製作の依頼があった。材料は提供するので思いきりどうぞとのこと。いせ辰の千代紙は好きで何度も使っているが、それならと普段なら買っても折る気にならない一枚五千円くらい（千代紙のサイズはＢ４より少し大きい）の紙で箱をいくつか折った。値段もさることながら、手刷りの版画。「これで折るのですか？」このあとに続くもったいないという言葉を飲み込んで、お店の人は言った。「色が流れるかもしれないので、当て紙をして折ってくださいね」

大きさや模様の出方など試作を重ねて、いよいよ本番の紙を手にする。色ごとに何度もバレンを経たせいか、紙は強靭な柔らかさとでも言おうか、張りも合わせ持っている。色の厚みもあり、多少ざらつく表面の感触を味わいながら気持ちよく折った。指の正月。華やかに輝く千代紙は折り紙の箱にぴったり。

紙を選び、いよいよ折るときの緊張感。仕上がりに対する期待感。紙に指がさわり、紙を感じながら折り進める時間。これぞ折り紙の醍醐味のひとつ。

ハサミ

アメリカの折り紙団体「オリガミUSA」は年に一度の大会ごとに、特徴のあるTシャツを作っている。かなり前になるが、道路標識の侵入禁止のマークの中央にハサミを置いたデザインのシャツがあった。これには二説あり、ひとつは折り紙の原則である「ハサミの使用禁止」を謳ったもの。もうひとつは映像フィルムのノーカットを意味する「検閲なし」というもの。私は後者をとりたい。

折り紙のコアにあるものは、一枚の正方形から、のりハサミなど道具を使わずに形を作るというもの。規則の中で技を競い表現を磨くことは大切だ。すべてを一枚の紙から折り出すという驚きも含んでいる。しかし、折り紙の内側にいる人間が、あれは折り紙じゃない、規則からはみだしている、と言っても、子供や芸術家は気にしないで自分の表現したいものを表現していくだろう。だから原則は大切にしつつ「折る」ことで表現されるならいいじゃないか、といたって気楽に考えている。

折り紙の本を出版していると、折り紙そのものはさておき、紙の選択をほめられることが多い。そして、「紙はどこで手にいれるのですか?」ときかれる。販売されている折り紙用紙は補助的に使い、包装紙や和紙を自分で切って使っている、と答えると、「紙を切るのが苦手で……」とおっしゃる方がたくさんいる。

新素材や刺繍してある奇抜なもの、などたくさんの紙がある。はっと目に飛び込んできた紙はとりあえず買っておき、用途に応じて目的の大きさに切る。これが思いの他むずかしく、技術と集中力が必要。(それから十分に紙を広げるスペースもね。ちらかった部屋のおかたづけも重要)。

紙を切り出すには押さえがついたペーパーカッターがあり、種類も豊富で便利とのこと。しかし私は大きめのカッターマットと三〇センチ、六〇センチ、一メートルのスチールの直定規を使い分けて切り出す。コツは、切る方より押さえる方に注意を注ぐこと。数枚重ねるときは一回で切り離そうと思わず、何回も繰り返し線を引くように切る。何事も練習と回数が肝心。

ハサミを使って長い直線を切る人を見かけると、感心してしまう。私は左利きなので、長年右利き用のハサミを左手に握っている。他人にはそれが危なっかしく見えたり器用に見えたりするらしいが、はいその通りで、どうにか慣れたけれど、今でもハサミを使うことは上手ではない。数十年前ドイツの友人が「折り紙の友にハサミを贈る」とジョークを添えて、ゾーリンゲンの左利き用をプレゼントしてくださった。初めての利き手用ハサミ。すぐにうまく使えるかと思ったら、長年の修練が染み付いて、初めはとまどった。しかし現在は左利き右利き両方のハサミを使えるようになり、めでたしめでたし。この頃はちょっとしたスーパーでも左利きを右利きと同じ値段で売っていて、時代の流れを感じる。この進化もめでたし。

道具の使用は原則御法度の折り紙だが、気に入った紙から折り紙をするには、紙を切り出すためにそもそもハサミかカッターが必要で、それを上手に使う技術は、折る技術と同様、あだやおろそかにはできません。

第二章　暮らしに役立てる

季節の行事を飾ったり、普段使いの入れ物や包みなど、実際に使うことができる折り方を集めました。
ちょっとした折り紙でその場を和やかにしてください。

靴　★7.5cm×7.5cm

「ぐらい折り」（14ページ）はありますが、簡単でかわいらしい靴です。3の折り加減で靴のプロポーションが変わります。

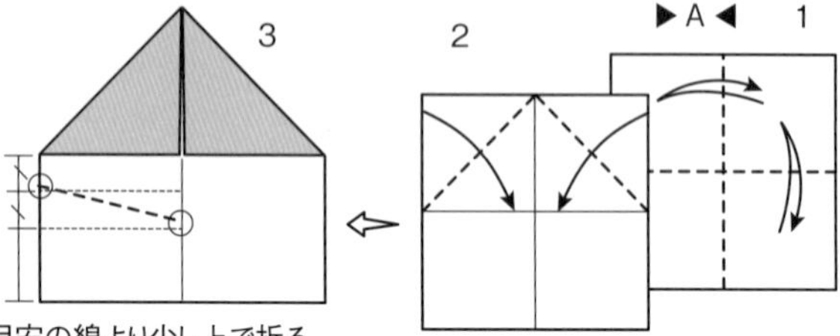

目安の線より少し上で折る

ぐらい折り　（14ページ参照）

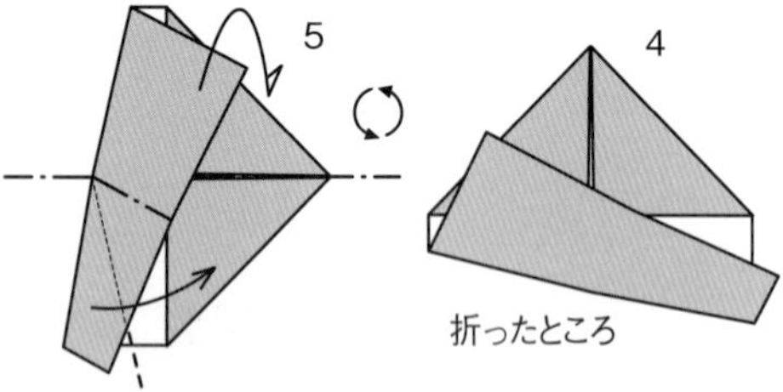

半分に折って、手前を下に合せて引き上げる

折ったところ

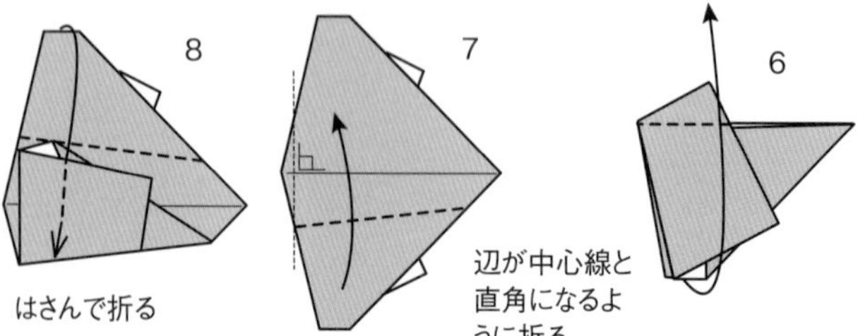

はさんで折る

辺が中心線と直角になるように折る

▶A◀

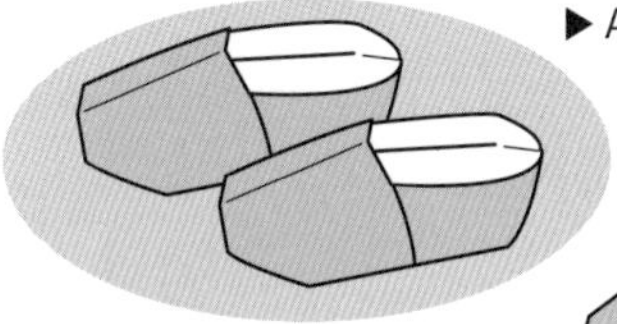

9

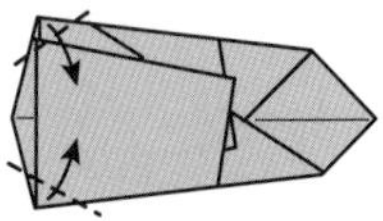

10

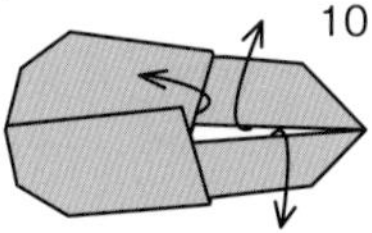

中を開いて
形を整える

▶B◀

1 2 3

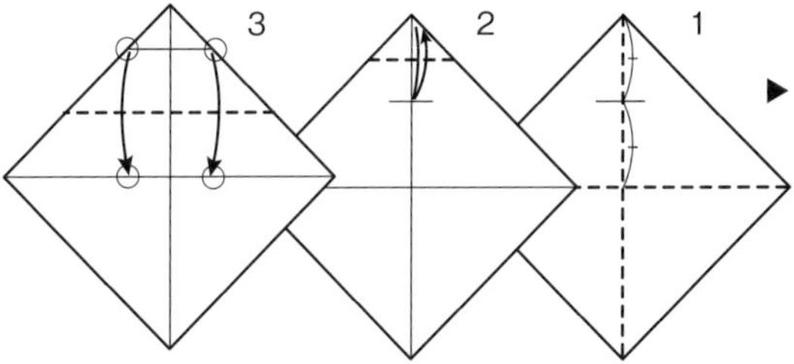

4 5 6

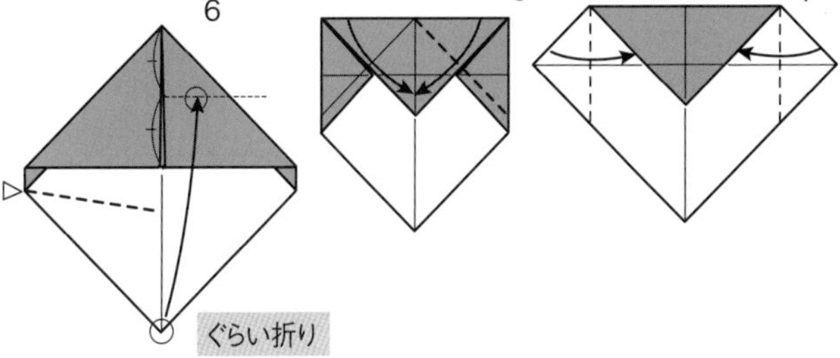

ぐらい折り

（だいたいの目安です）

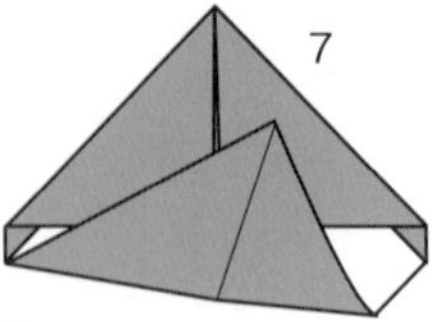

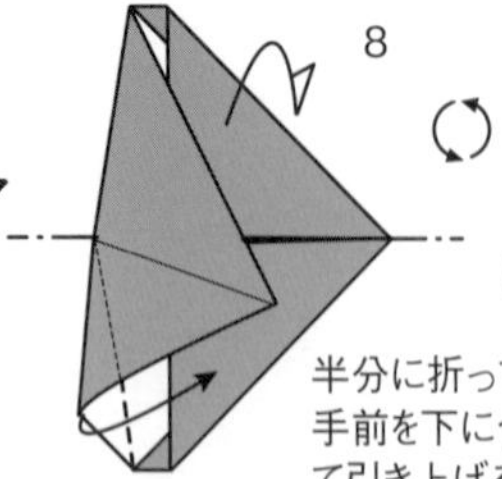

半分に折って、
手前を下に合せ
て引き上げる

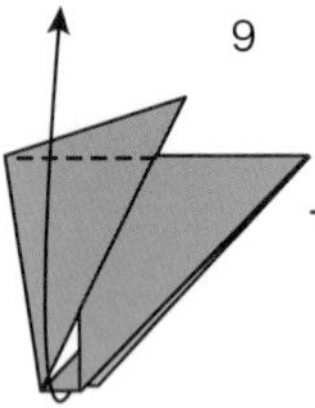

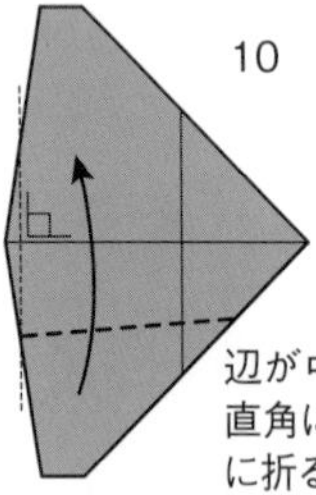

辺が中心線と
直角になるよう
に折る

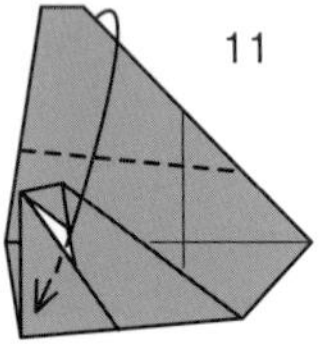

はさんで折る

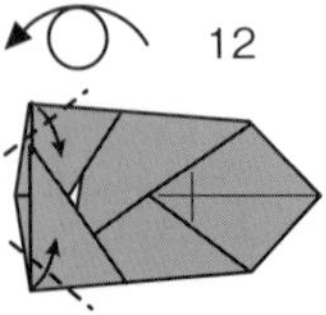

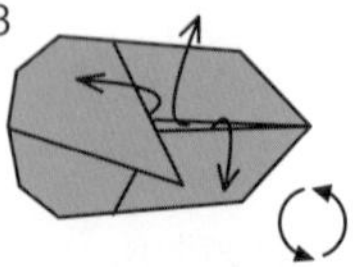

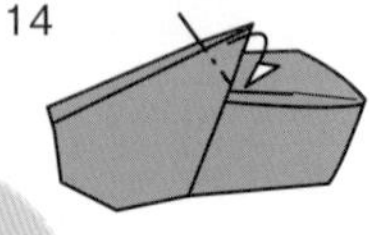

▶C◀

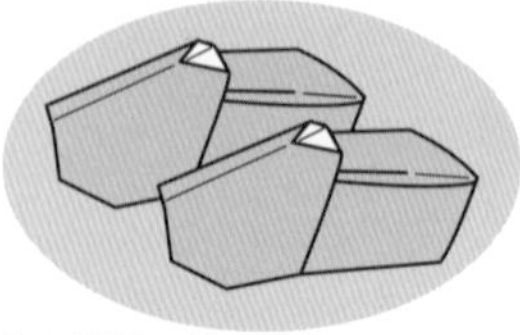

先を外側に折ったもの

▶B◀

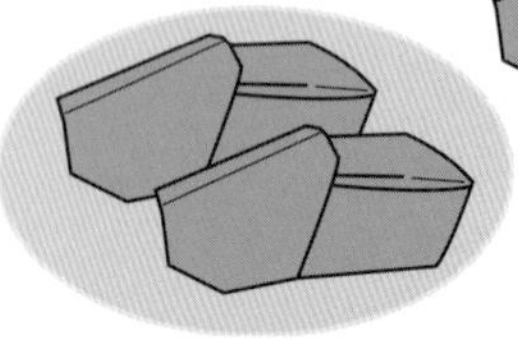

チューリップ ★15cm×15cm

花は1枚、茎と葉も1枚ずつの3枚で作ります。

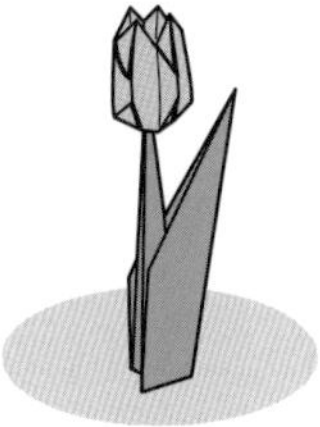

▶花◀

1

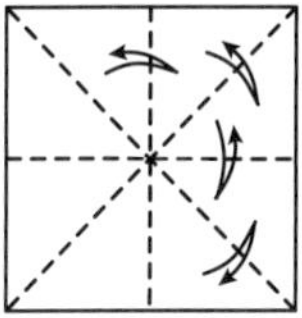

2

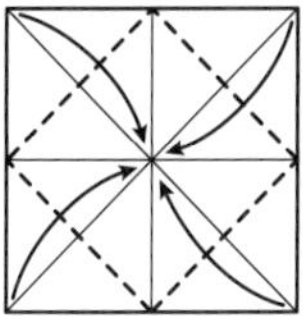

3

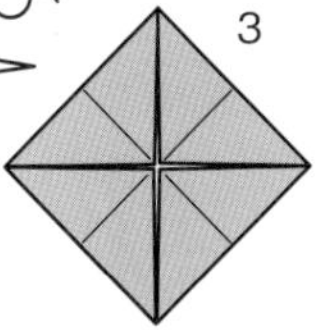

4

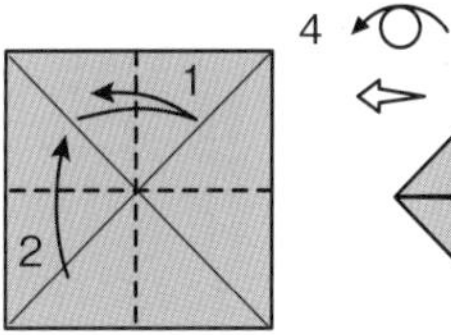

番号順に折る

5

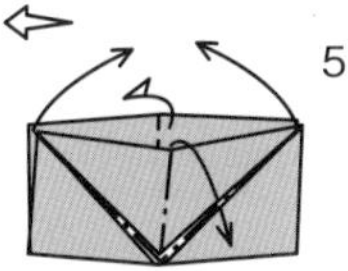

中を割って4つの
先を上に集める

6

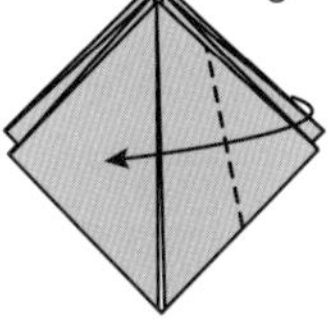

中央よりはみださせて
上下2層いっしょに少
し斜めに折る

ぐらい折り （14ページ参照）

7

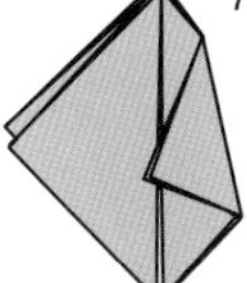

8

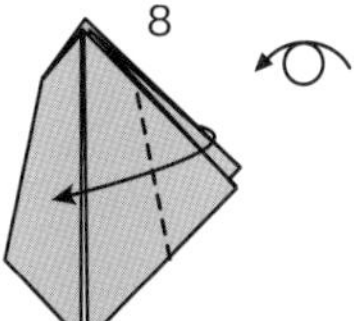

なるべく左右対称
になるように折る

9

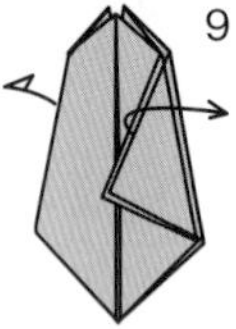

上の一枚を残して
いったん開く

10

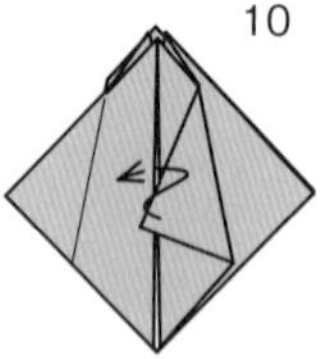

かどをすき間には
さむ。反対側も

11

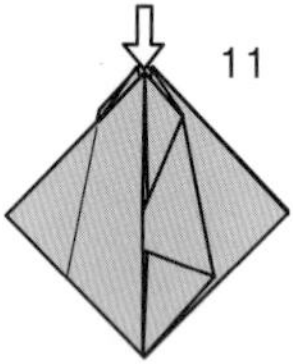

指を入れて中を開き
底を平らにする

12

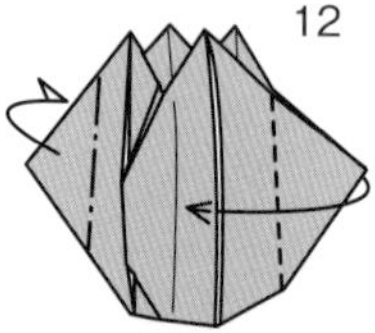

あと2カ所、巻くよう
にしてかどをはさむ

13

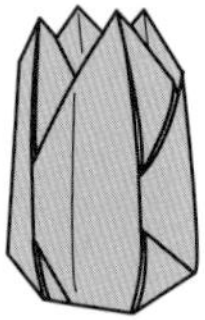

▶ 茎と葉 ◀

花と同じ大きさの紙

1

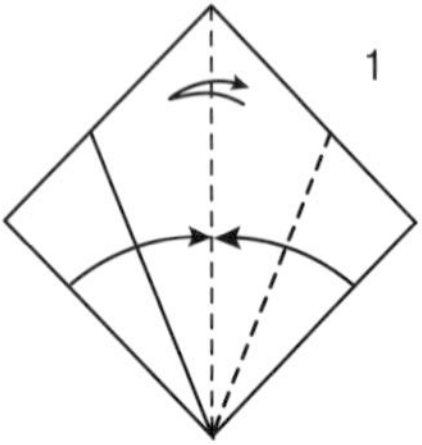

2

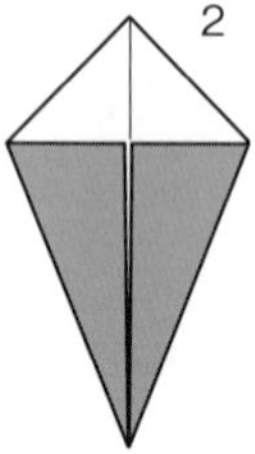

これを2つ用意する

3

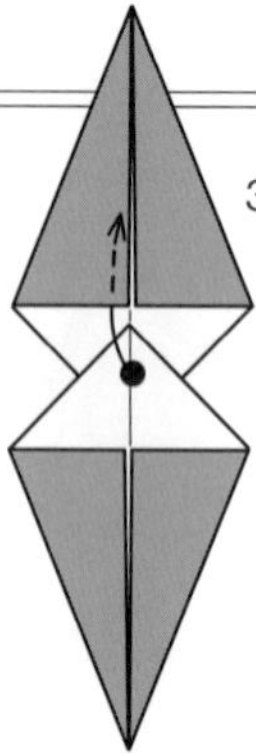

差し込む

4

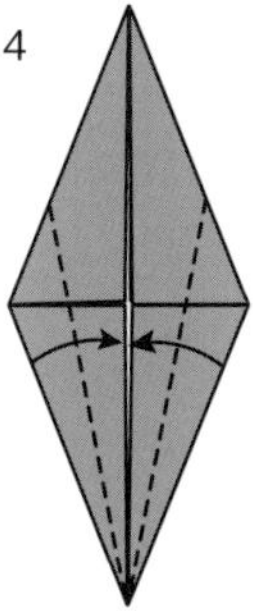

5

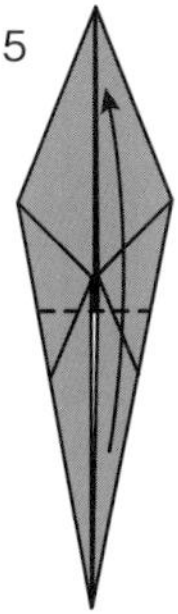

6

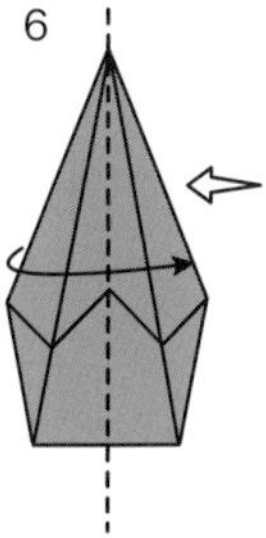

7

茎になる部分を
引き出す

8

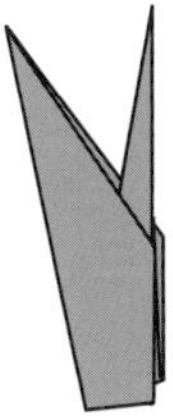

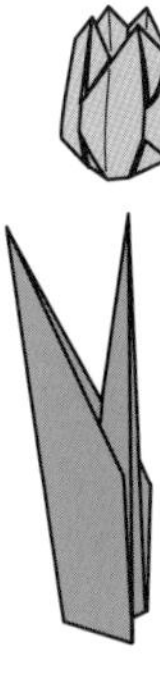

花の底に穴をあけて
茎を差し込む

ヨット ★15cm×15cm

帆は紙の裏が出るようにしました。

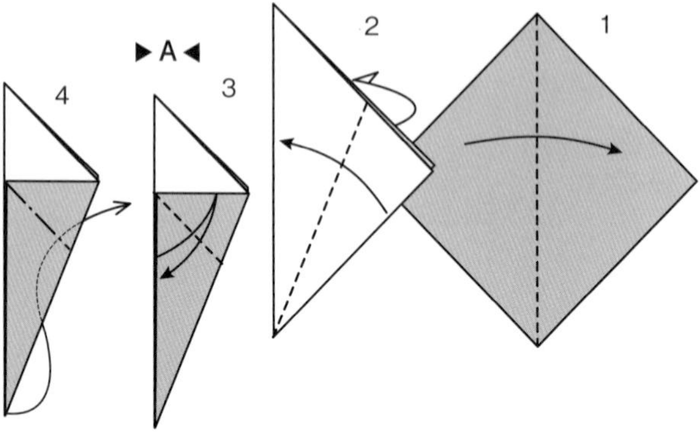

中割り折り

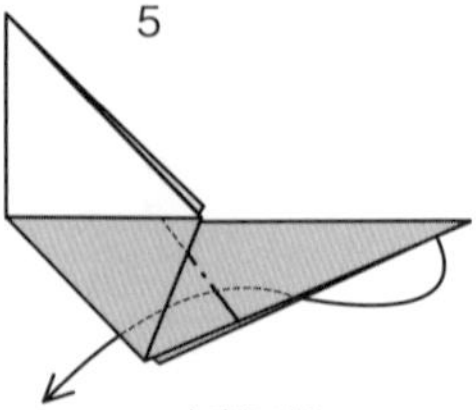

中割り折り

ぐらい折り （14ページ参照）

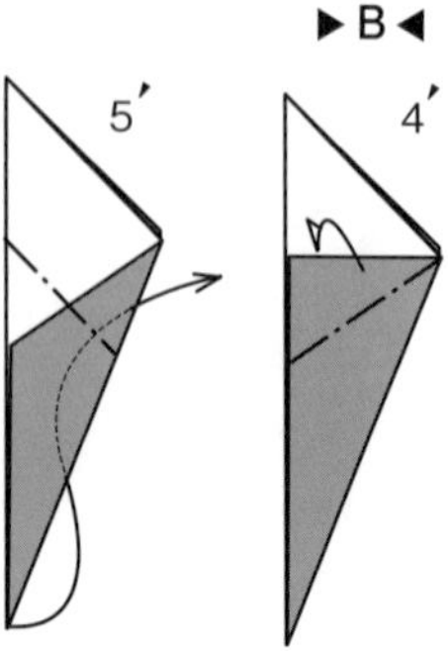

6

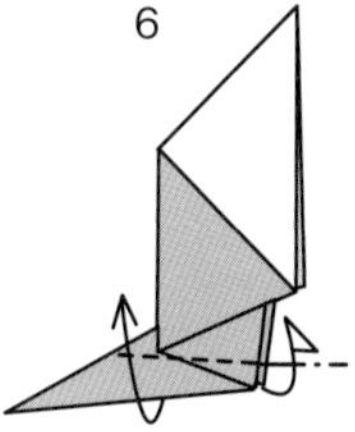

かぶせ折り

7

中で折ってとめる
（省略してもよい）

ヨット

一かけ　二かけ　三かけ　四かけ
四かけて　五かけて　ほをかけて
かぜが　かけたら　ふくらんだ
ほら　ほが　ほっと　ふくらんだ

8

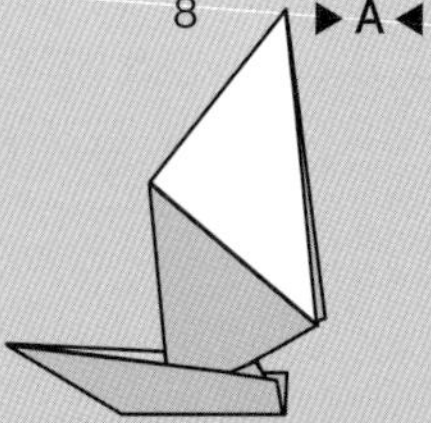

ワンピース2種 ★★15cm×15cm

襟の形を変えて楽しみます。栞にしてもおしゃれです。

1

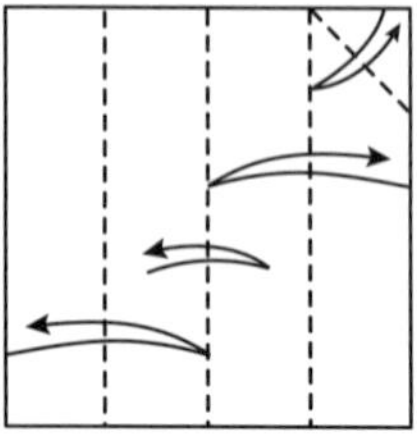

2

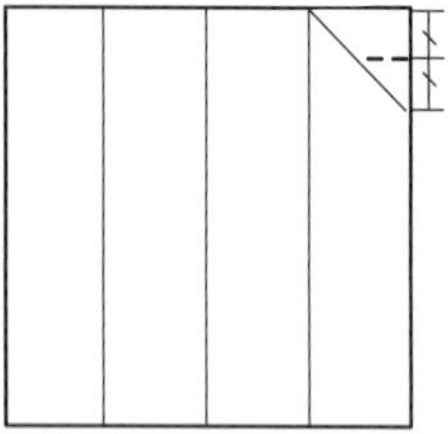

▶ シャツカラー ◀

3

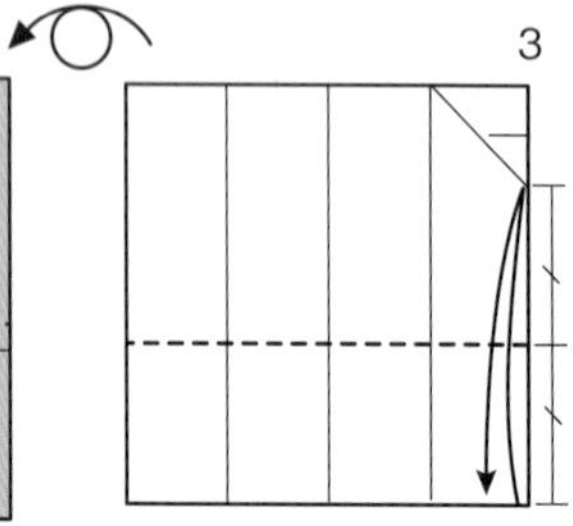

4

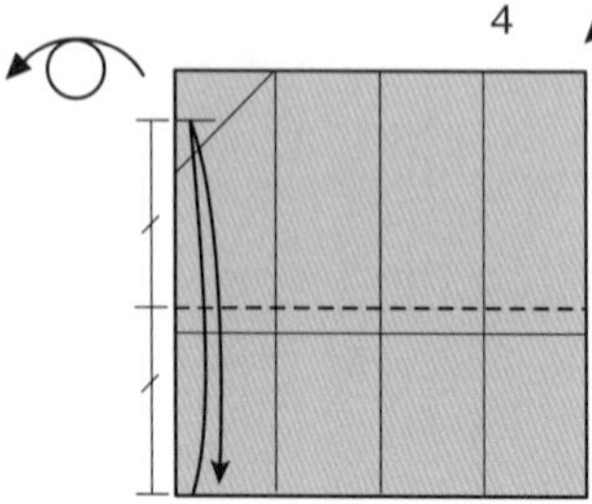

5

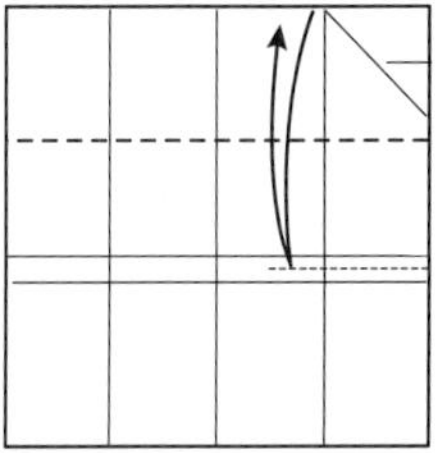

2本の線のだいたい真ん中に合せて折る

6

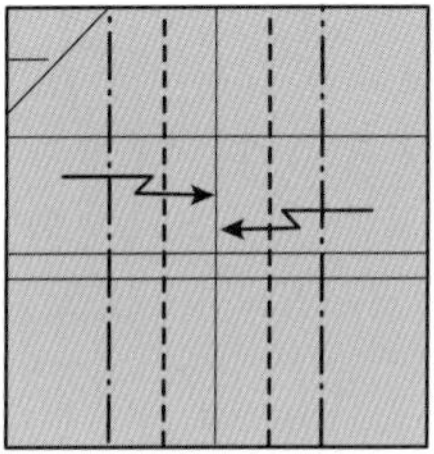

中央に合せて段に折る

7

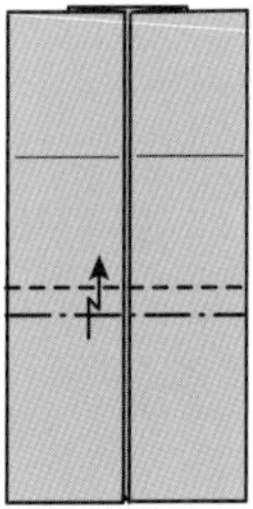

ついている線で段に折る

8

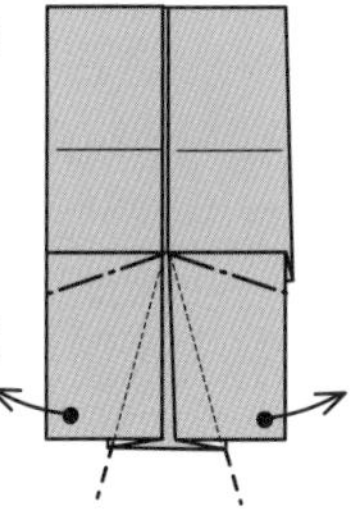

左右に引く

9

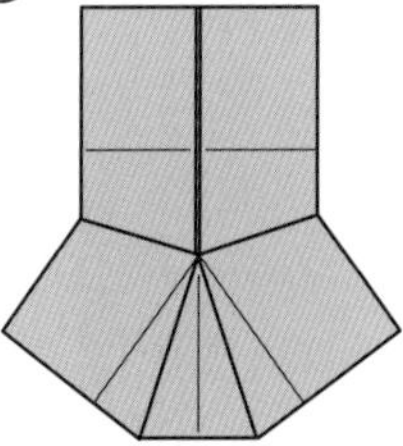

10

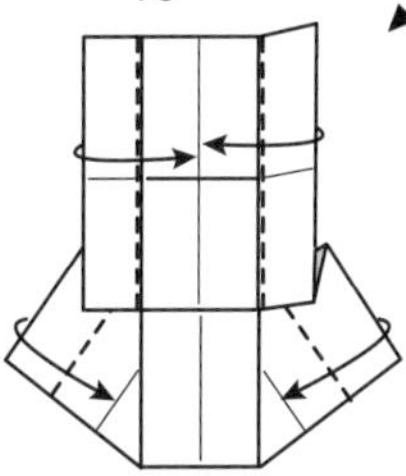

11

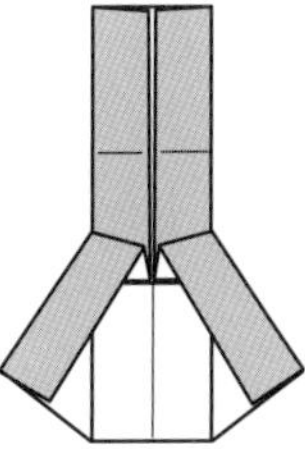

12

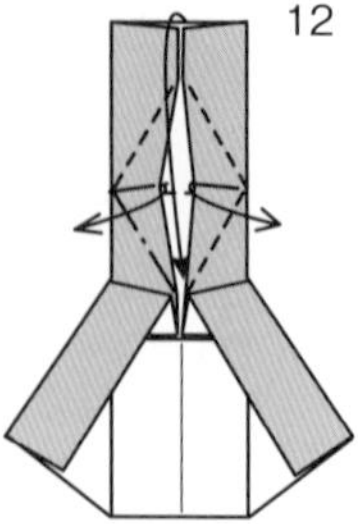

中を割って折る

13

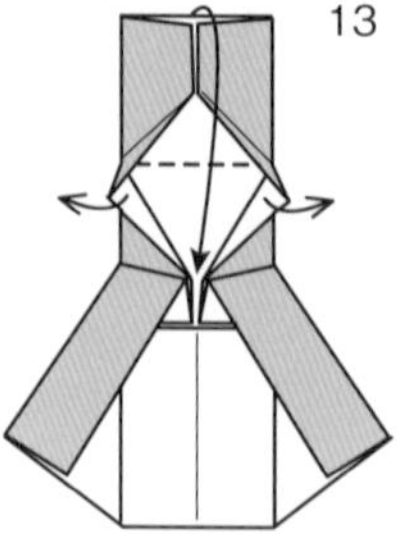

（途中）

14

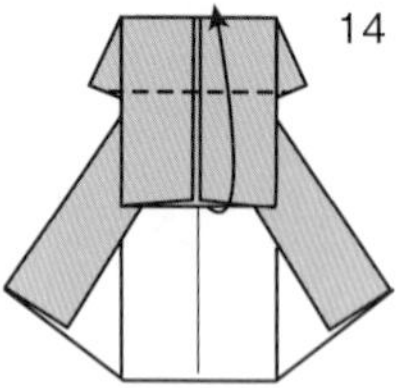

襟の分を
はみ出して折る

15

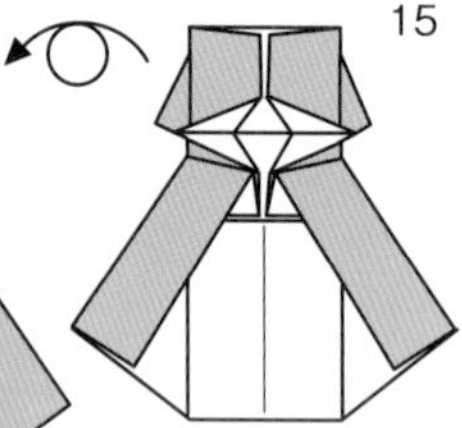

16

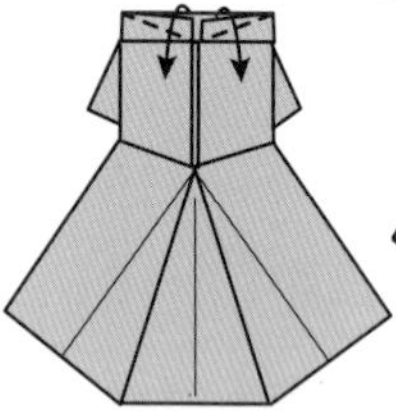

17

後ろに折る

18

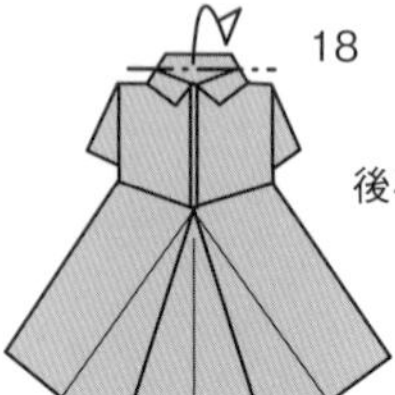

後ろに折る

19

▶スタンドカラー◀

15

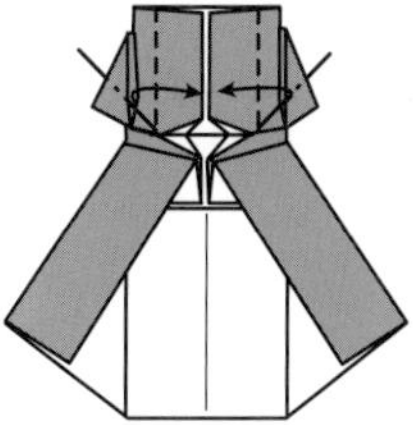

14

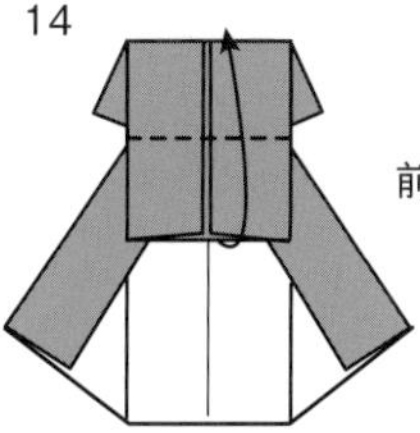

前ページ14から

17

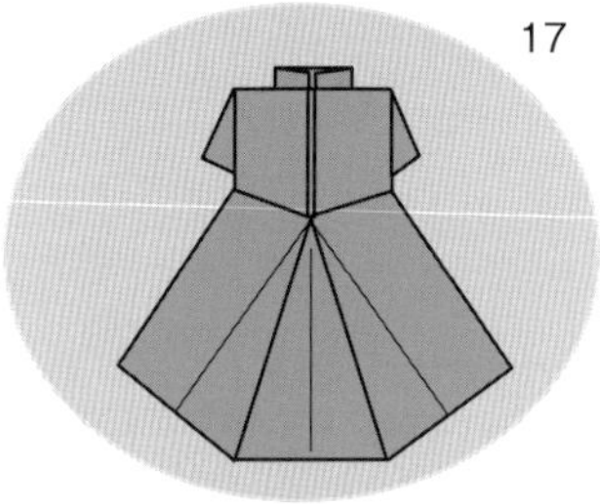

スタンドカラー

16

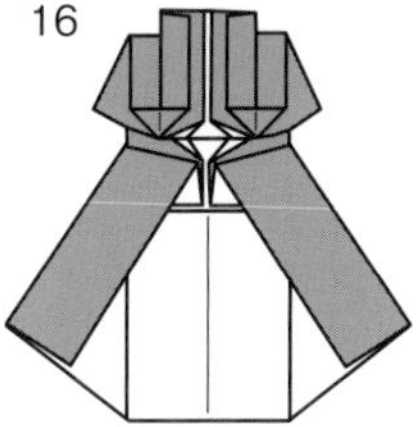

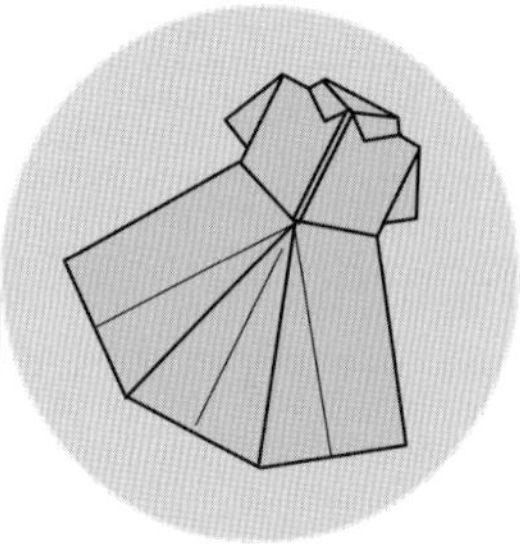

シャツカラー

襟の形は図のようにも工夫できます

着せ替えびな　★15cm×15cm

体を折り、別の紙で着物を着せます。
簡単でかわいらしい折り紙のおひなさまです。

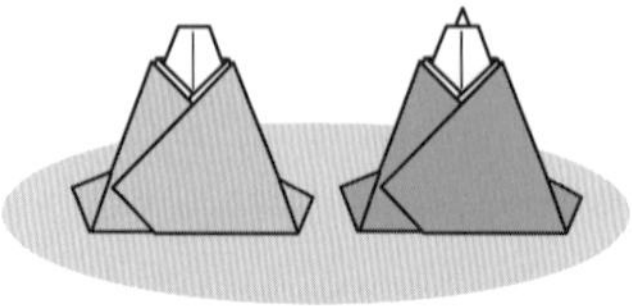

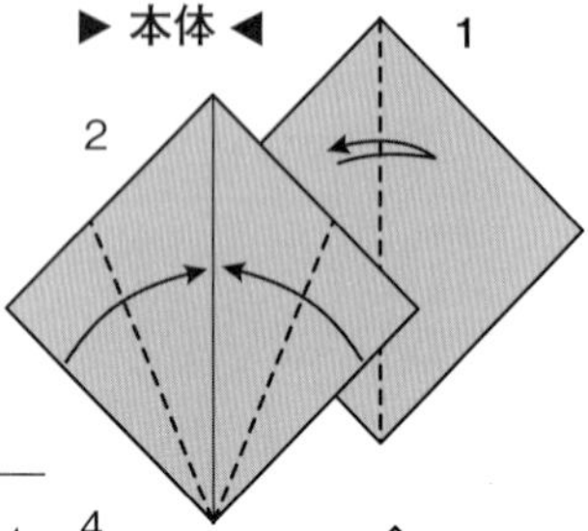

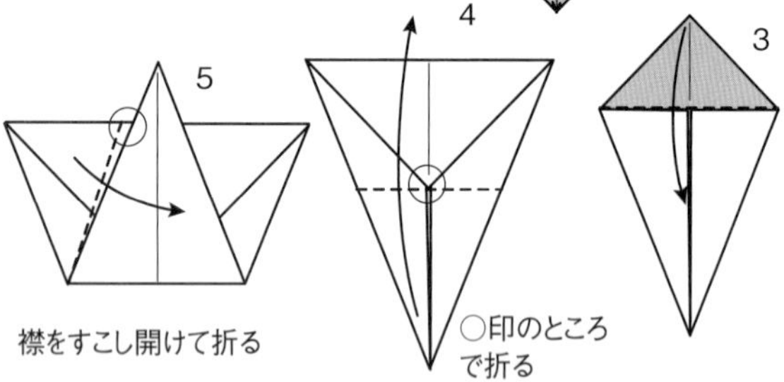

襟をすこし開けて折る

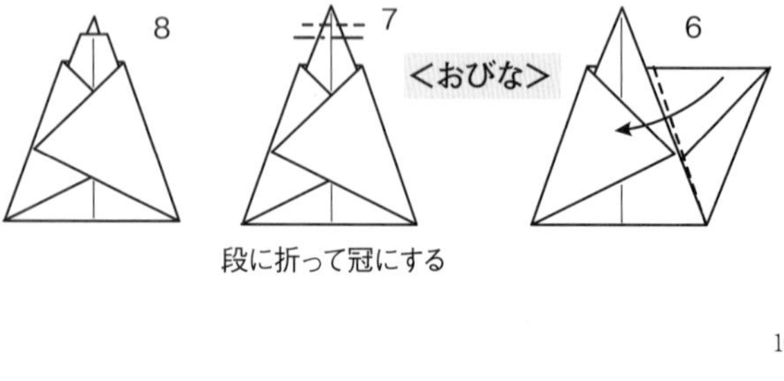

段に折って冠にする

<めびな>

7

8

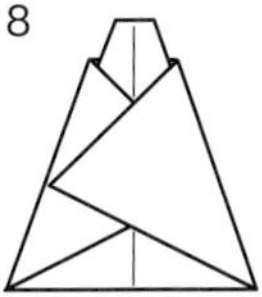

▶着物◀

1

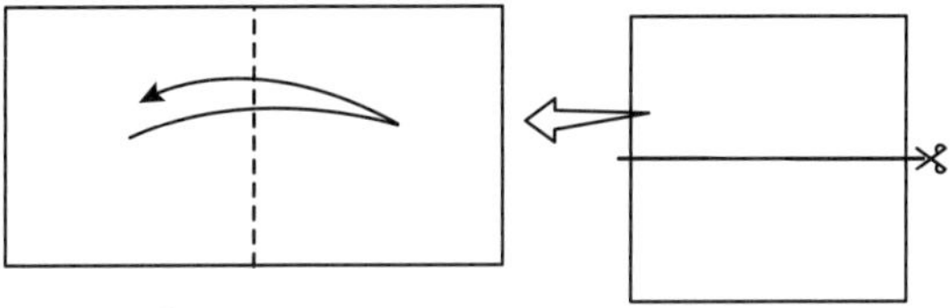

本体と同じ大きさ
の紙から

2

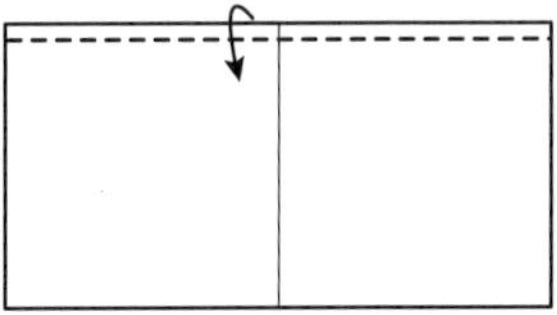

3

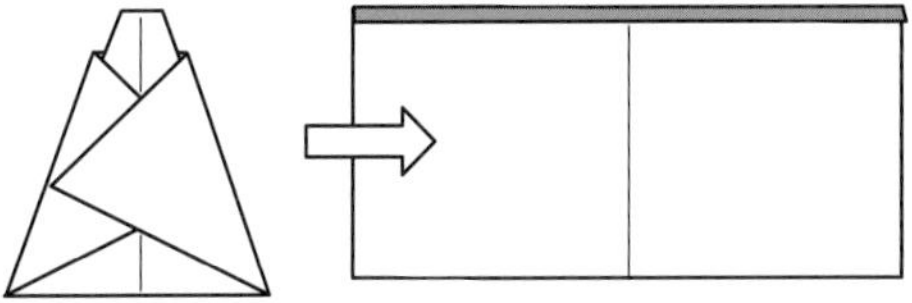

本体を着物に重ねる

4

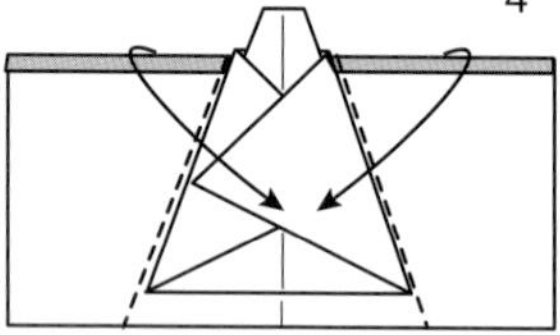

5

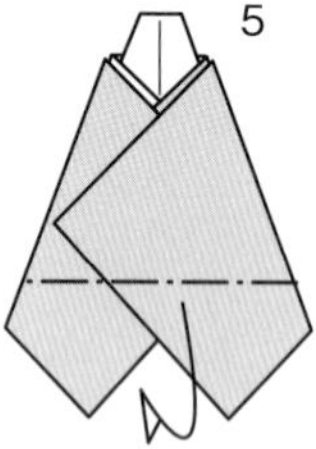

後ろに折って
スタンドにする

6

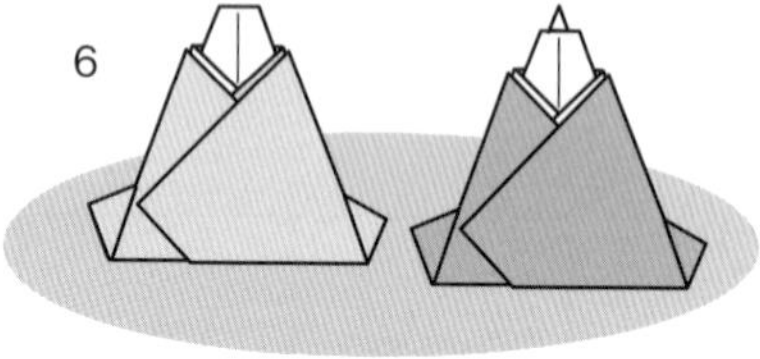

髪の毛を書き込んだり、
冠に色を塗ってもよい

おひなさま

たかいところから　みている
おひなさま
あーれ　あーれ
ひとのよは　おどろくことばかり

▶ 切り紙の桃の花 ◀

7

次ページ6から続く

8

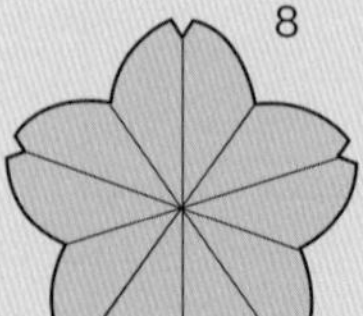

正五角形の折り出し――正方形から

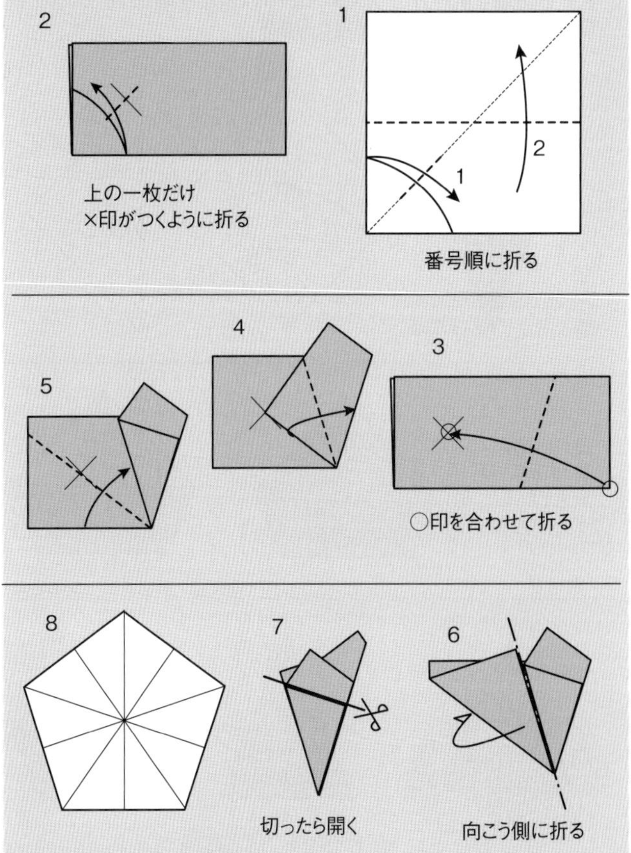

1
1
2
番号順に折る
2
上の一枚だけ
×印がつくように折る
3
○印を合わせて折る
4
5
6
向こう側に折る
7
切ったら開く
8

サンタクロース ★15cm×15cm

とても簡単な折り方のサンタクロースです。手順5の折り幅を変えると顔の大きさが変わります。

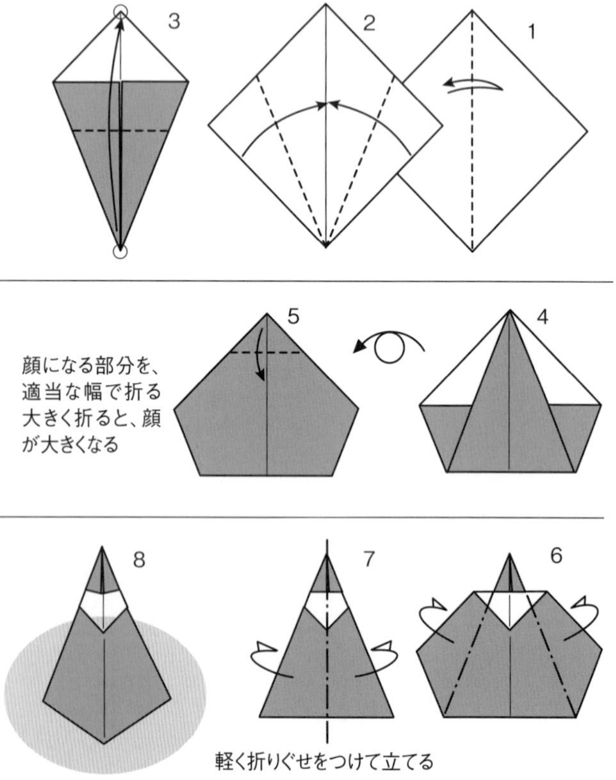
1
2
3
4
5
顔になる部分を、
適当な幅で折る
大きく折ると、顔
が大きくなる
6
7
8
軽く折りぐせをつけて立てる

袋をかついだサンタさん

★★15cm×15cm

紙の表と裏を生かしたサンタクロースです。

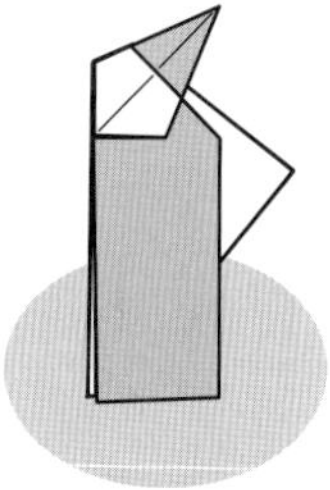

1

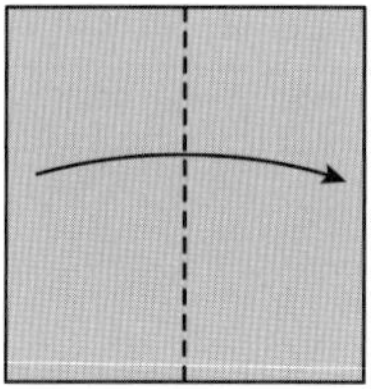

2

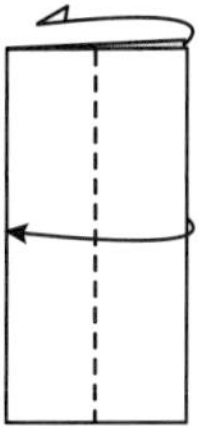

3

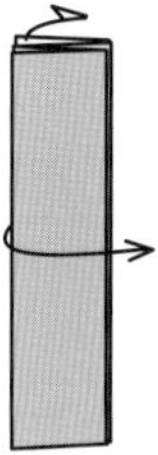

全部開く

4

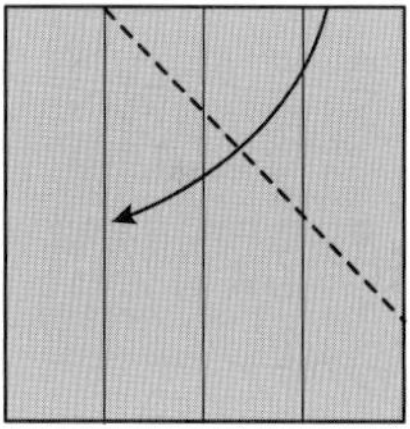

5

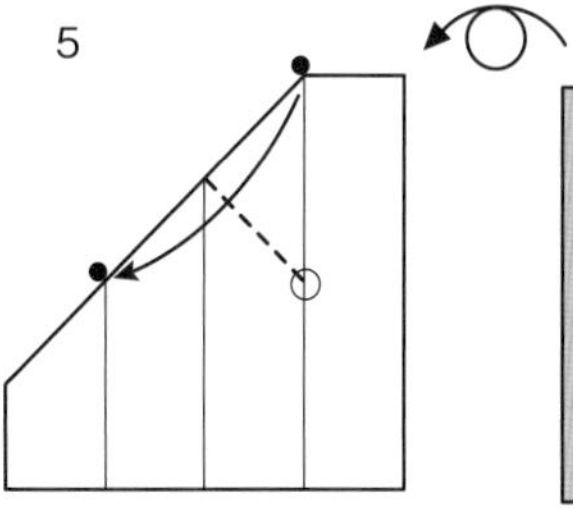

○印まで折る

6

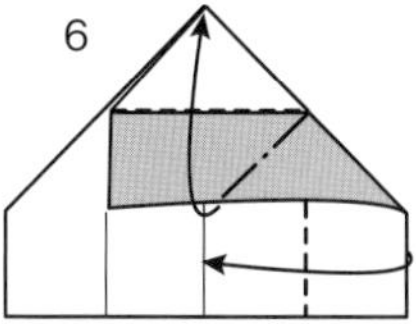

7

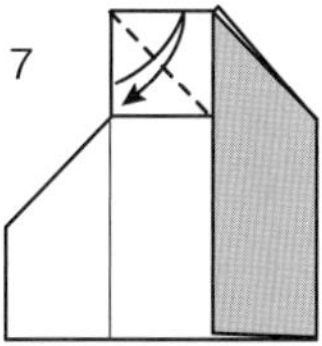

8

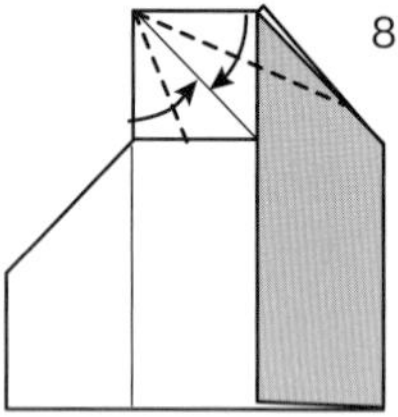

9

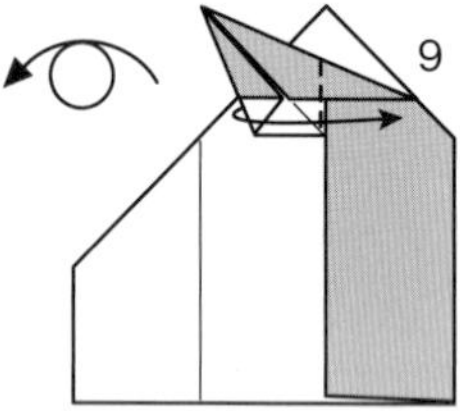

10

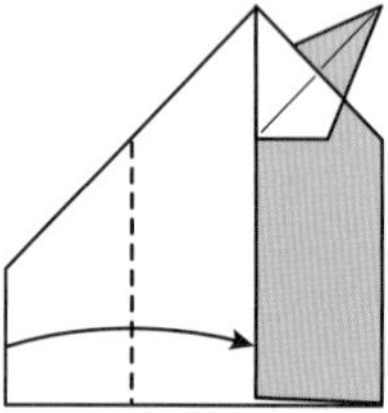

11

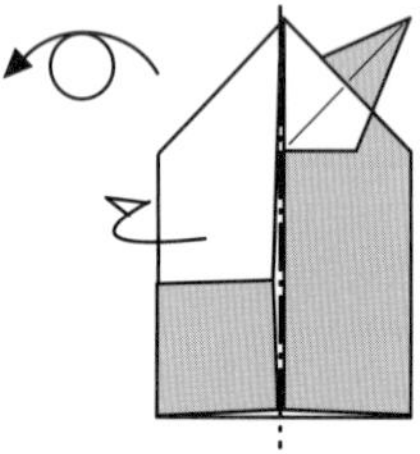

12

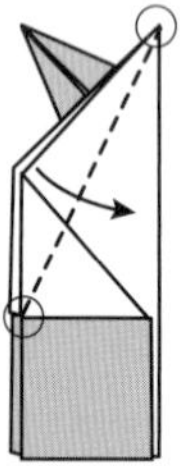

○印を結んだ
線で折る

13

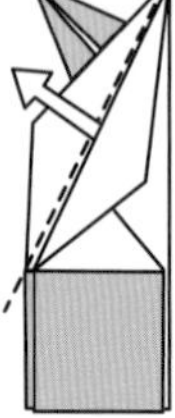

中のひだを
引き出す

14

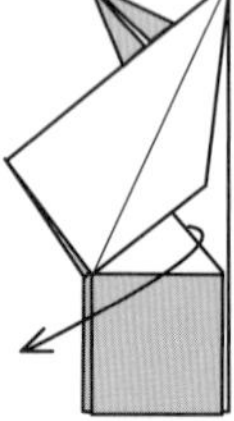

開く

15

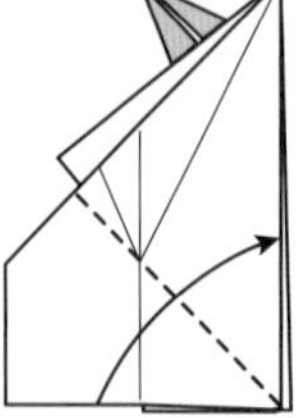

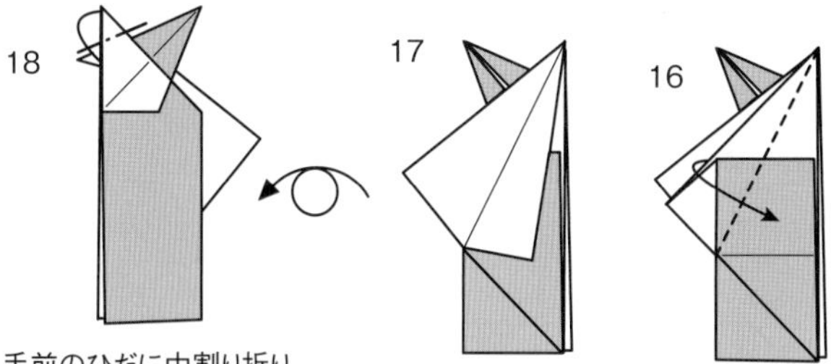

手前のひだに中割り折り

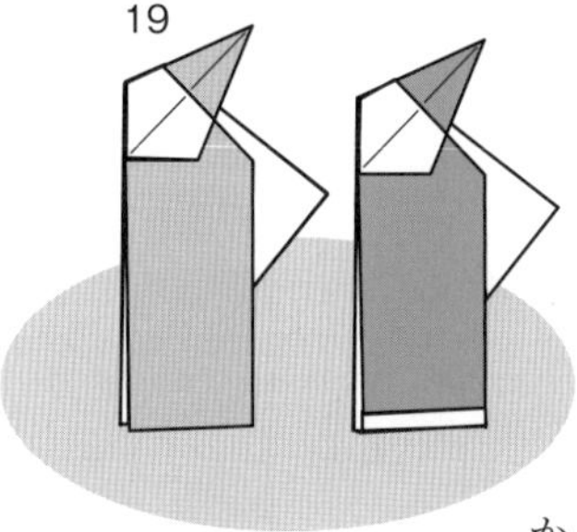

図のように、
すそを折り返してもよい

ふくろの　なかみ

サンタクロースさんの
ふくろの　なかみ
なんだろう?
あおいとり
ちょうのゆめ
かぜが　はこんだ　しずかなうた
　ふくろの　なかみ
ほんとは　なあに?

ツリー ★★15cm×15cm

大きさを変えた紙で折って、順にかぶせていきます。
イメージとしては針葉樹。クリスマスツリーです。

▶枝葉◀

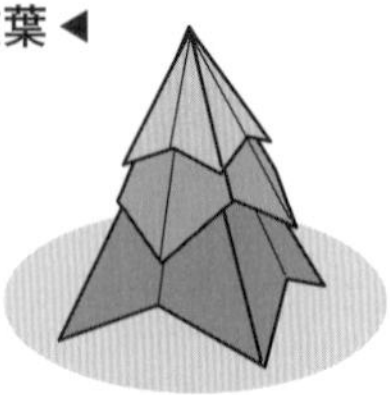

1 2

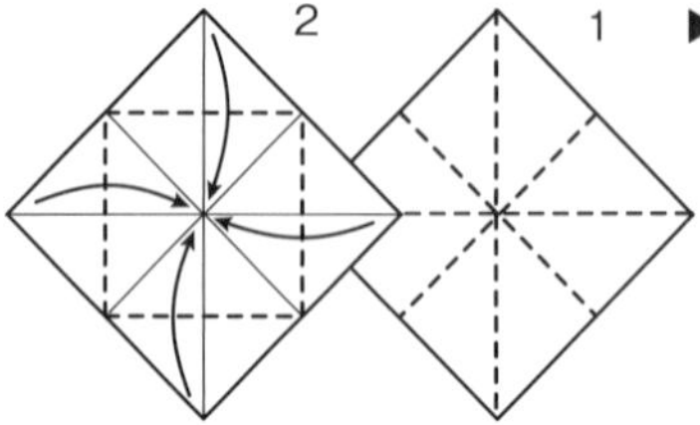

3 4 5

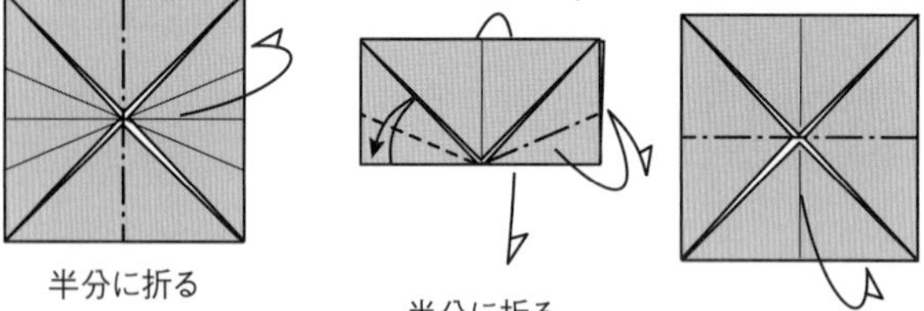

半分に折る

半分に折る

6

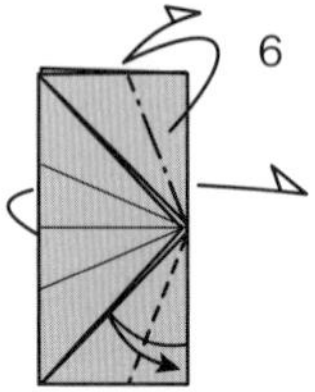

折り線をつけたら
みんな開く

7

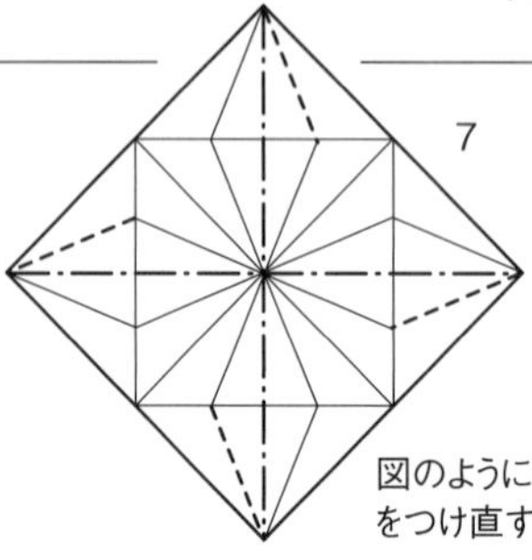

図のように折り線
をつけ直す

8

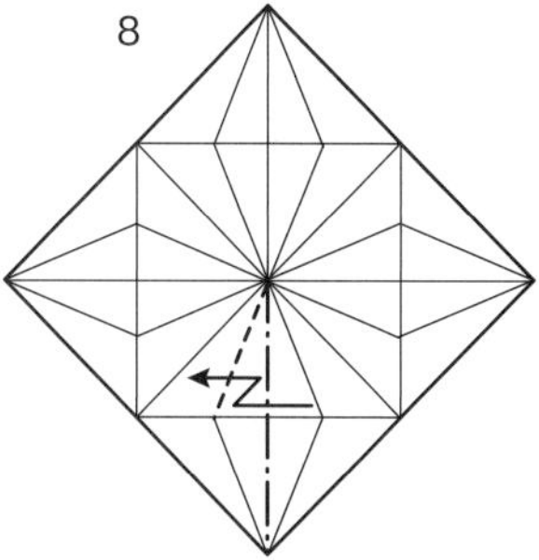

中心をくぼませて、ひだを寄せる

9

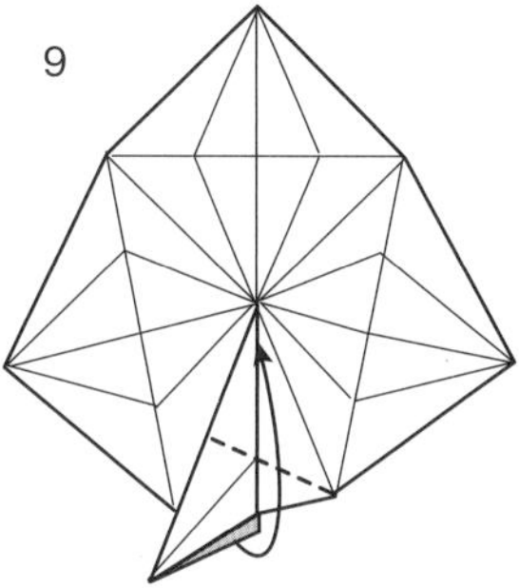

中心に向けて折る

10

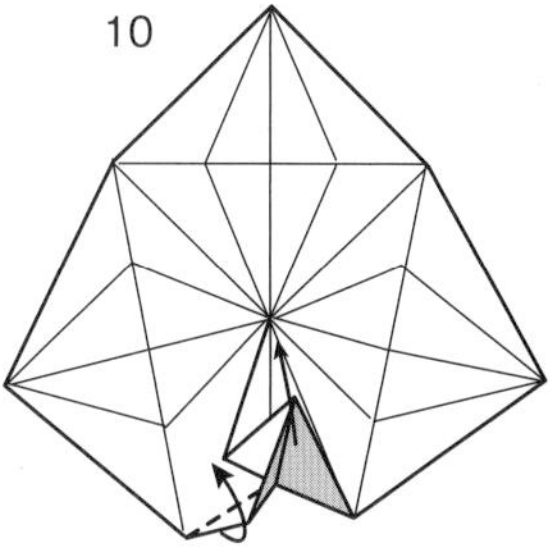

かぶせて折る

11

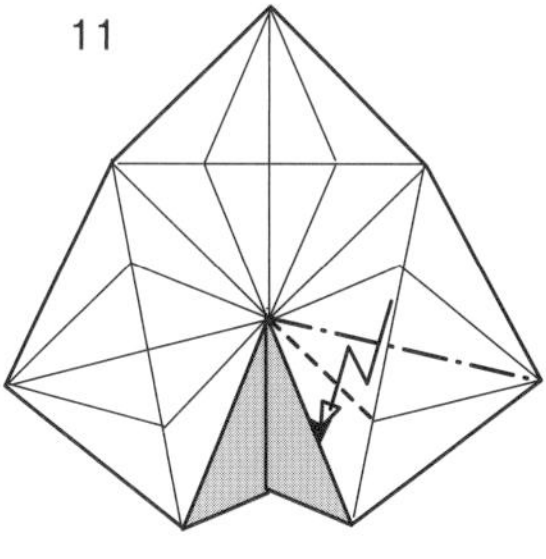

あと3カ所も
同じように折る

12

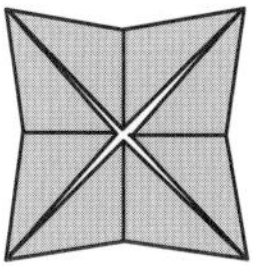

内側から見た図。底面は正方形。
中央が向こうへとがっている。

▶A◀

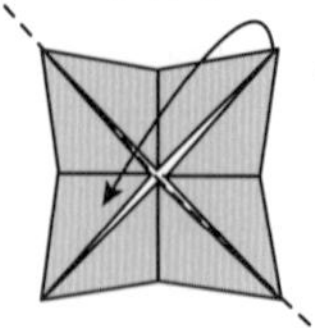

13

長い辺で折る

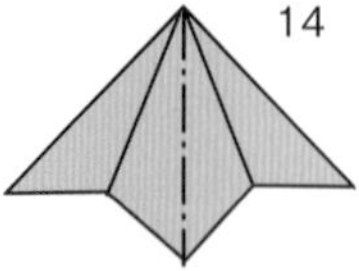

14

三角をとがらせて
四角錐にする

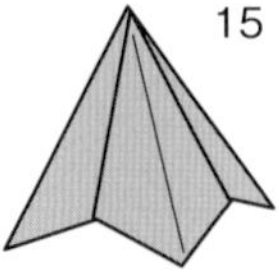

15

▶B◀

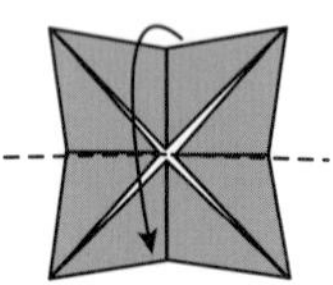

13

短い辺で折る

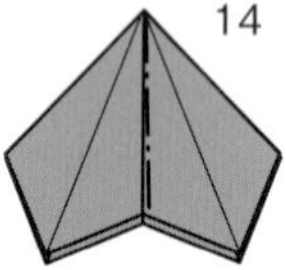

14

三角を平らにして
四角錐にする

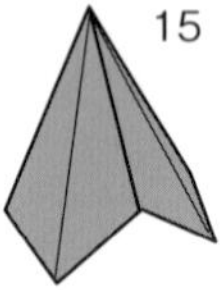

15

16

A 7.5×7.5cm

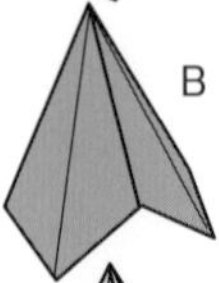

B 12×12cm

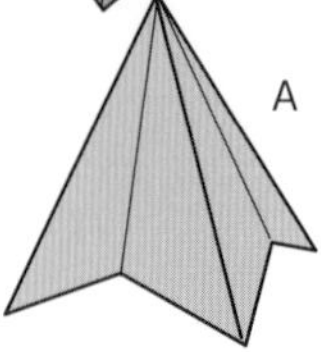

A 15×15cm

大きさのちがう紙から折った
A、Bをかぶせていく

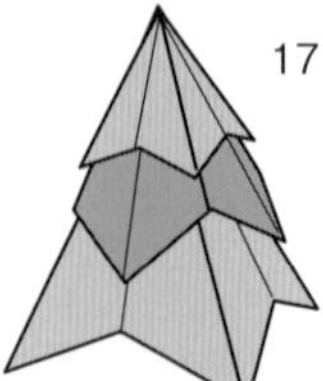

17

ツリーは幹と組み合わせると
よりリアルになります。

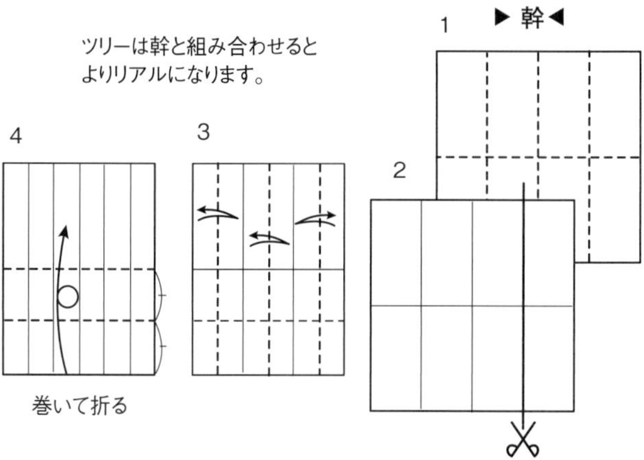

AとBのかぶせ方を変えたり、寸法を変えたり、かぶせる数をふやしたりできます。こういったアイデアは、すでにたくさんの方が考えつかれているかも知れません。

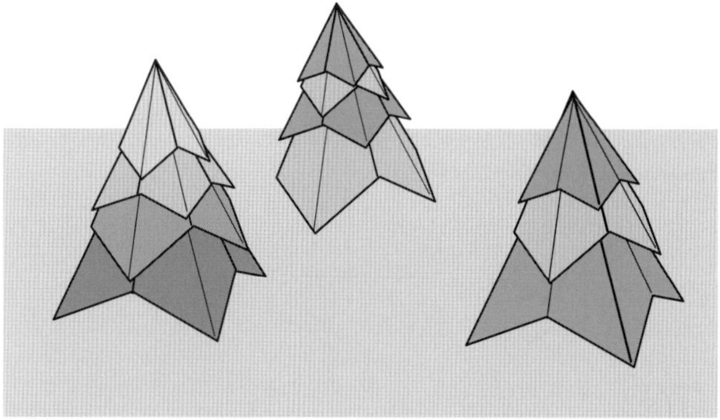

5

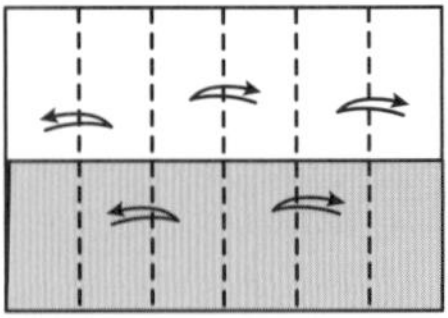

6

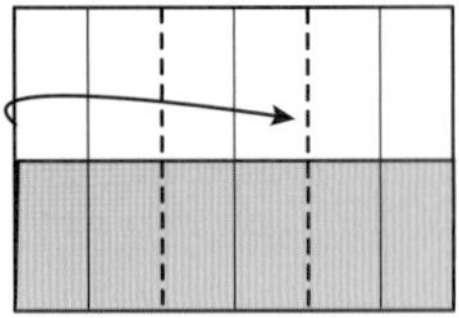

7

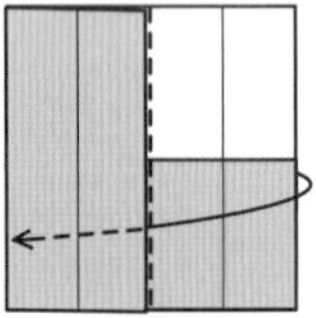

はさむ

8

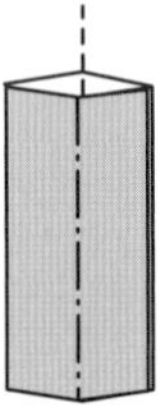

筒にして中を開けて
四角柱にする

枝葉（114ページ）

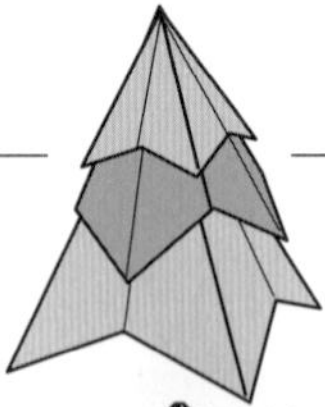

9

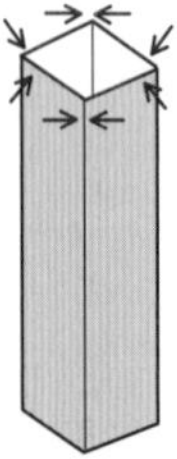

4つのかどをつまんで、中央に寄せる

10

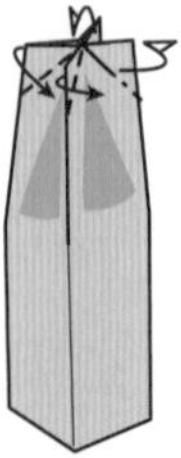

4つのかどを折ってとめる

11

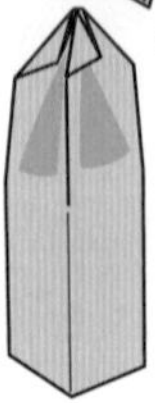

幹にかぶせる

やまのなか

きが　いっぽん　りんとたち
きが　にほん　しんとたち
きがつくと　やまのなか

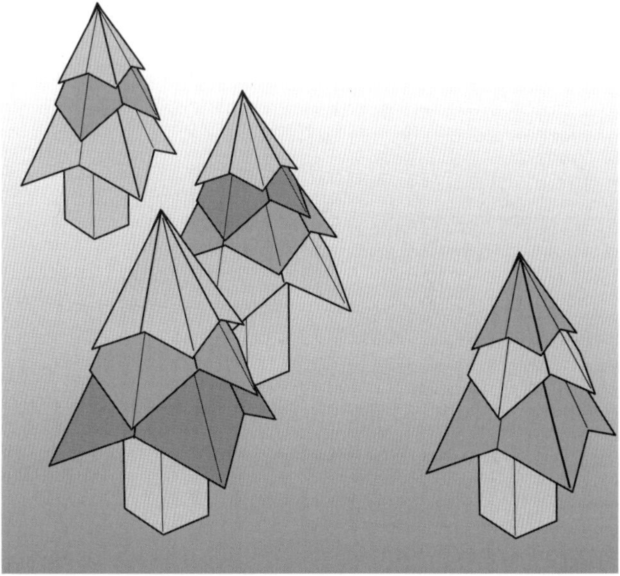

はいはいベイビー ★★15cm×15cm

手順12以降の折り方がむずかしいので、何度か折ってバランスを見つけてください。

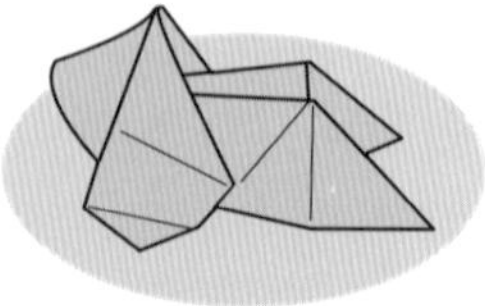

1

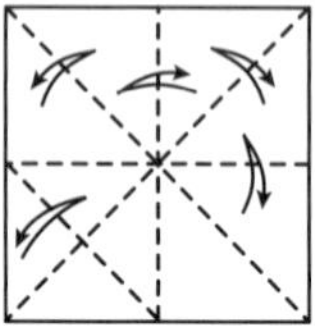

2

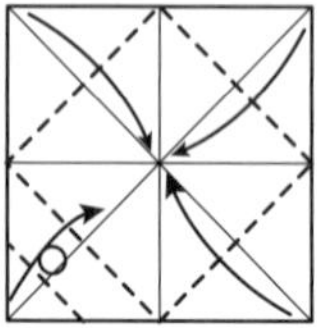

3

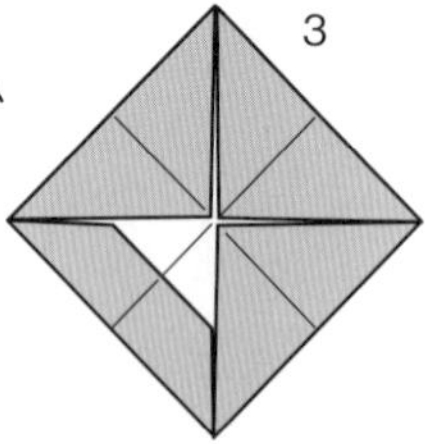

4

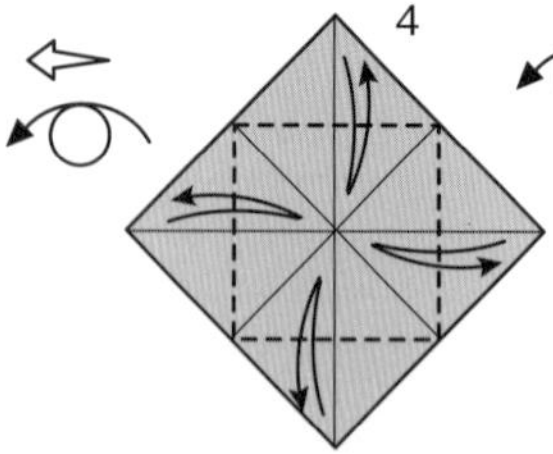

5

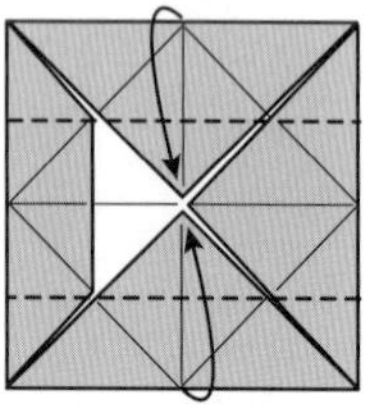

6

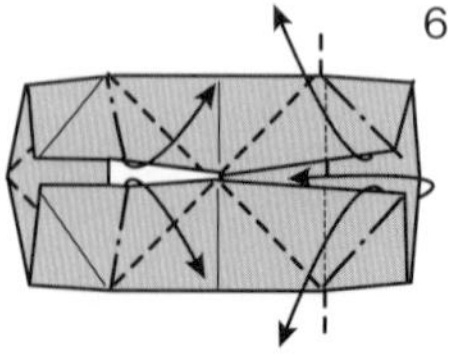

7

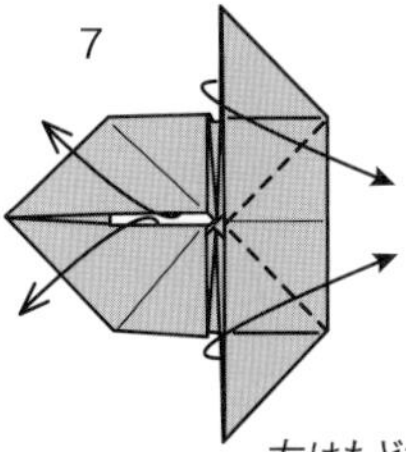

左はもどす

8

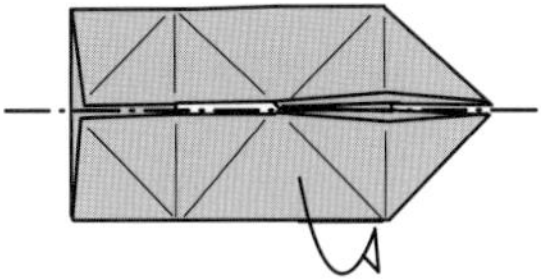

半分に折る

9

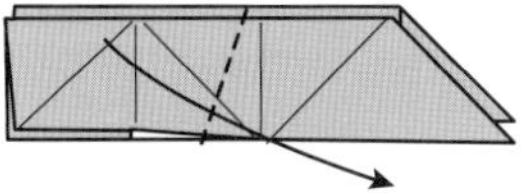

図のような位置で
まず谷線をつける

ぐらい折り （14ページ参照）

10

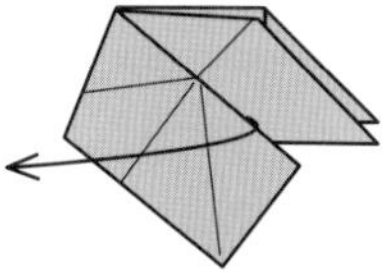

もどす

11

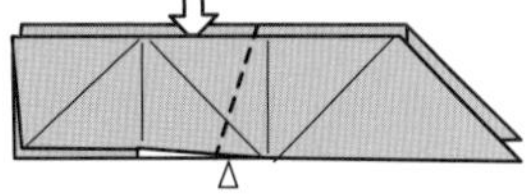

矢印に指を入れ、つけた折り線より
左側（△印）で中を開く。すると
12〜16で頭になる三角が上がる
（123ページ18の図も参考にする）

12

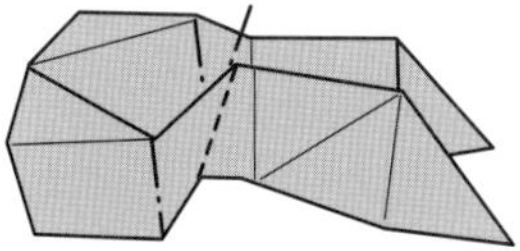

中を開いているところ

13

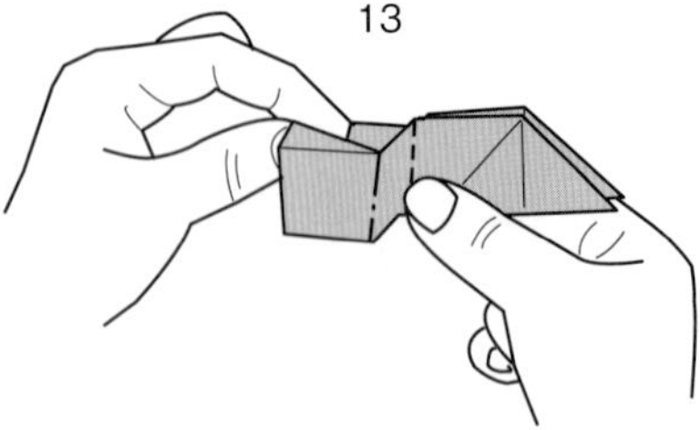

11の△部分で少し折ったところを右手でつまんで左を折り上げる(17参照)

14

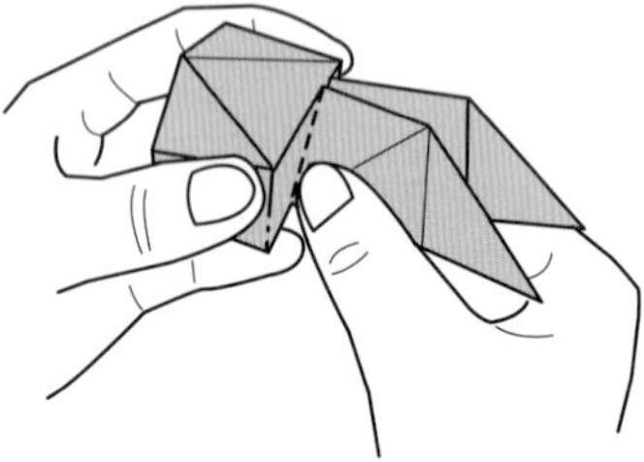

右手でしっかり元を押さえて左手でかぶせていく

15

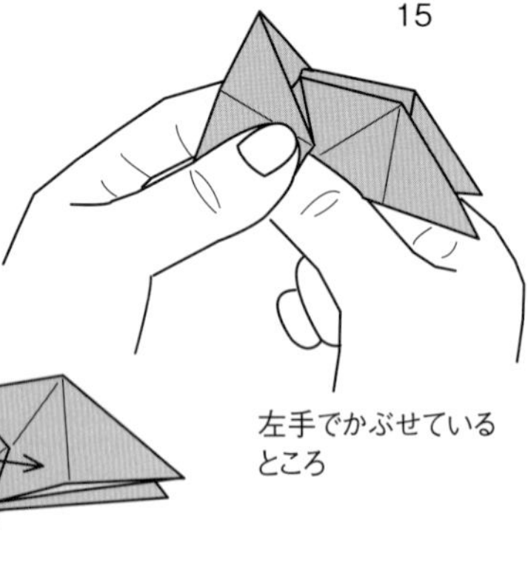

左手でかぶせているところ

16

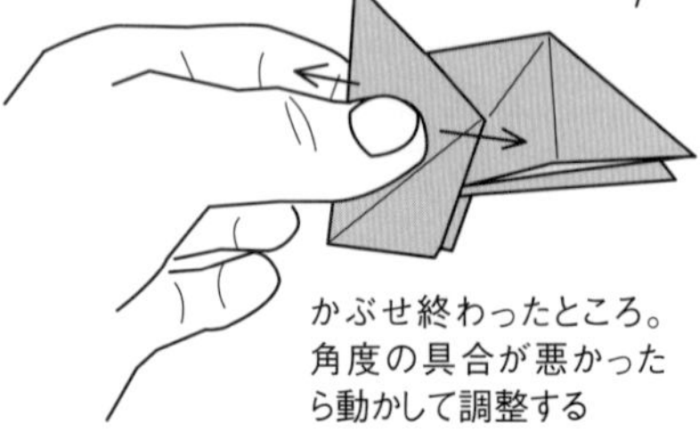

かぶせ終わったところ。角度の具合が悪かったら動かして調整する

17

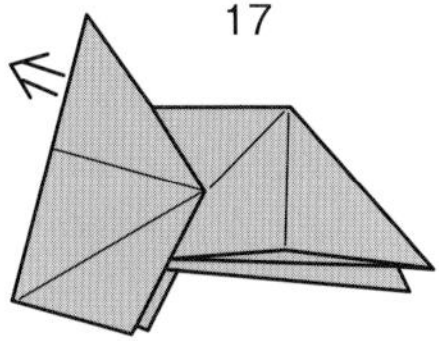

中の紙を引き出す

（方向を変えて見た図）

18

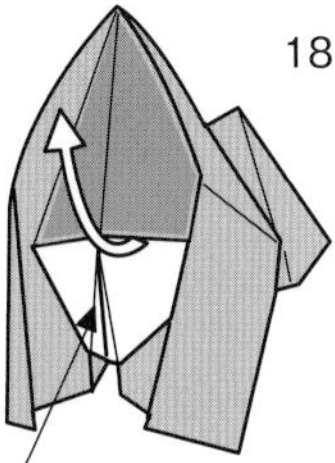

色の濃い部分を引き出す

（11の△部分で折ったところ）

19

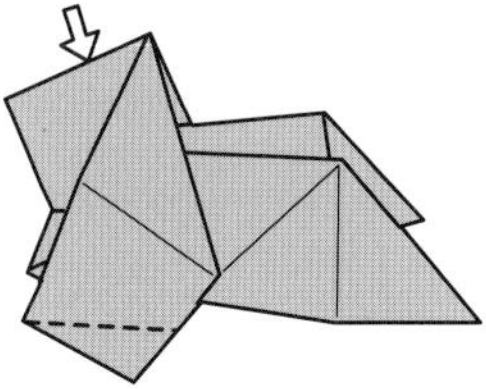

袖のはみだした部分を軽く折り、頭巾の上を押して丸みをつける

20

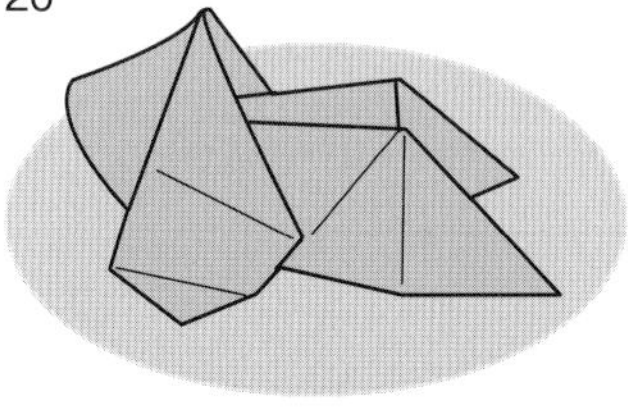

（参考）

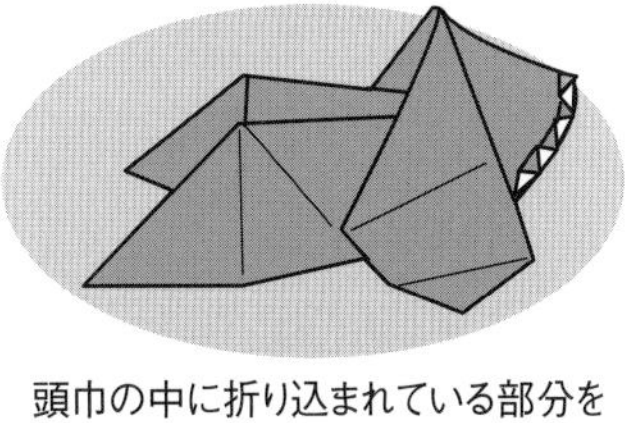

頭巾の中に折り込まれている部分を段折りにして、飾りにした場合

Vカットの箸置き

★7.5cm×7.5cm

規則正しく中割り折りを繰り返すと、おしゃれな箸置きになります。

1

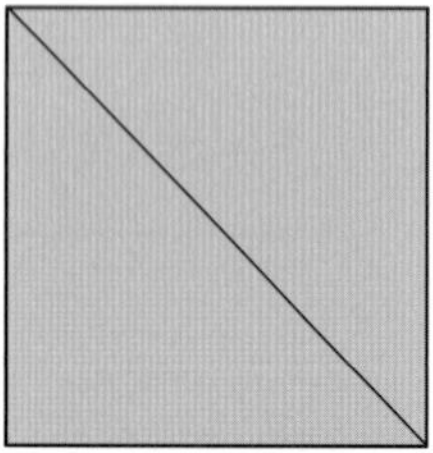

斜めの線は、山線谷線
両方の折り線をつける

2

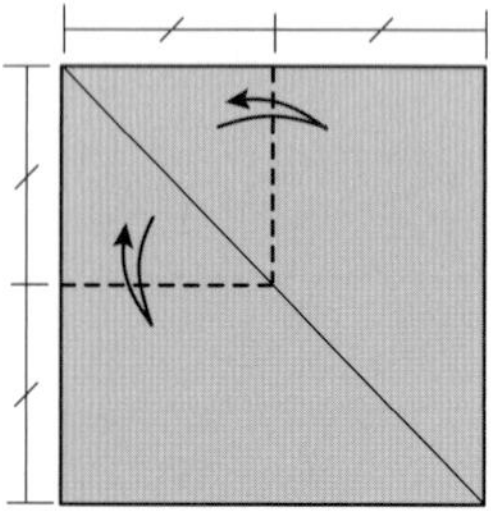

3

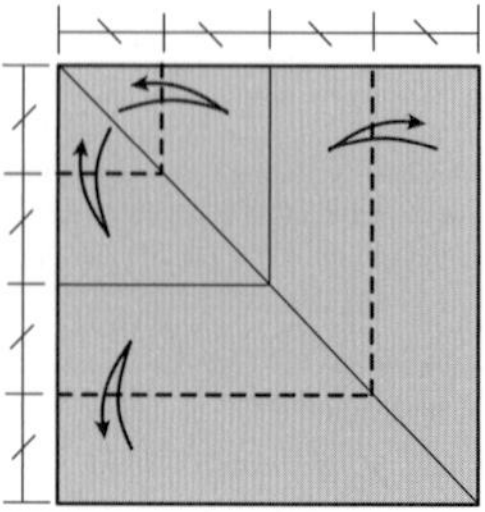

4

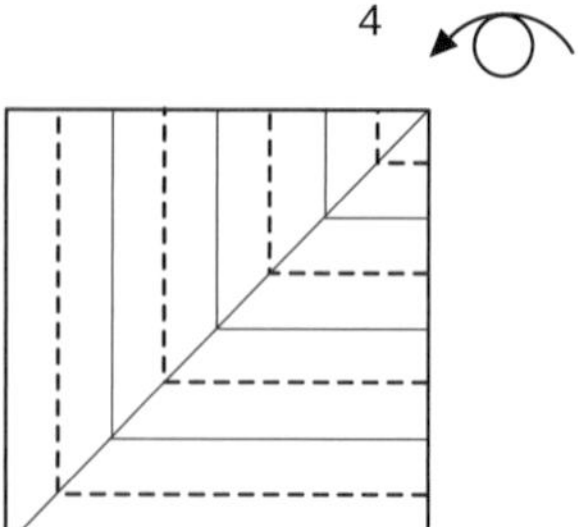

間に谷線をつける

5

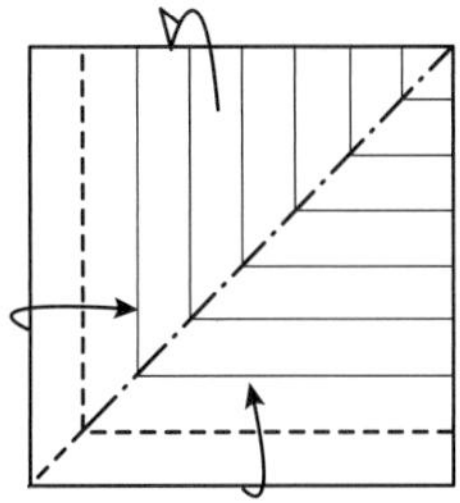

二辺を折り返しながら
全体を半分に折る

6

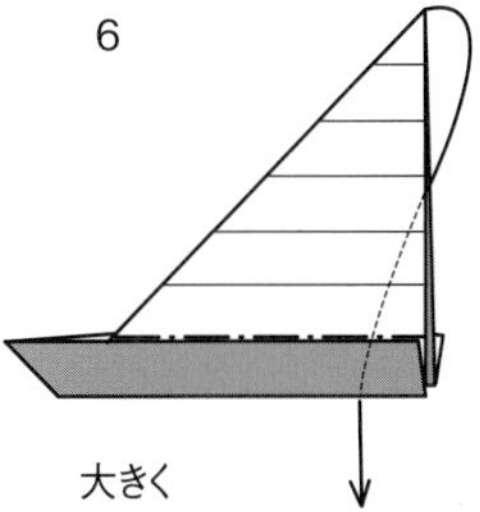

大きく
中割り折り

7

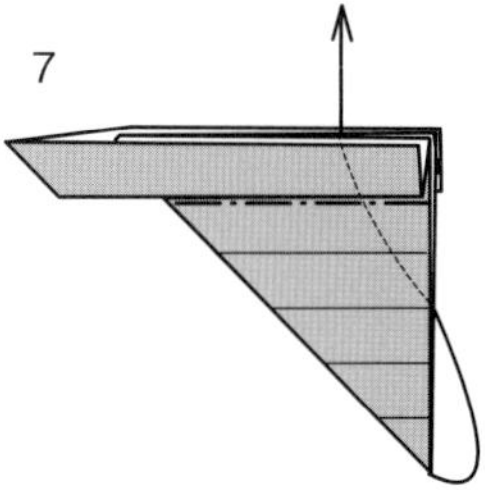

8

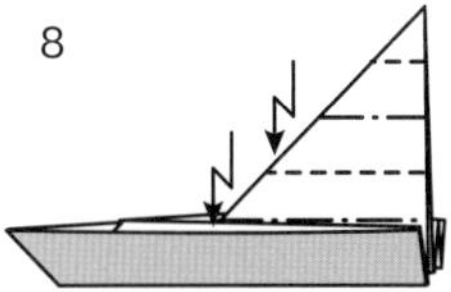

順に中割り折りを
くり返す

9

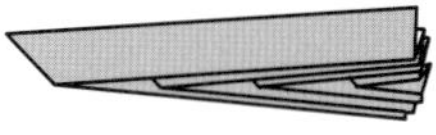

（全部折ったところ）

10

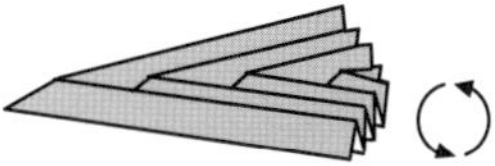

扇子の部分を軽く開く

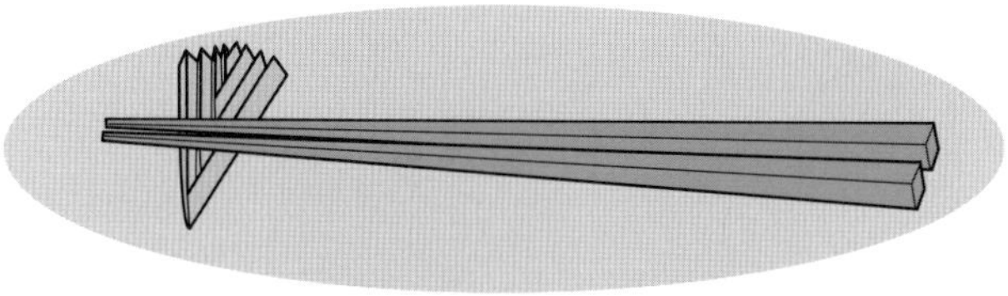

のし鶴の箸袋　★★A4（210×297mm）から切り出す

A4を半分に切った紙から折ります。紙を選んでその場を演出してください。

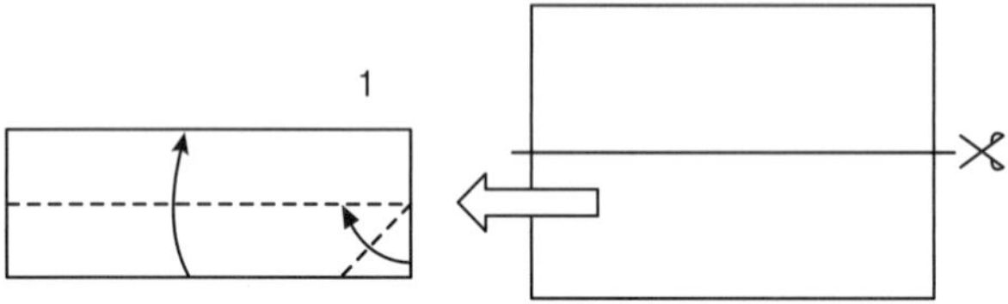
1

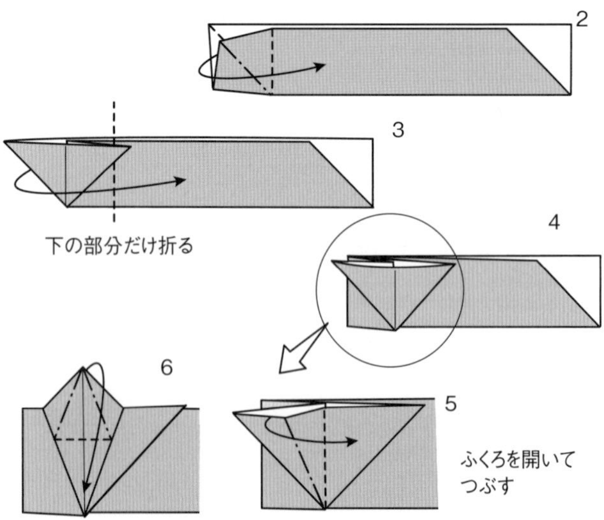
2
3
下の部分だけ折る
4
6
5
ふくろを開いて
つぶす

7

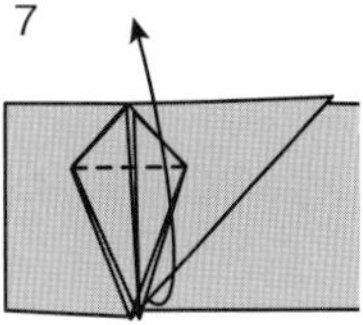

8

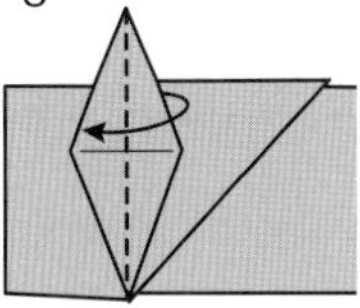

9

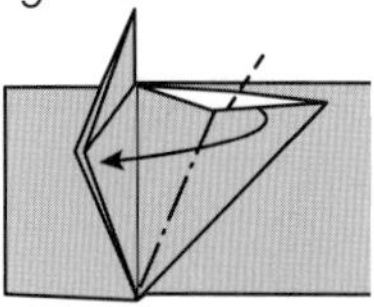

もう一方も5～7と同じ
ように折る

10

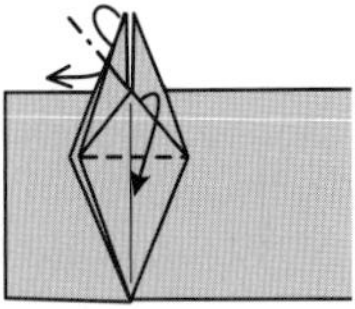

三角を下げ、頭を中割り折り

11

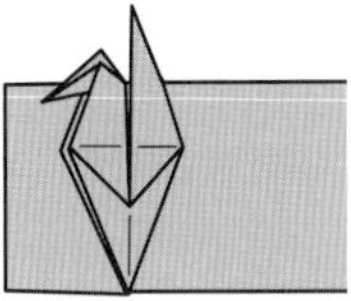

12

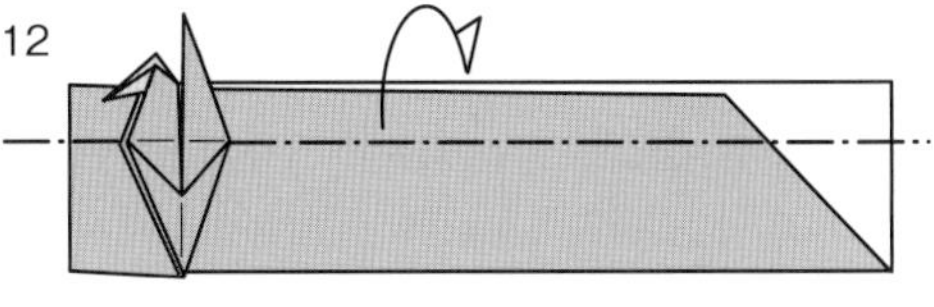

向こう側に折る

13

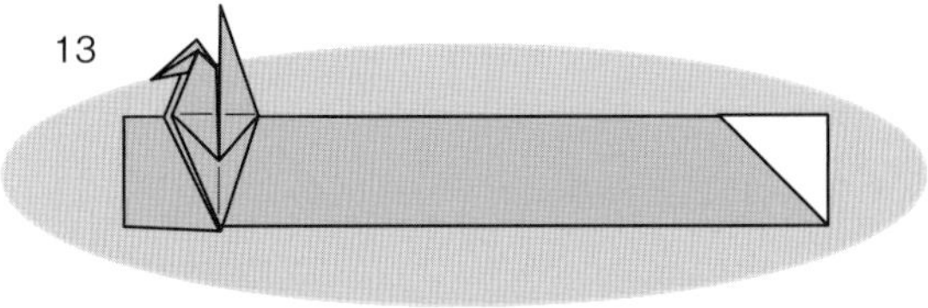

熨斗《のし》包み ★★24cm×24cm

熨斗を折り出した包みです。なにかと重宝しそうです。

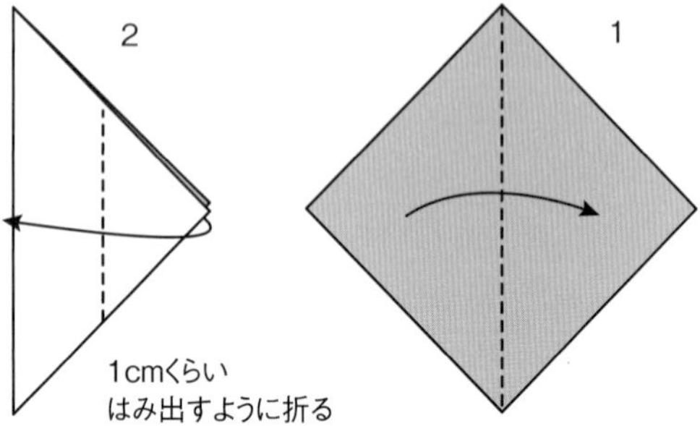

1cmくらい
はみ出すように折る

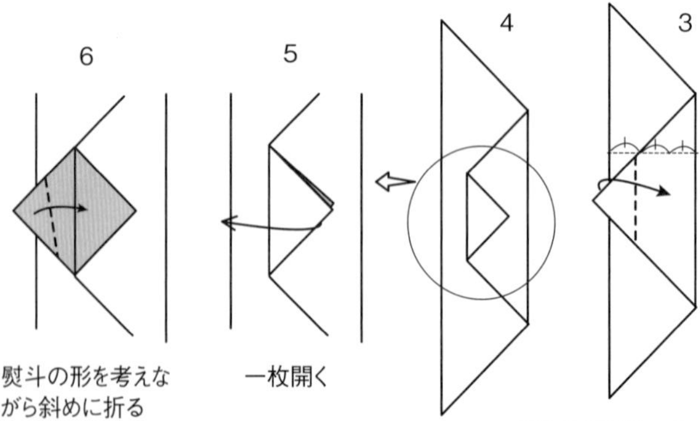

熨斗の形を考えながら斜めに折る

一枚開く

3分の1弱くらいのところで折り返す

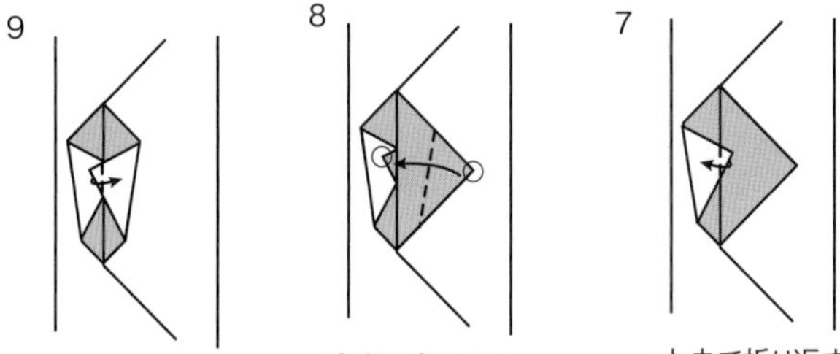

○印を合わせて、
重なるように折る

中央で折り返す

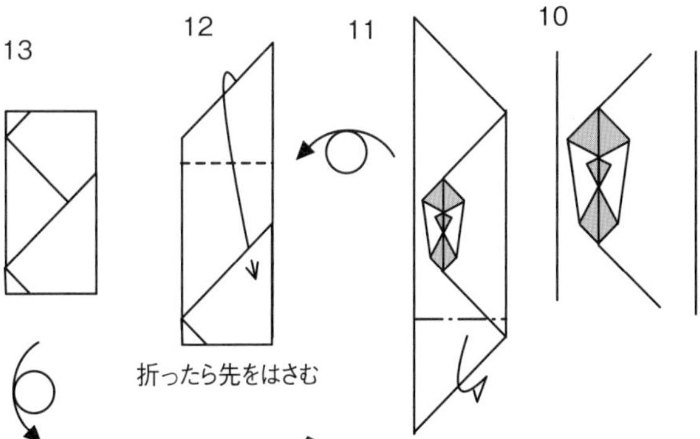

折ったら先をはさむ

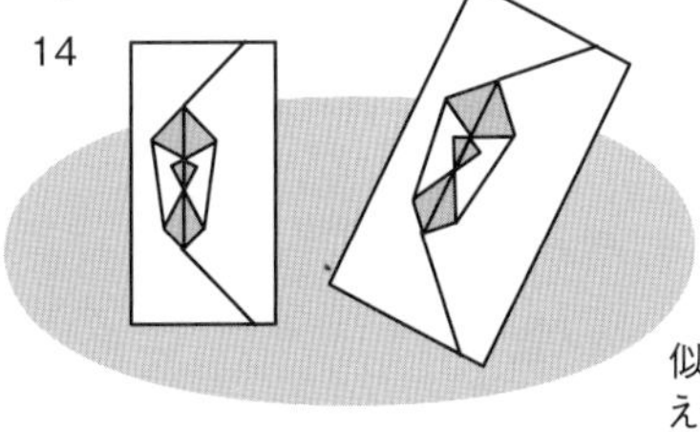

似たアイデアは、すでに考えつかれている方がいるかも知れません。

パーティー皿 ★★15cm×15cm

外皿を折ったら、中敷きをはめこみます。中敷きをはめると形が安定します。簡単で使い勝手のいい入れ物です。

▶外皿◀ 1 2 3

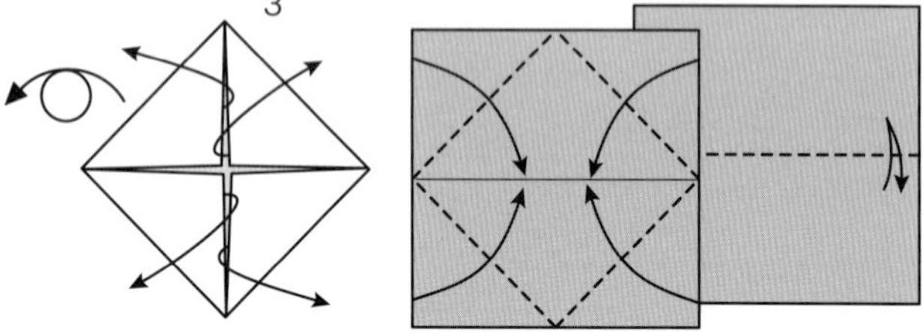

5 4

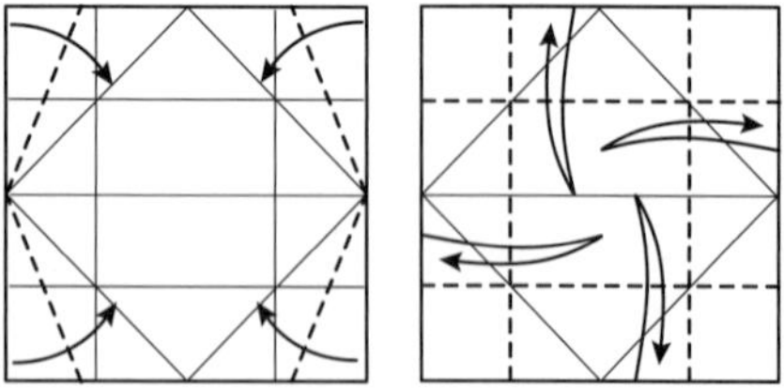

6

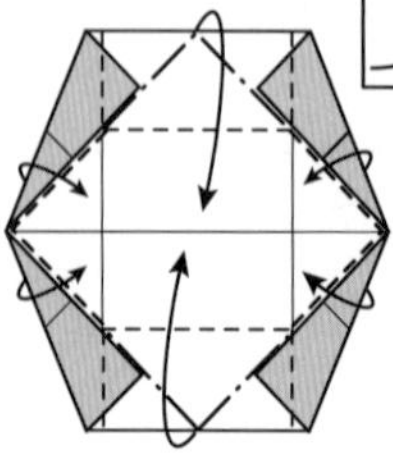

上下を内側に寄せ、
まわりを折り込んで
平らにする

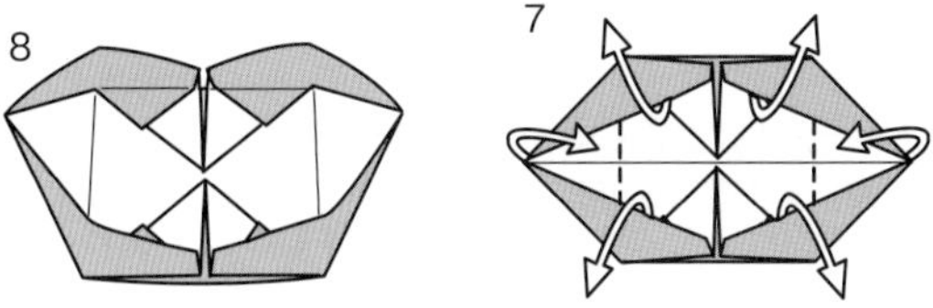

ふちを起こして立体化する

---

1 ▶中敷き◀

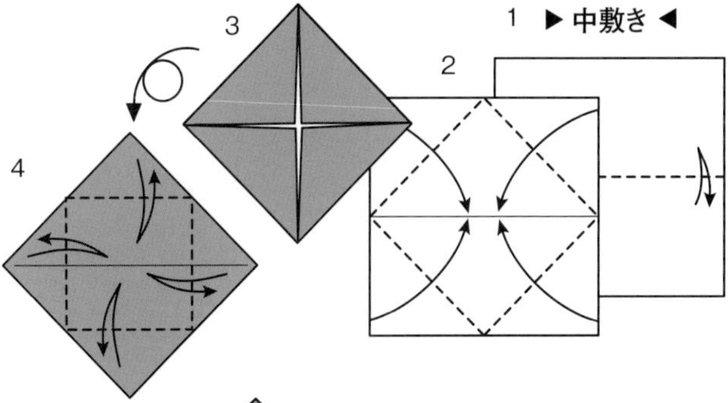

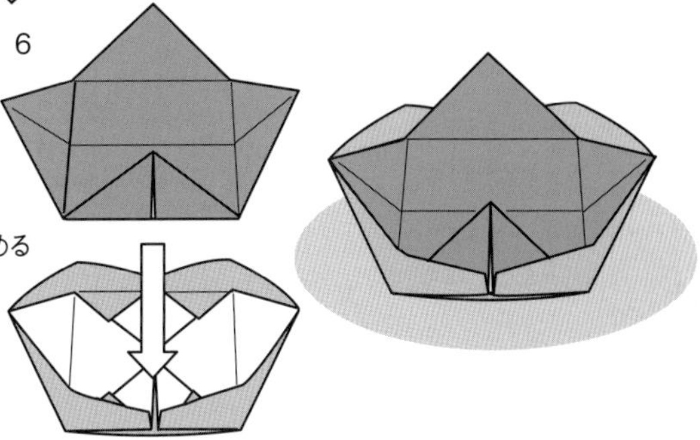

中敷きを
外皿にはめる

自在トレイ ★A4（210×297mm）が基準

長方形、正方形、どんな比率の紙からでも同じ折り方ができます。はじめの折り幅も自由です。
目安に合わせてきちんと折る折紙とは異なる趣を味わいつつ、折り幅による形の変化を楽しんでください。

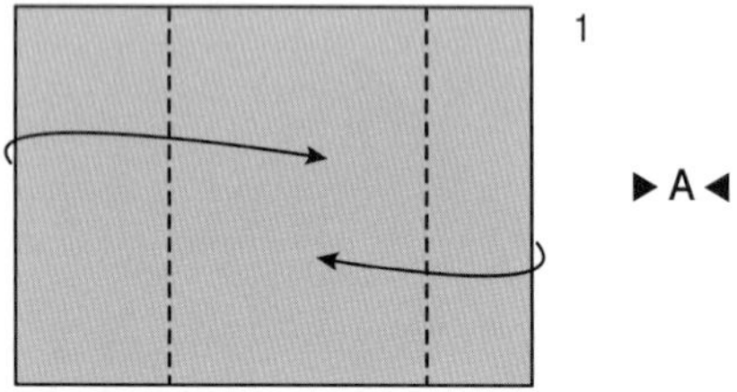

左右自由な幅で折る
（幅をそろえない方がおもしろい）

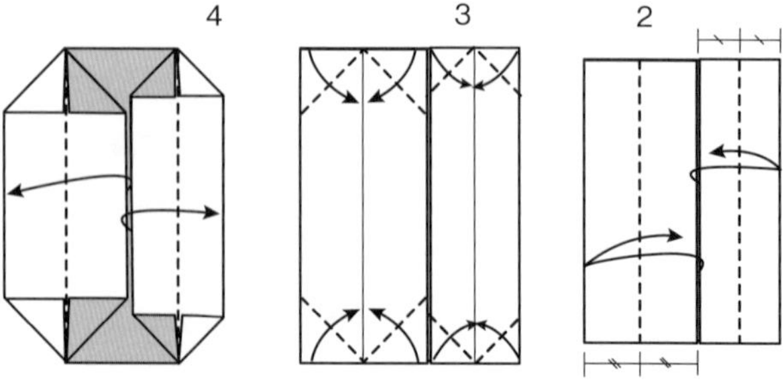

それぞれの
半分で折る

5

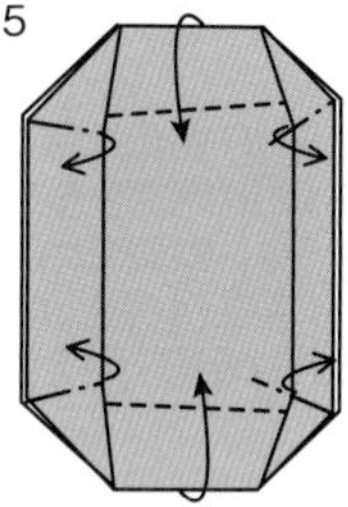

かどをつまんで立て、
ふちも立てる

6

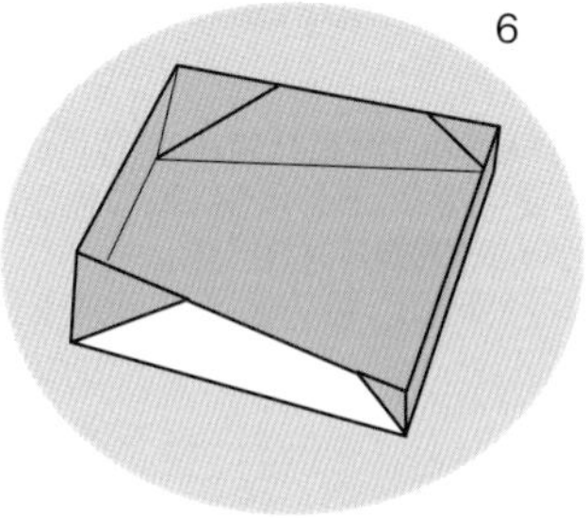

台形の入れ物になります

▶B◀

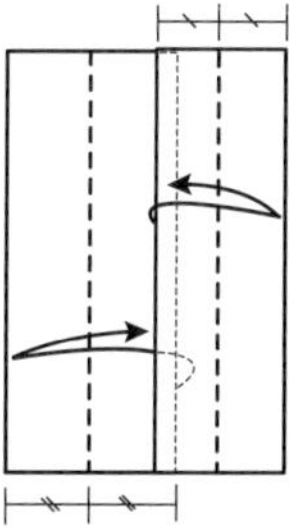

折ったとき左右が重さなってもかまわない

▶C◀

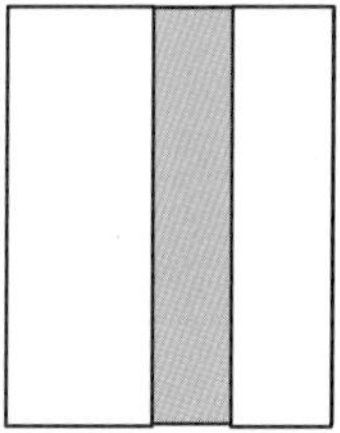

折ったとき間があいてもかまわない

▶D◀

正方形から折ることもできる

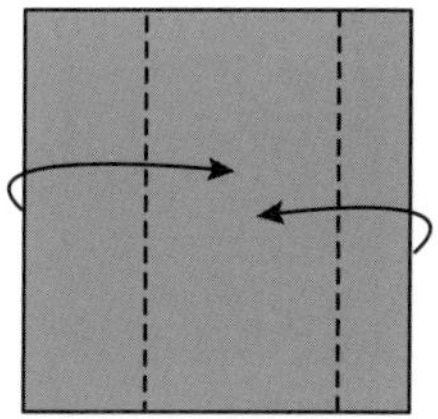

それぞれどんな形になるか試してください

簡単斜め包み

★A4(210×297mm)が基準

できあがりに余分な線が一本もつかない簡単な包みです。
のりも必要なくきちんとまとまり便利です。Bのように紙の端を折ってからはじめると、そこがストライプの飾りになります。
これも「自在トレイ」(132ページ)と同じく、紙の縦横の比率を問わず、同じ折り方ができます。

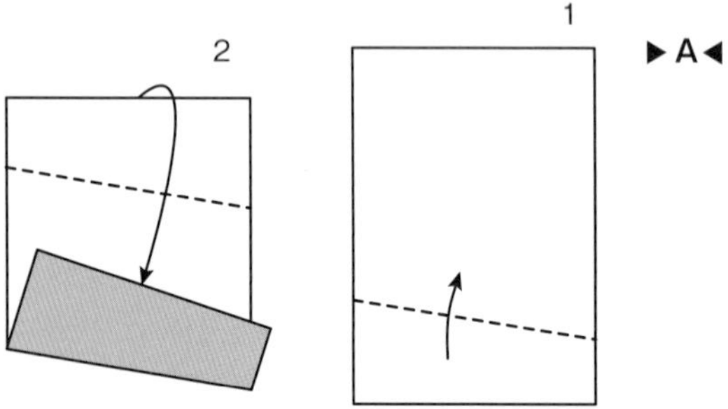

1 自由な幅と角度で折る

2 辺を合わせて折る

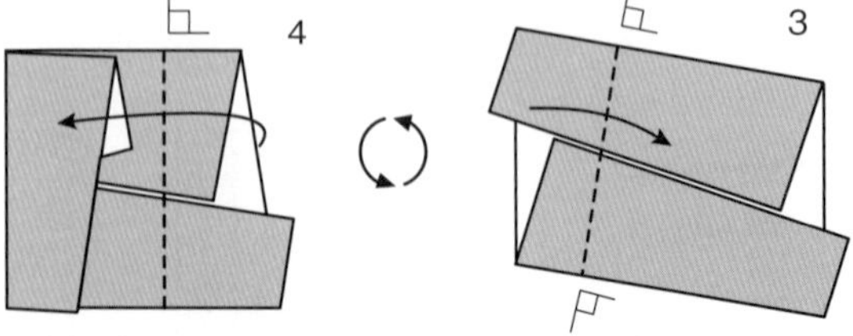

3 辺を合わせて、
自由な幅で折る

4 中心が1cmくらい
重なるように折る

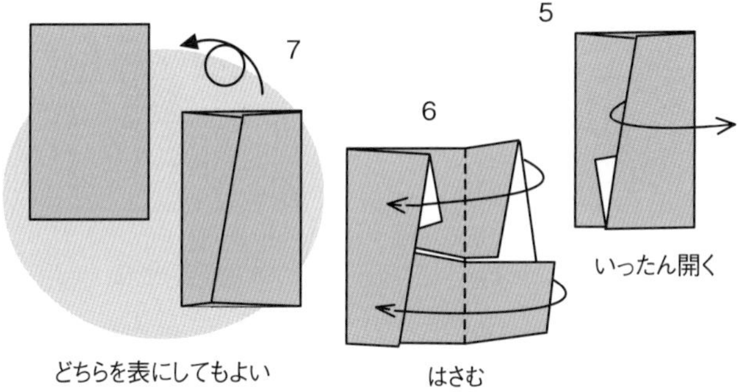
5
いったん開く
6
はさむ
7
どちらを表にしてもよい

▶ B:端を折ってからはじめる◀

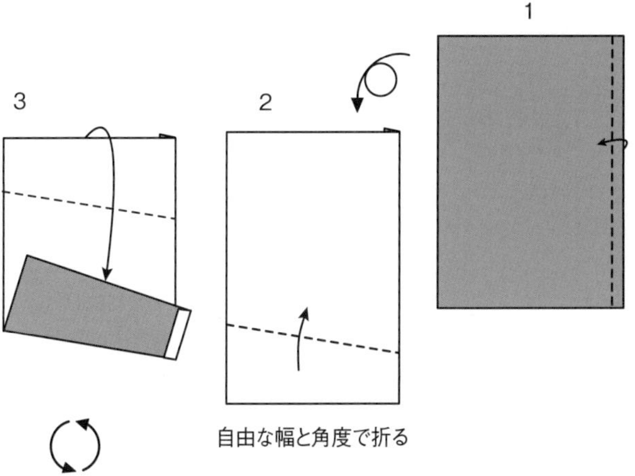
1
2
自由な幅と角度で折る
3

4

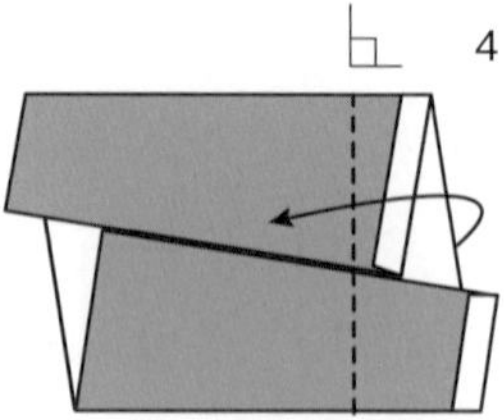

辺を合わせて、
自由な幅で折る

5

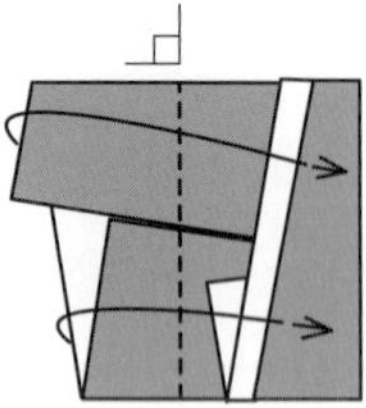

中心が1cmくらい
重なるように折る

6

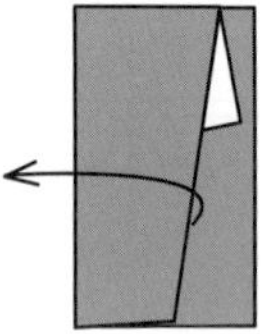

7

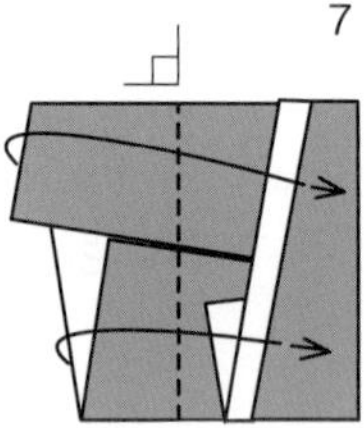

はさむ

8

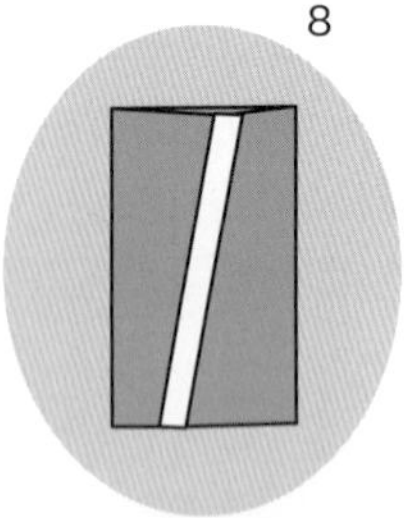

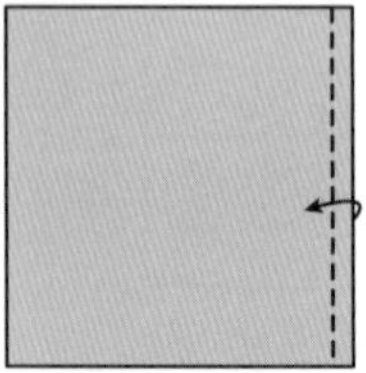

正方形からも同じ折り方
をすることができます

互い違い包み　★A4（210×297mm）が基準

簡単に折ることができてコインをいれても中身が落ちません。手紙や種入れにもいいですね。

1

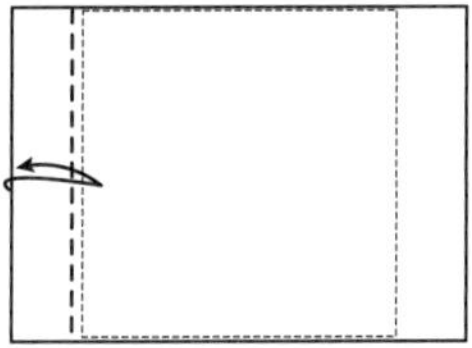

中央に正方形があると
仮想して端を折る

2

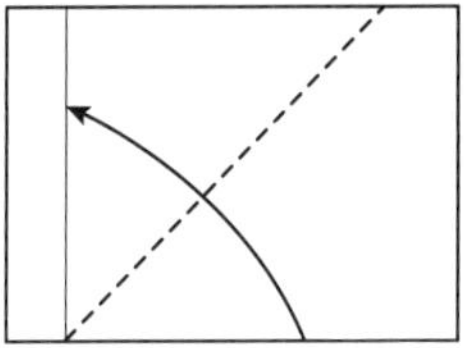

折った線に合わせて折る

3

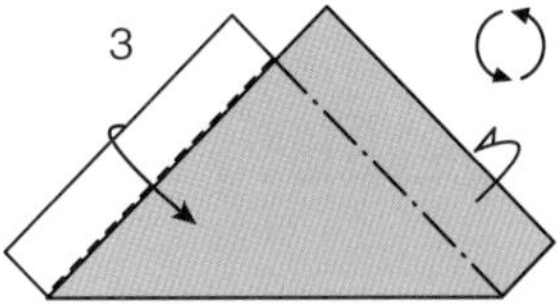

4

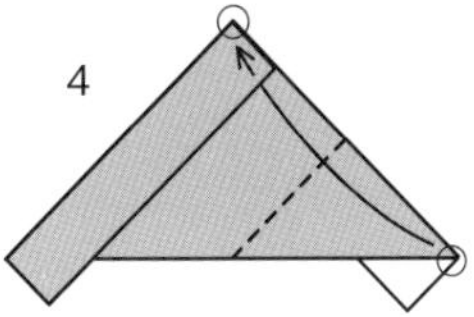

○印を合わせて折り、先をはさむ

5

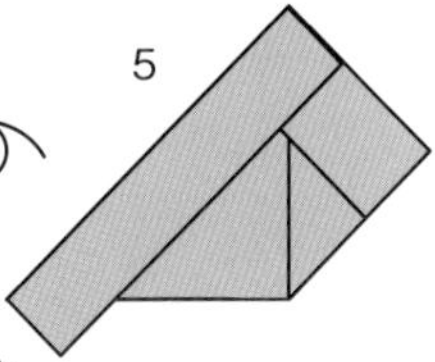

6

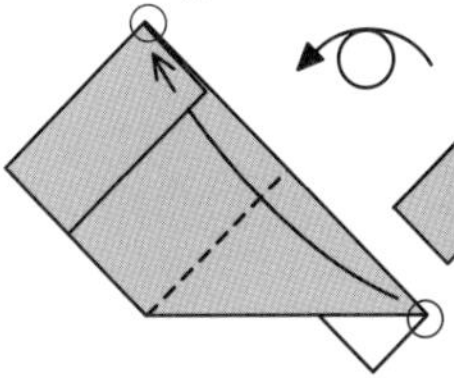

○印を合わせて折り、先をはさむ

7

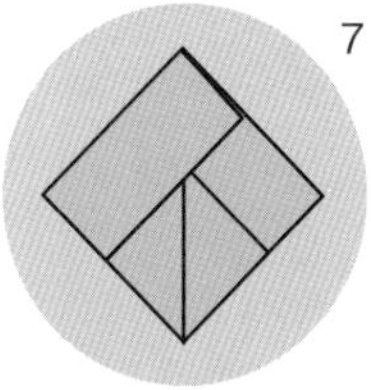

帯の幅がアンバランス
なところがおしゃれ

ハートのコイン入れ　★★15cm×15cm

中に入れたコインが落ちないしっかりした作りになっています。手紙折りとして使うこともできます。

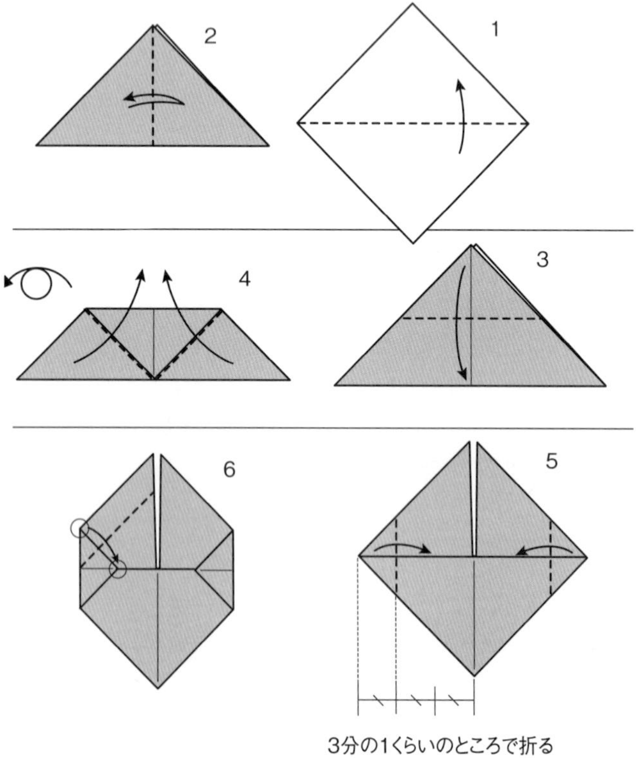

7

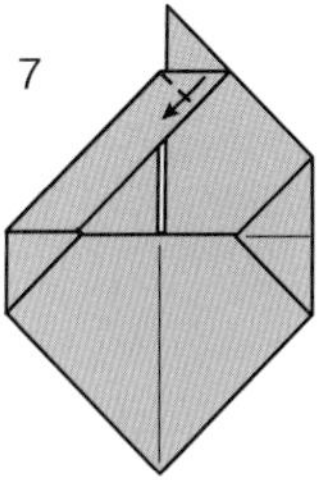

8

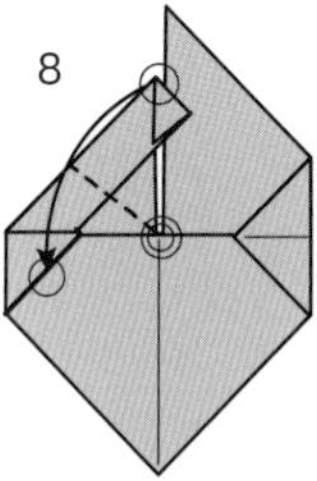

◎印を軸に○印を
合わせて折る

9

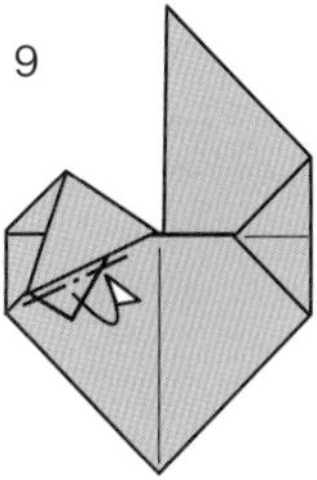

はさんでとめる

10

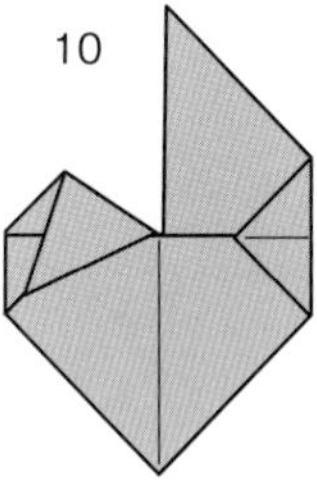

もう一方も6からと
同じように折る

11

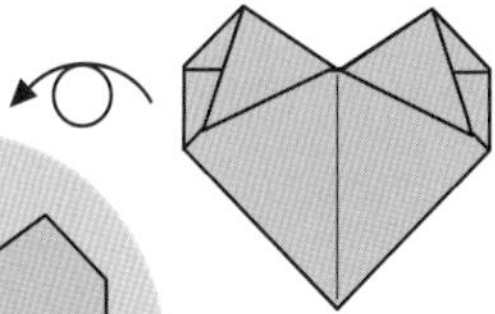

12

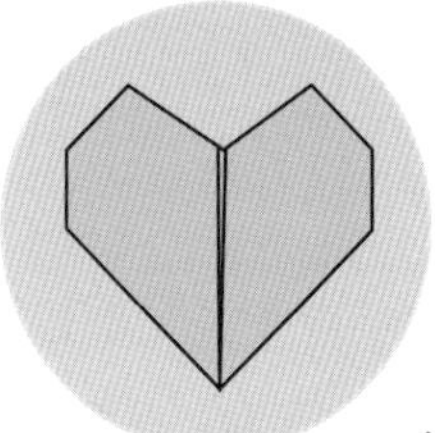

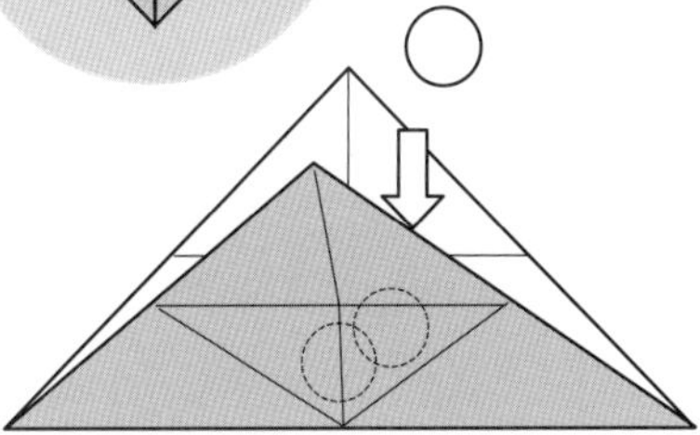

コインを入れて
畳み直す

ハートのお手紙　★A4（210×297mm）から切り出す

長方形から折るハートです。これもしっかりとロックされます。手紙の他いろいろな場面で使って下さい。

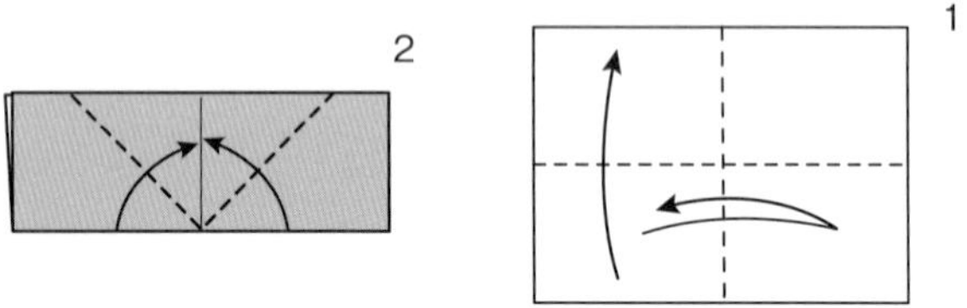

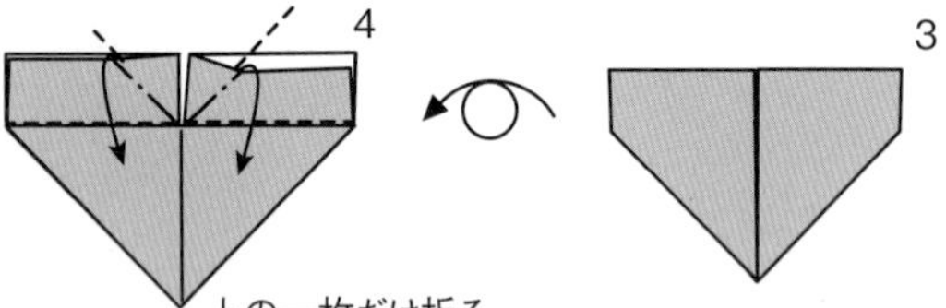

上の一枚だけ折る

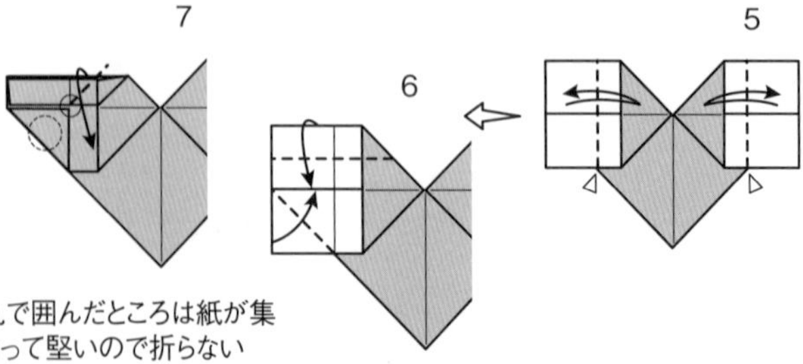

丸で囲んだところは紙が集まって堅いので折らない

8

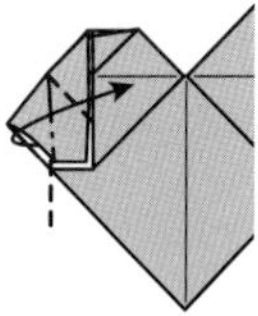

9

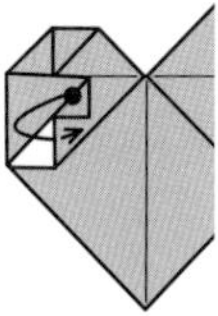

中にはさむ

10

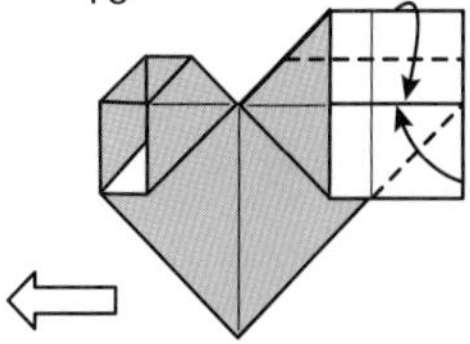

もう一方も同じように折る

11

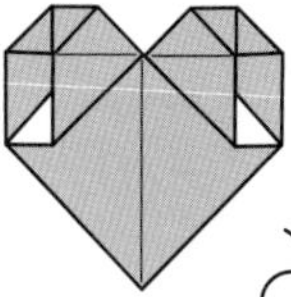

12

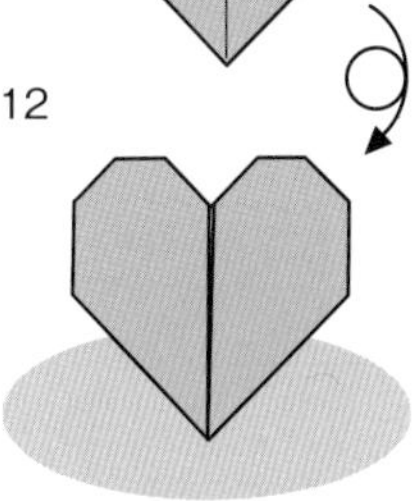

ハートのおてがみ

おてがみかいて　ハートに折った
ハートはロック
きみにロック
ほどけない　ほどけない
しっかりロック

ハートのネームプレート ★★15cm×15cm

卓上に立てたり、ポケットにはさんで名札にします。

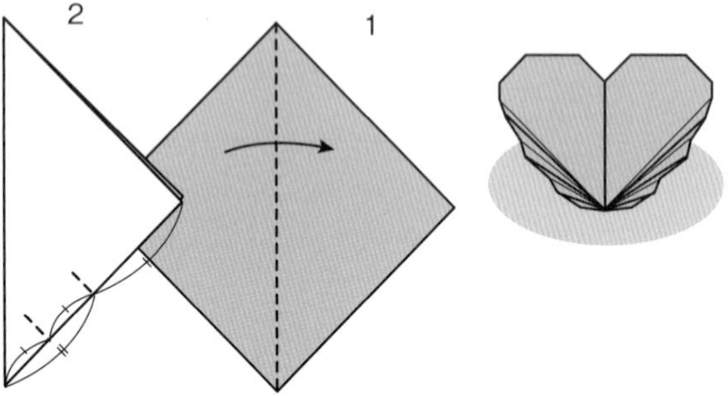

図のような
折り線をつける

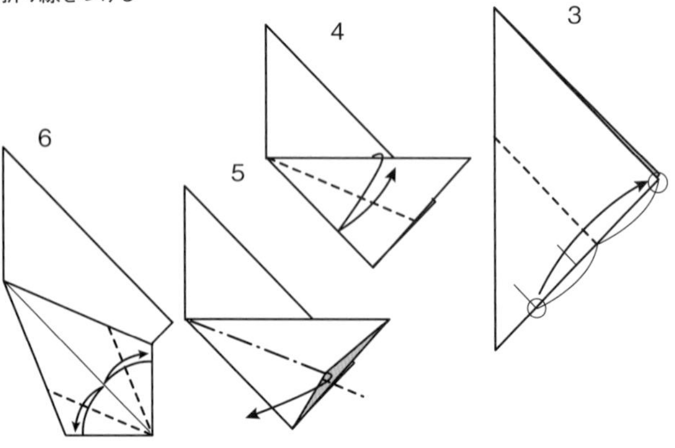

8

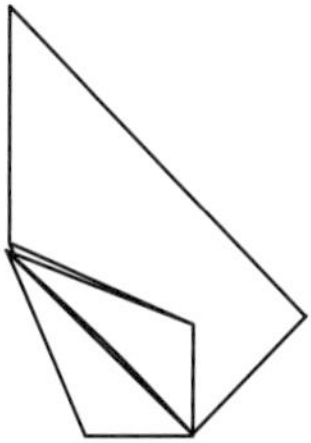

みんな開く

7

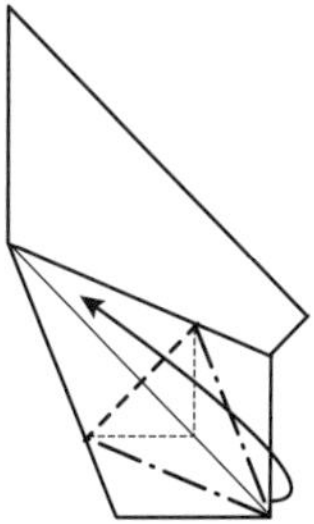

9

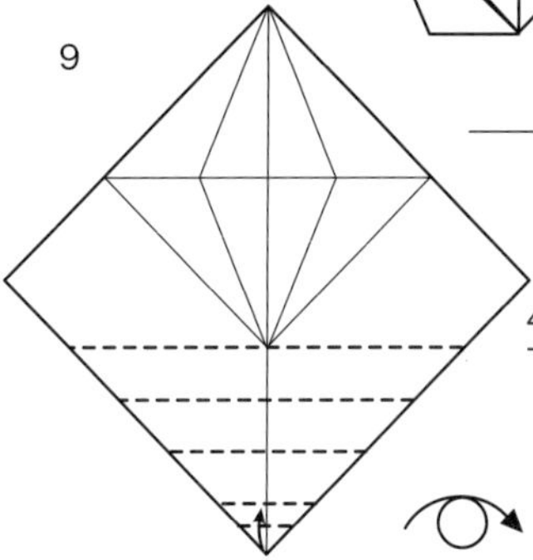

4等分の折り線をつけたら、
下の小さい三角を折り上げる

10

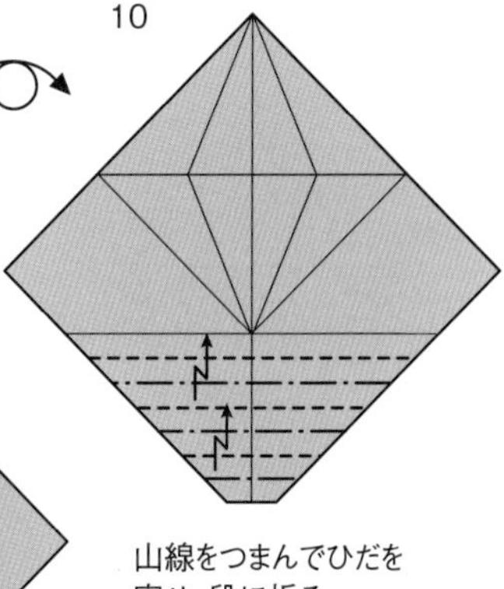

山線をつまんでひだを
寄せ、段に折る

11

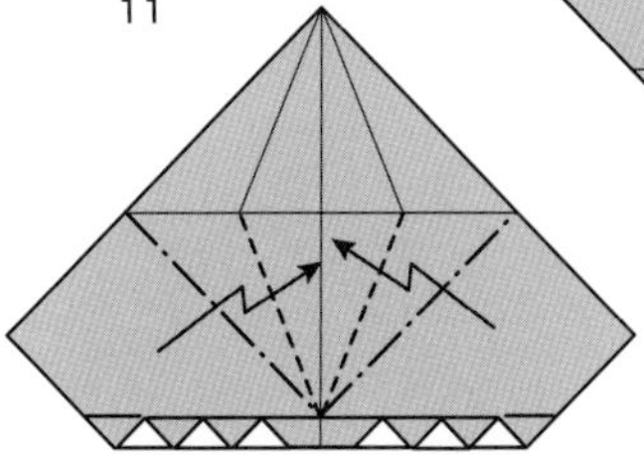

ついている線で引き寄せて折る

12

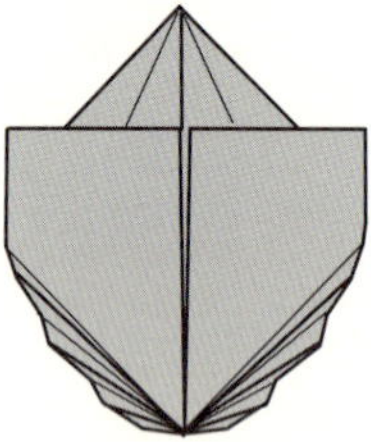

13

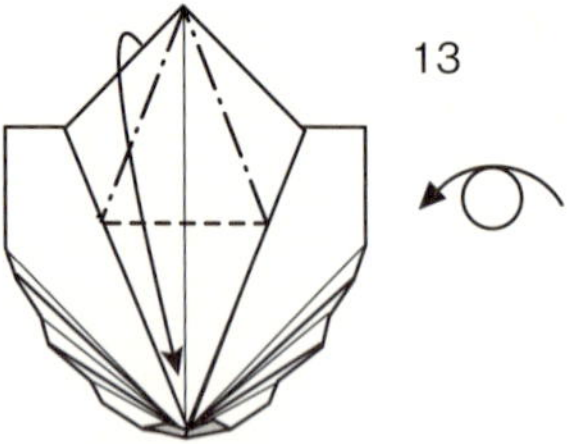

14

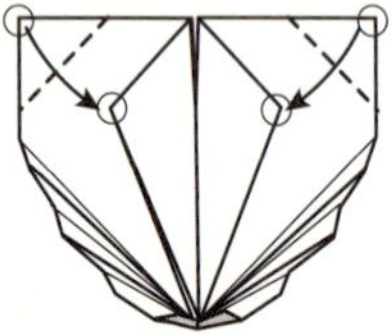

15

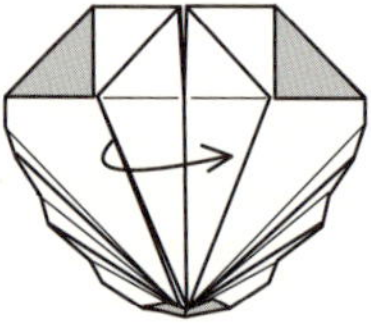

16

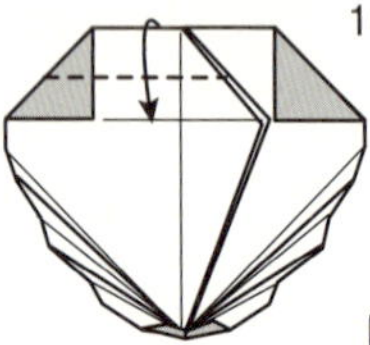

17

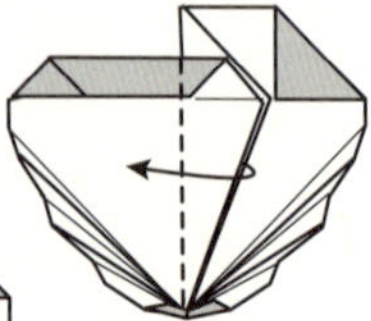

18

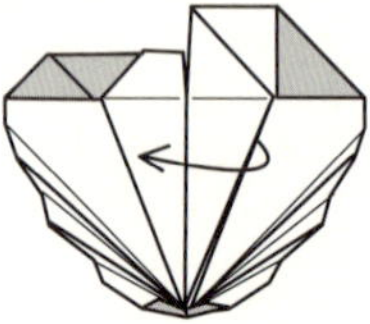

もう一方も16、17と同じように

19

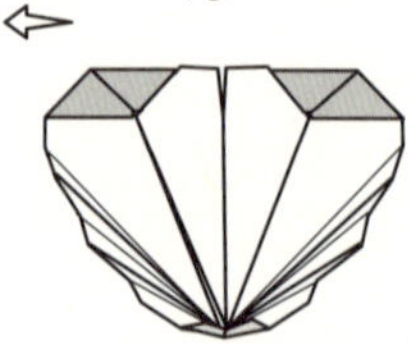

20

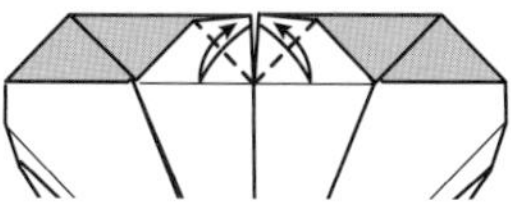

21

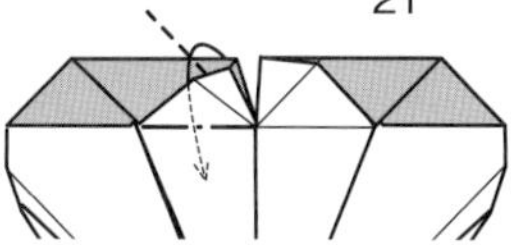

大きく中割り折り

22

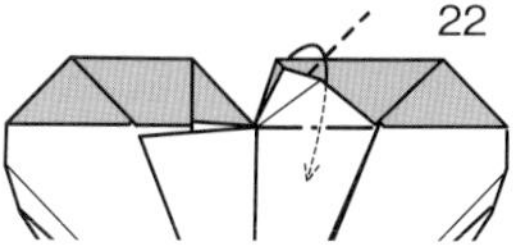

もう一方も同じように

23

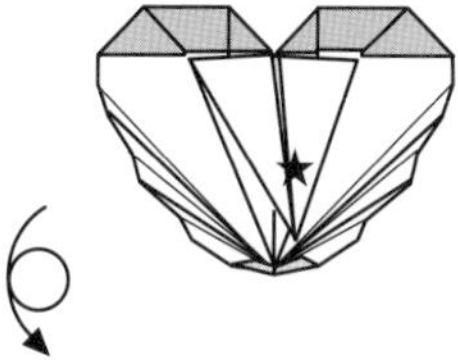

24

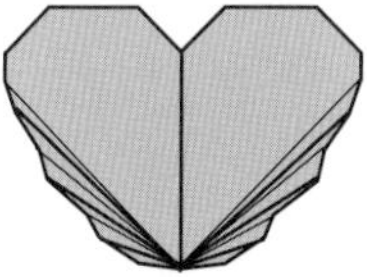

23の★印をスタンドにして立てたり、ポケットにはさんでネームプレートにする。スタンドにするときは★印の先を少し折るとよい

動物を折るたのしみ

折り紙で動物を折るたのしみは格別なものがある。

折りあがった動物たちは、突然そこに降りて来た感じがする。あら、こんにちは、という感じ。ここが絵などで描くときとの違いかもしれない。

そして、折り紙の動物の向こうに本物の姿が浮かぶ。その姿と重ね合わせながら、格好いいなあ、強そうだなあ、かわいいなあ、と思う、その一刻は心が純化される。これを童心と言うのかもしれない。こんなふうに長年折り紙に親しんであきない。

折り紙で折る動物は、リアルなものからシンプルなものまで多様にある。それぞれがおもしろい。リアルなものに対しては、すごいなあ、ここまで折り出したか、と感心する。シンプルなものに対しては、どこにこだわって作ったのか、どこを省略したのか、なるほどそうきたか、などと思う。

折り紙が導いてくれて、世界中の動物たちと親しむ。ゾウさん、こんにちは。ウサギさん、こんにちは。いらっしゃい、パンダさん。おやおやチョウが飛んできました……。

さるのかお

猿年。連れ合いは年賀状の絵柄に苦心していた。「あまりにも身近で人に似すぎていて」ということらしい。町に出没した日本猿が捕り手をあざ笑うかのように屋根から屋根へとんでいるのをニュースでみかけることも稀ではない。日本猿は私の住んでいるあたりにも時折出没する。この雪の中どこで寝ているのかねえ、廃屋にもぐり込んでちゃんちゃんこでも引っ張り出し着ているかも、なんて想像逞しく冬の夜話をしている。人と猿はいろいろな意味でご近所さんである。

ところで折り紙の猿の顔。定型化というか様式化というか、こう折れば猿です、という折り方があるのです（194頁図参照）。この「さるがお」の折り方は、どなたがいつ頃はじめられたのでしょう。今はすっかり定着している。段で区切られたところは毛の生えている所とそうでない所の境目なのだろうか。それとも目なんだろうか。これが猿の顔かなあ。いや折り紙ではこれが猿の顔なんだ、と納得して、私も日本猿以外の猿も創作したけれど、みなこの「さるがお」にしちゃったなあ。だってそう折れば、まがりなりにも猿を折ったことになりますからね。さすがに最近は「さるがお」をしていない猿もずいぶん創作されてきて、めでたいことです。

第三章　動物たちが現われる

現代折り紙の王道は「動物を折る」ことでしょう。
折り紙だけでなく、興味は動物そのものにも広がります。
ていねいに楽しんで折ることがコツ。

キツネとタヌキ ★15cm×15cm

シンプルを優先させた動物です。胴体と頭を別々に折って組み合わせます。

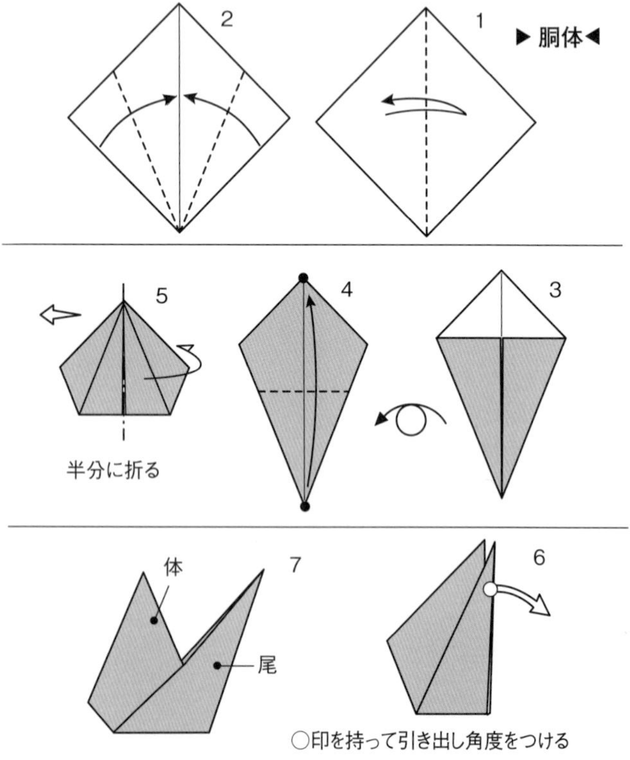

1
▶胴体◀
2
3
4
5
半分に折る
6
○印を持って引き出し角度をつける
7
体
尾

▶キツネの顔◀

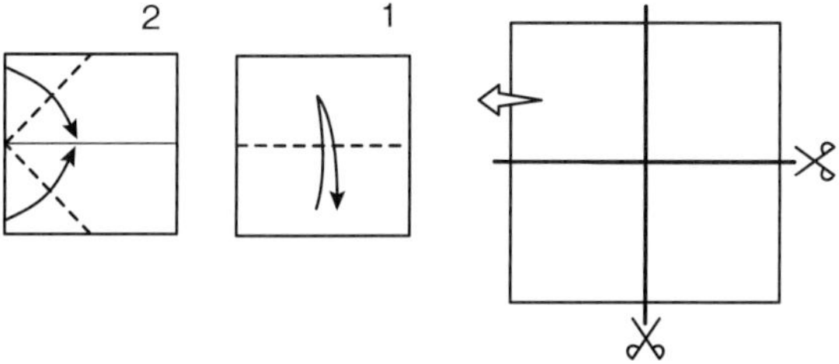

2
1

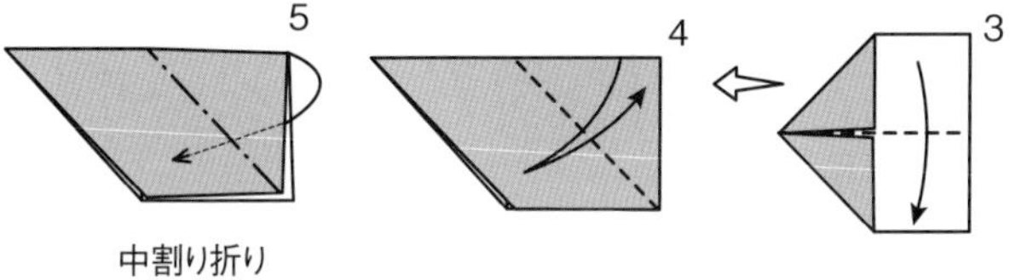

5
4
3
中割り折り

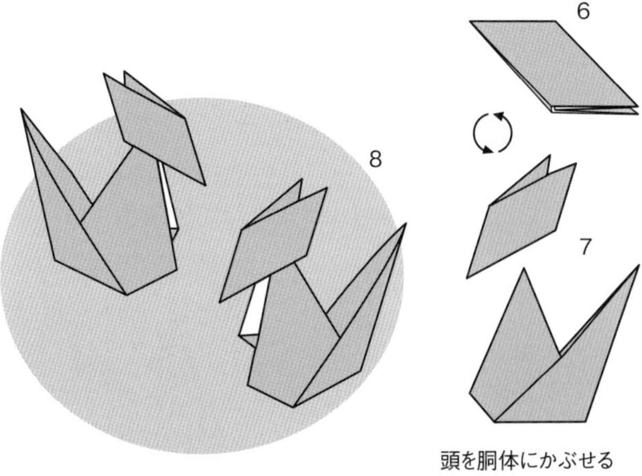

6
8
7
頭を胴体にかぶせる

▶ タヌキの顔 ◀

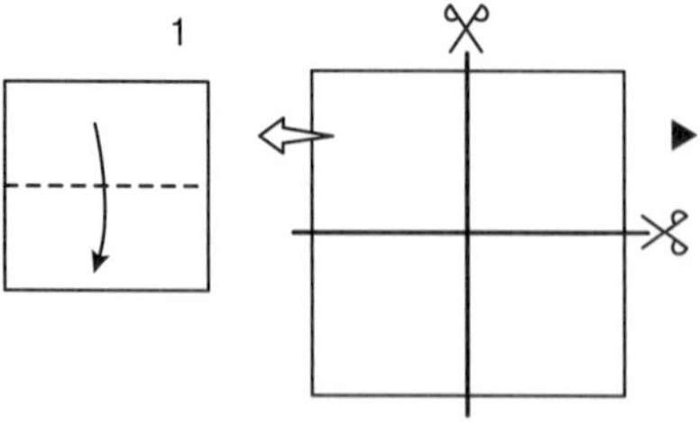
1

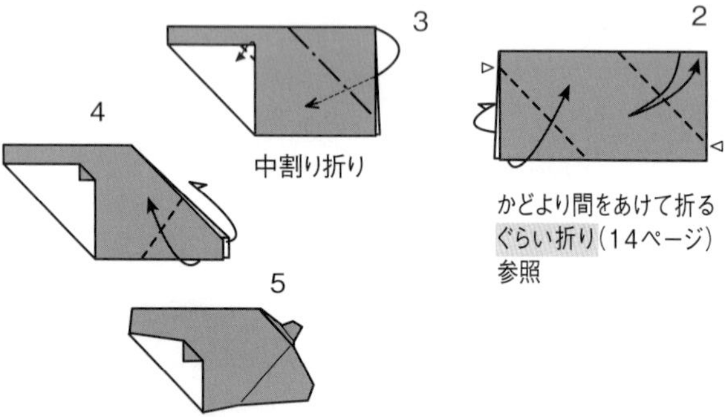
2
かどより間をあけて折る
ぐらい折り(14ページ)
参照
3
中割り折り
4
5

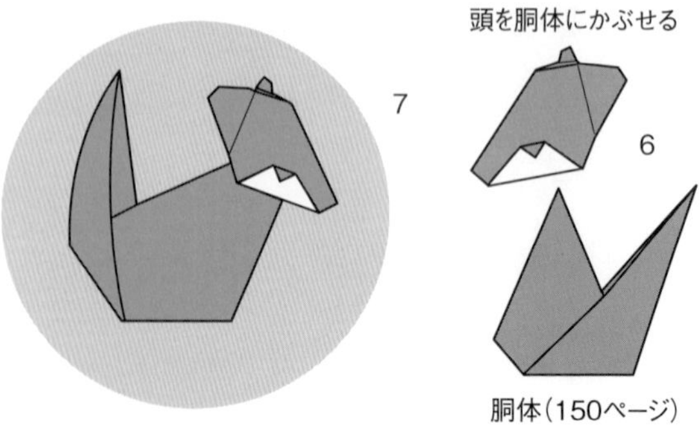
頭を胴体にかぶせる
6
胴体(150ページ)
7

ゴリラ　★★15cm×15cm

ほとんどシルエットだけのゴリラです。

1

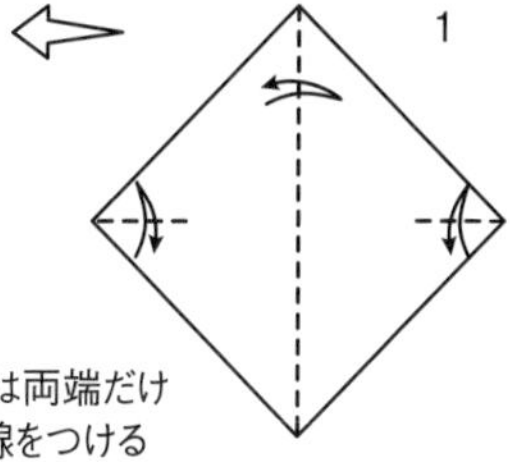

一方は両端だけ
折り線をつける

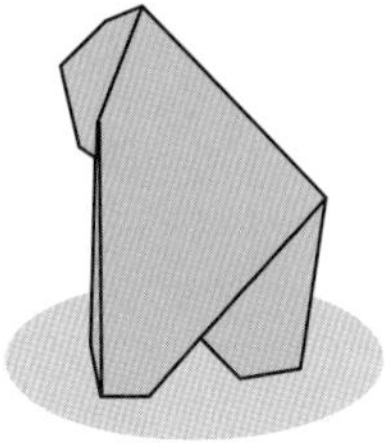

2

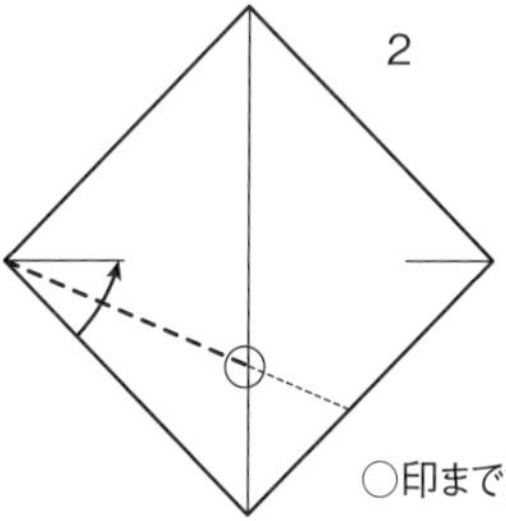

○印まで折る

3

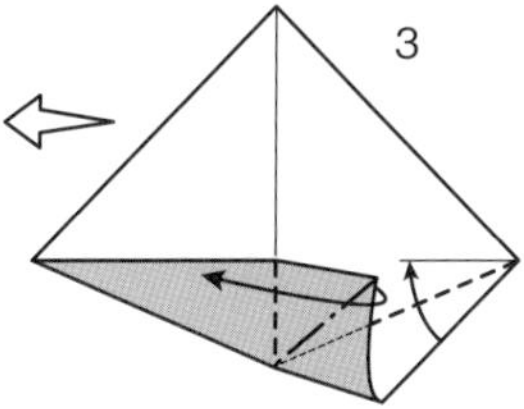

4

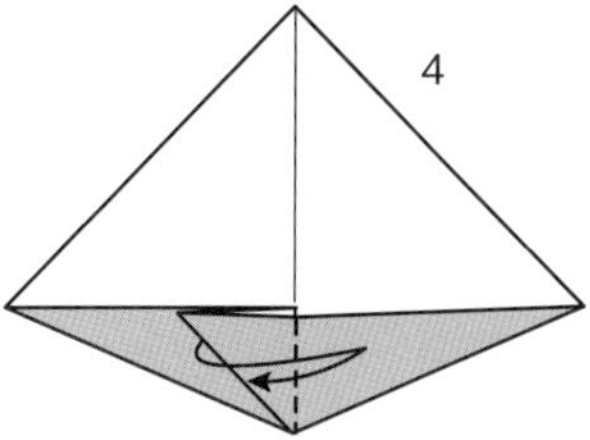

5

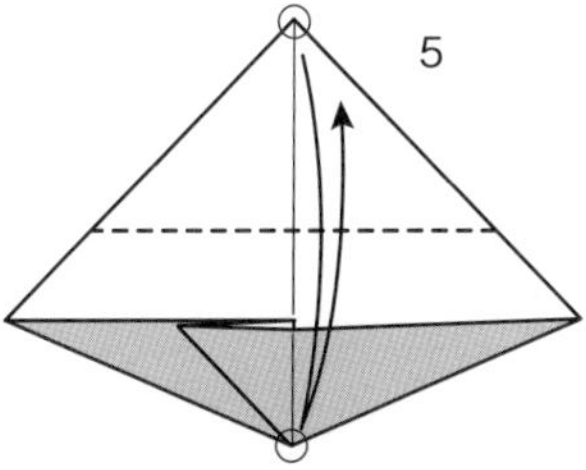

6

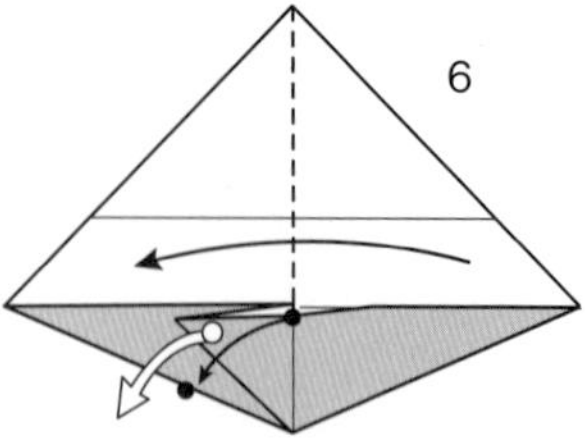

○印を持って引き、
●印を合わせる

7

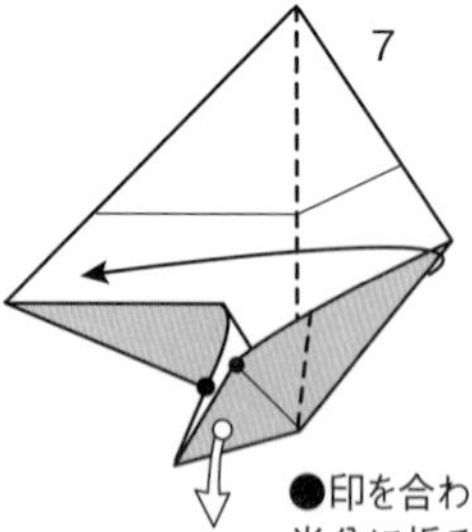

●印を合わせて
半分に折る

8

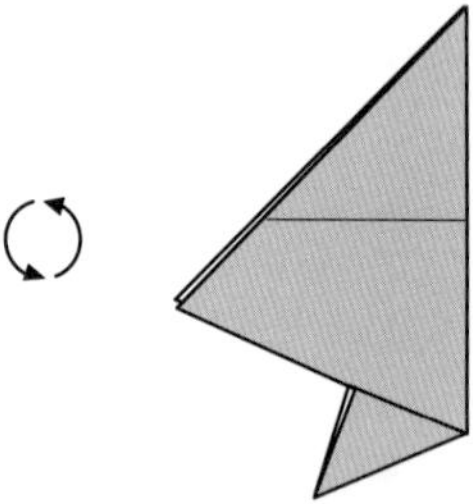

9

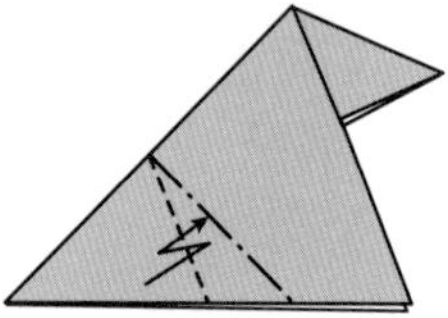

5の線を利用して左の三角を
内側に押し込む
角度はぐらい折り（14ページ参照）

10

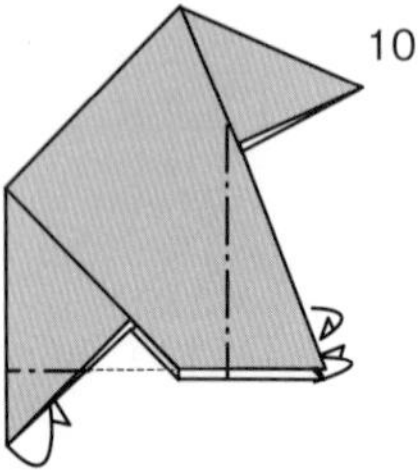

前足はぐらい折り
後足は前足にそろえて中割り折り

11

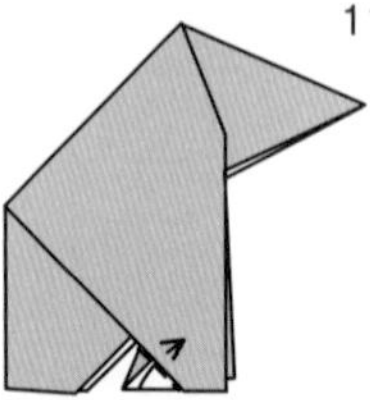

中にしまう

12

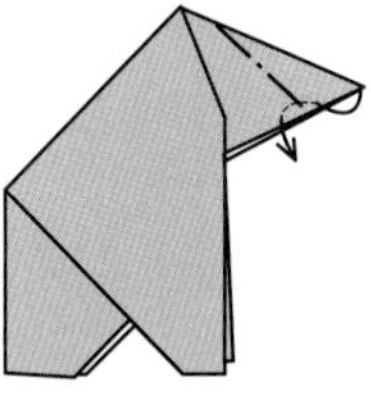

額の線を中割り折り
ぐらい折り

13

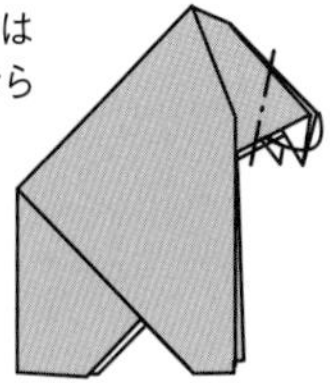

顔の線を中割り折り（片方は一枚、片方は複数枚で均等にならない）
ぐらい折り

14

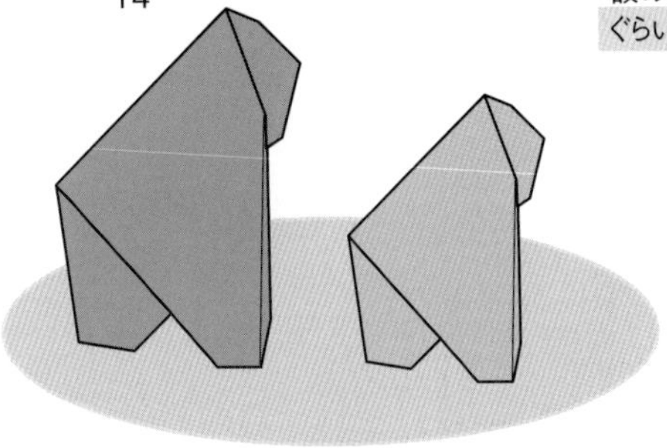

あめの日のゴリラ

めをとじて　やさしく
ふかく　いきをする
あめのもりは　しずか

めをあけて　ひそかに
ふかく　いきをする
あめのもりは　へいわ
ホホイ！
きょうは　とてもいい日

お座りパンダ ★★15cm×15cm

簡単な折りで愛らしい姿を目指しました。頭は2枚の紙を表裏にしてずらして重ねます。ここが本作品のポイント。

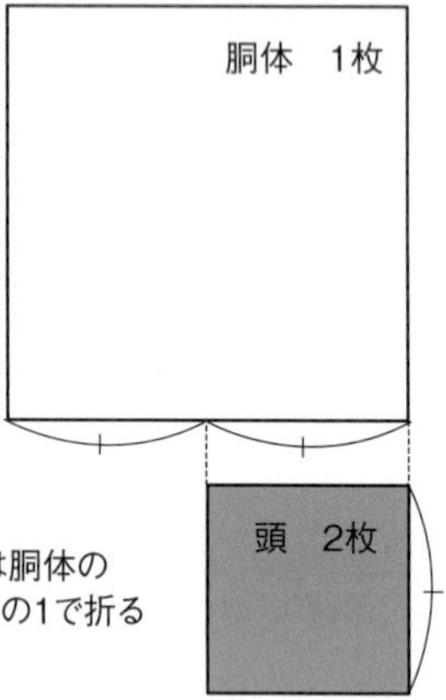
胴体　1枚
頭　2枚

頭は胴体の4分の1で折る

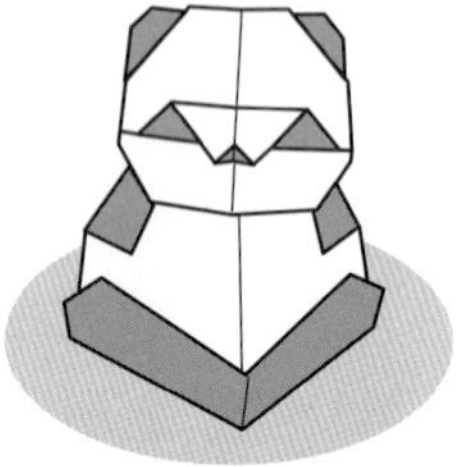

▶頭◀

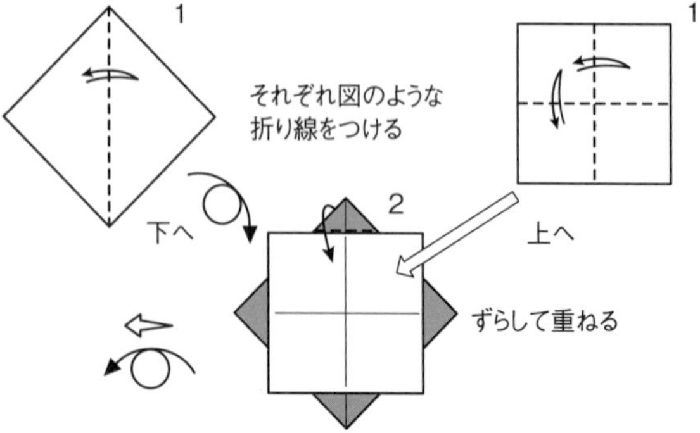
1
1
それぞれ図のような折り線をつける
下へ
上へ
2
ずらして重ねる

3

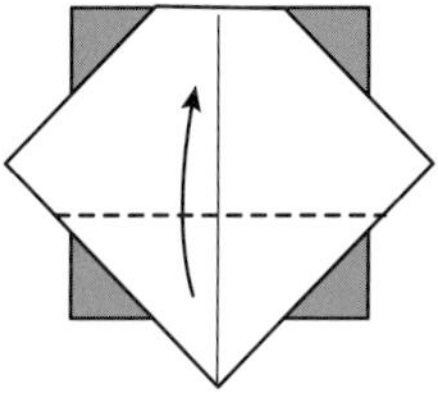

かどより少し上で折る。
この折り幅で目の大きさが決まる

ぐらい折り（14ページ参照）

4

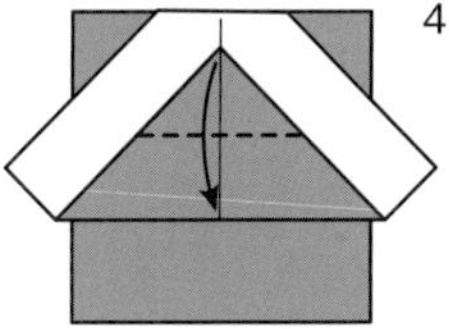

5

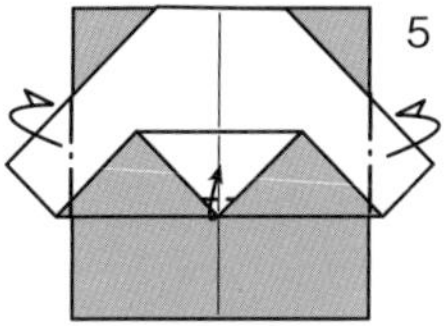

6

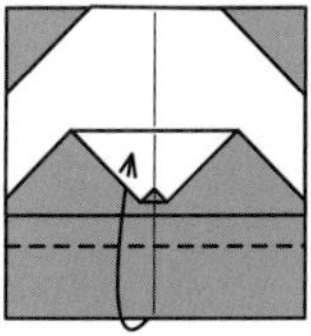

下にはさんで折る
ぐらい折り

7

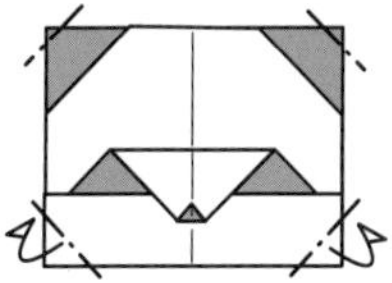

耳とあごの線を折る

8

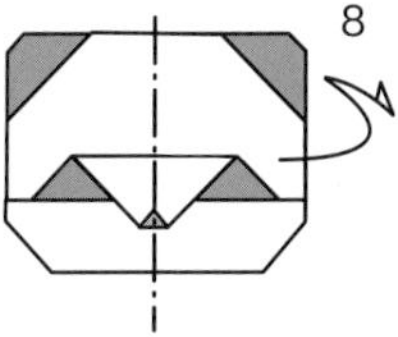

半分に折って立体化する

9

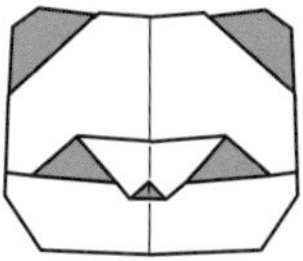

▶胴体◀

1

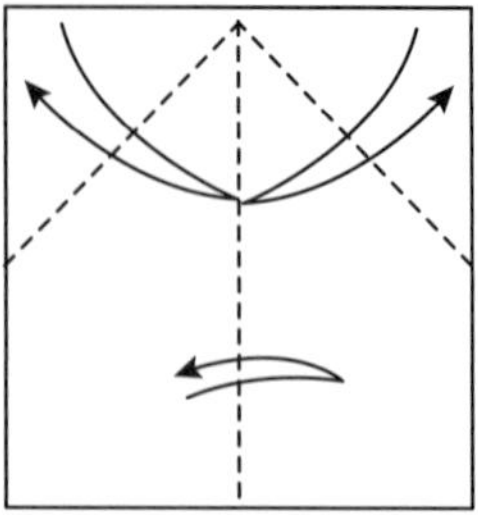

2

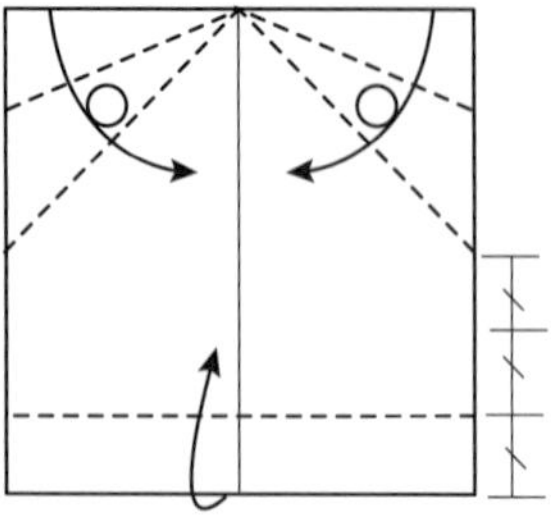

3

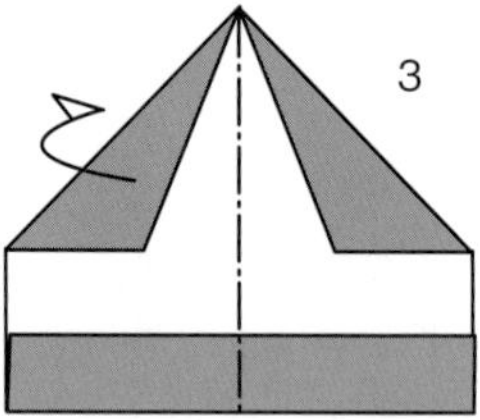

4

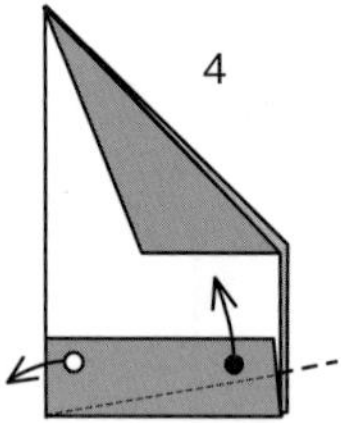

○印を引っぱって角度をつけ、
足を大きくする

5

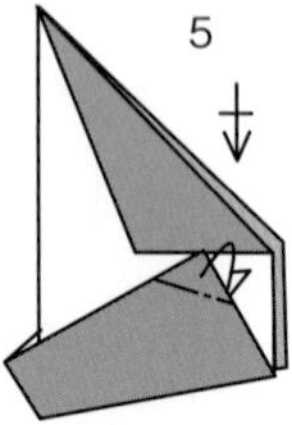

かどを内側に
折り込む
反対側も

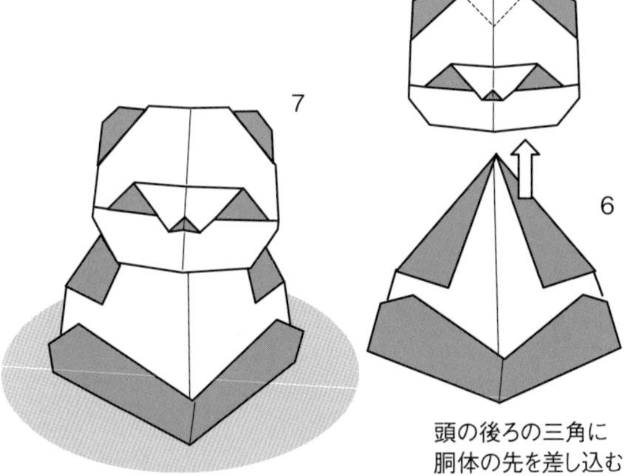

頭の後ろの三角に
胴体の先を差し込む

パンダのおしょくじ

おおきいパンダ　どすん　ごろん
ちいさいパンダ　とすん　ころん
おおきいパンダ　べきっ　ばりっ
ちいさいパンダ　ぺちっ　ぱりっ

きょうもなかよく
くつろいでおしょくじ

こいぬ ★★15cm×15cm

尾の長さや頭の大きさなど、「ぐらい折り」がたくさんあります。いろいろためして自分の気に入るこいぬにしてください。

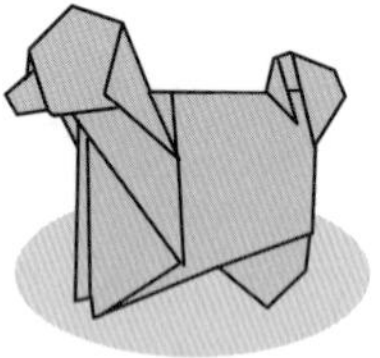

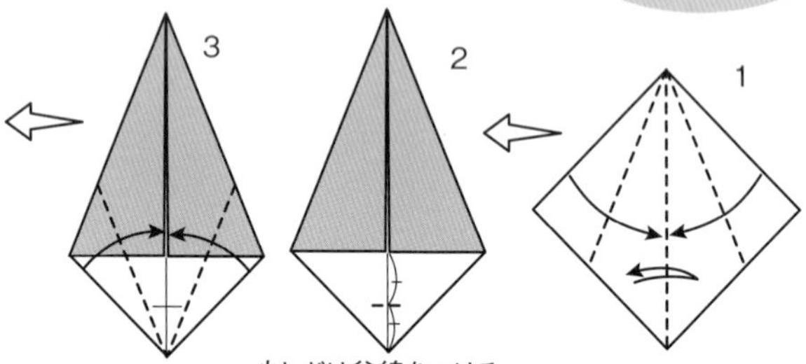

少しだけ谷線をつける

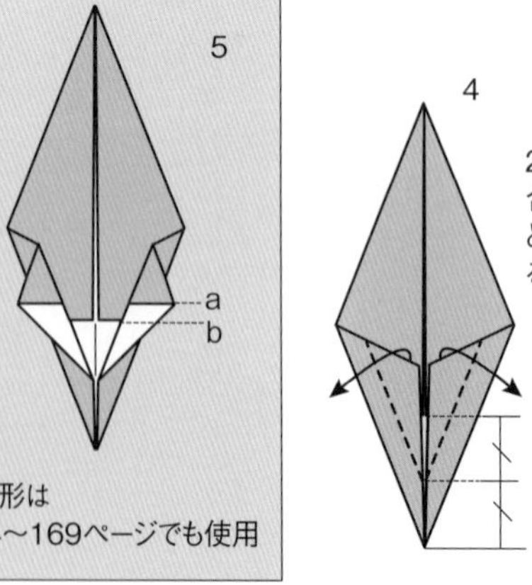

この形は

164〜169ページでも使用

2でつけた線に合わせて、5でaとbが平行になるように折る

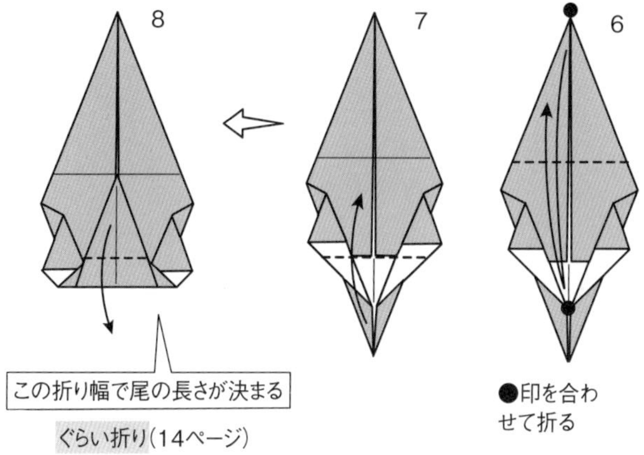
6
●印を合わせて折る
7
8
この折り幅で尾の長さが決まる
ぐらい折り(14ページ)

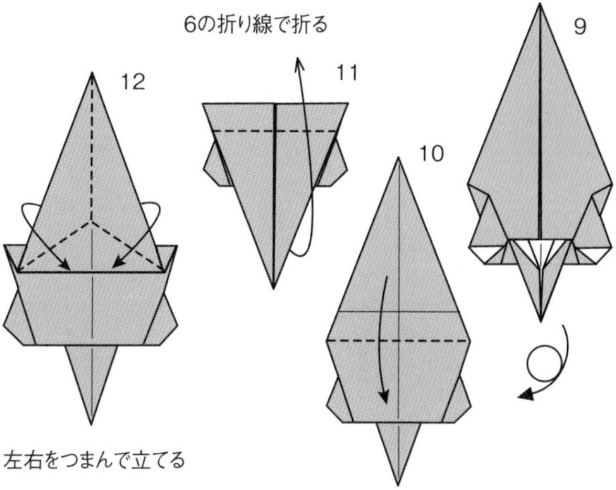
9
10
11
6の折り線で折る
12
左右をつまんで立てる

13

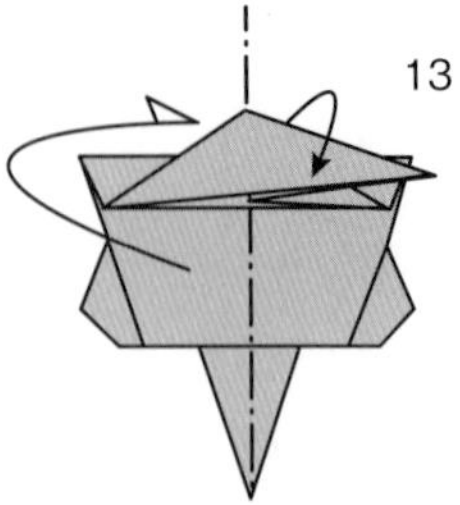

三角部分を立てて
半分に折る

14

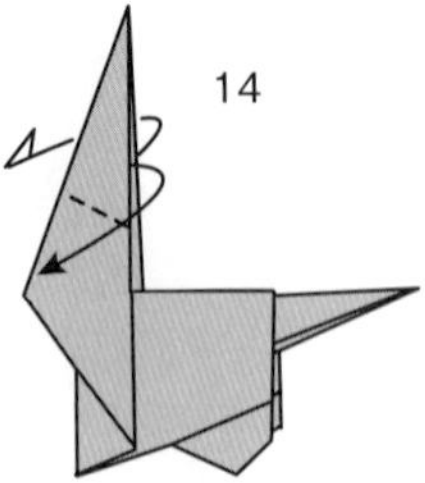

頭になる部分をかぶせ折り

ぐらい折り

15

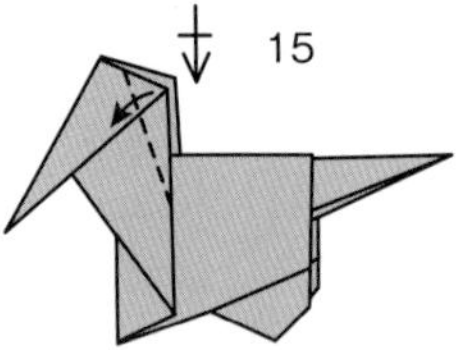

耳を折る。反対側も

ぐらい折り

16

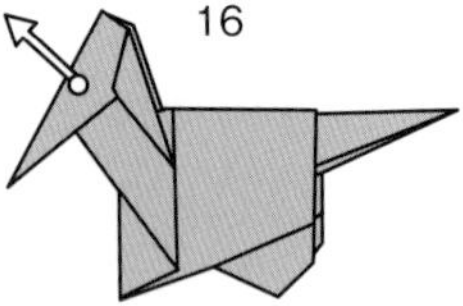

顔を引き上げて
形を整える

17

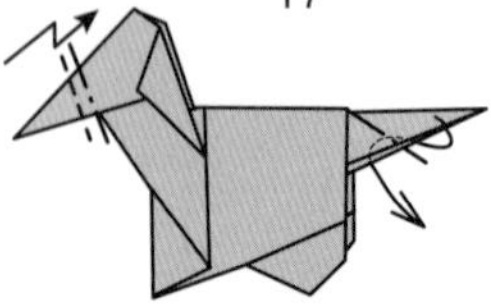

中割り折り

18

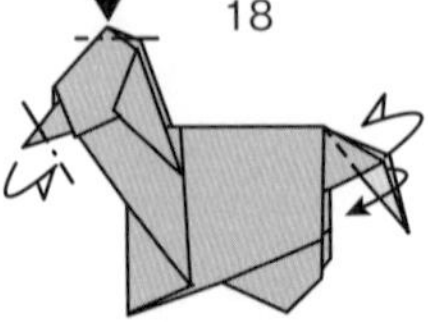

鼻の先を中割りに折り、頭の上を
中に押し込んで丸みをつける

19

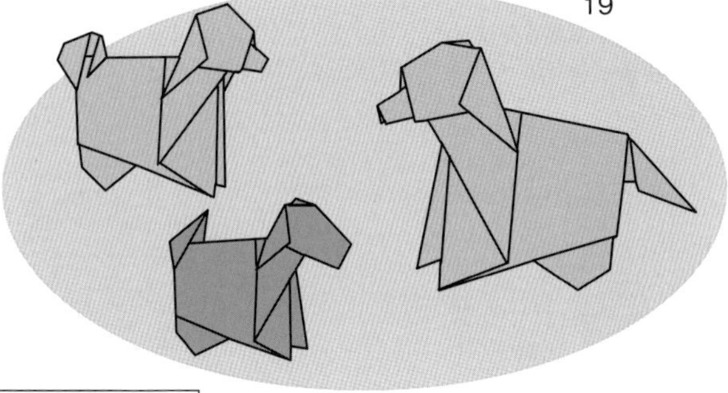

頭や尾の折り方を
工夫してください

いろえんぴつ

そらいろのえんぴつ
さくらいろのえんぴつ
なに　なに　えがく
こねこの　ひとみに　うつるもの

わかばいろのえんぴつ
ばらいろのえんぴつ
なに　なに　えがく
こいぬの　しっぽに　ふれるもの

ゾウ

★★15cm×15cm

頭と鼻の長さを決める「ぐらい折り」がカギです。
最後に鼻にポーズをつけて楽しんでください。

1

160ページ5から

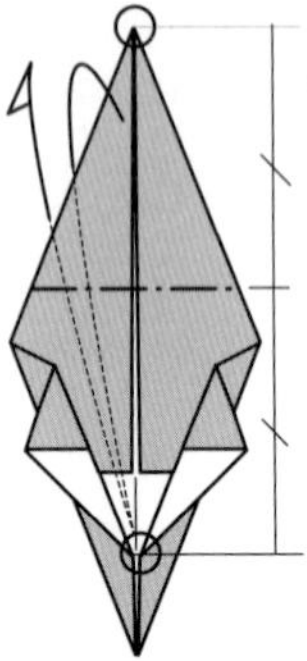

○印を合わせて山線で折る

1、2の折り幅で胴の長さが決まる。
自由に調節してよい

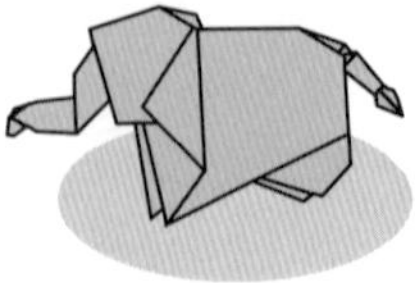

2

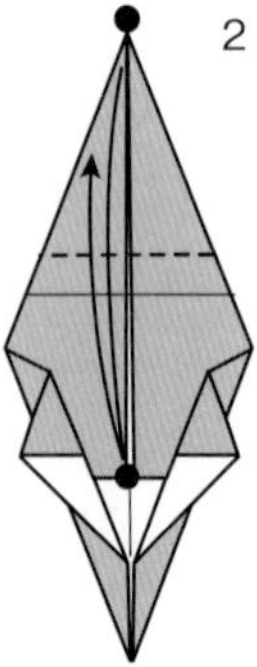

3

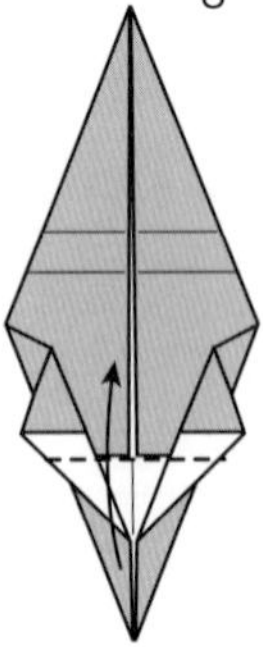

4

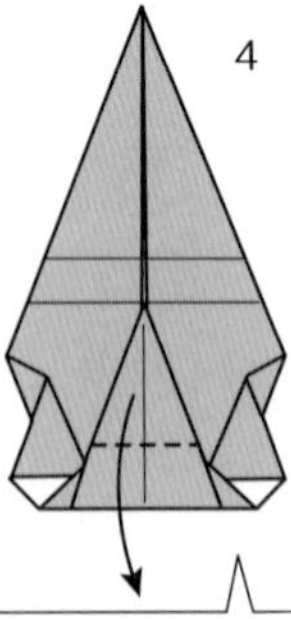

この折り幅で尾の長さが決まる

ぐらい折り（14ページ）

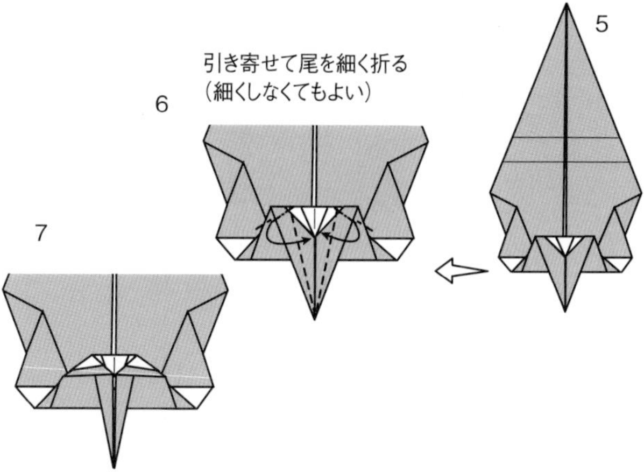
5
引き寄せて尾を細く折る
（細くしなくてもよい）
6
7

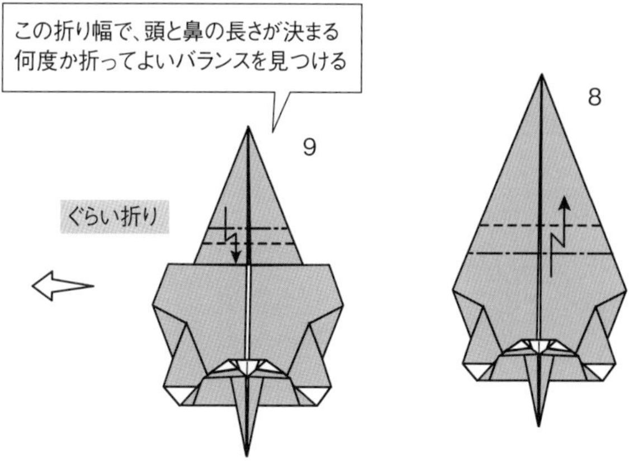
この折り幅で、頭と鼻の長さが決まる
何度か折ってよいバランスを見つける
9
ぐらい折り
8

10

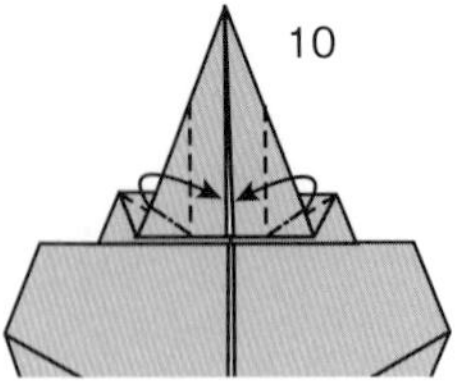

引き寄せて折る

11

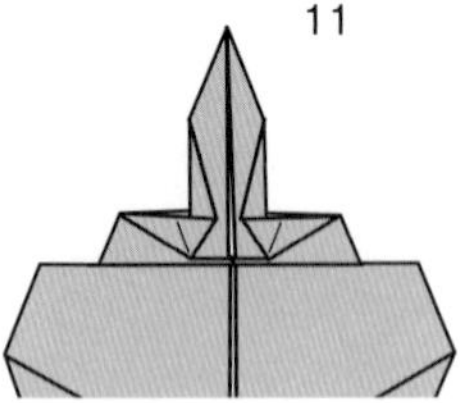

12

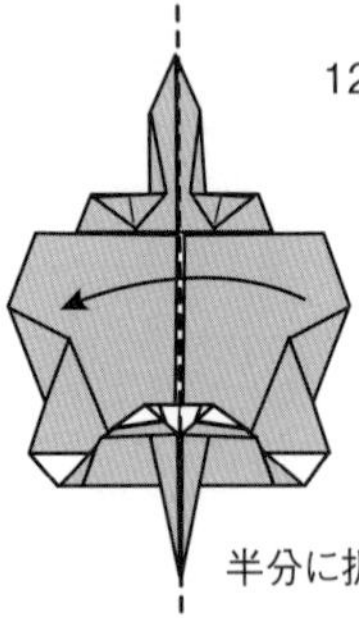

半分に折る

13

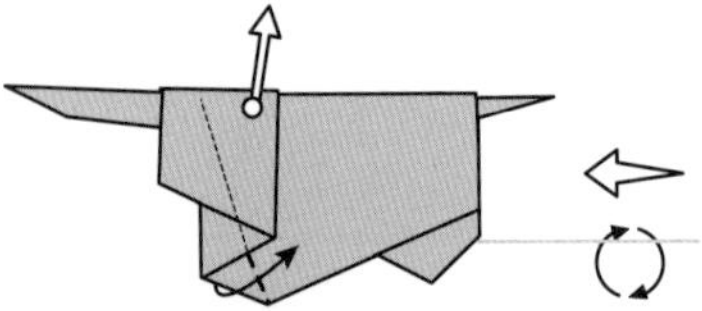

頭を引き上げ
足を細くする

14

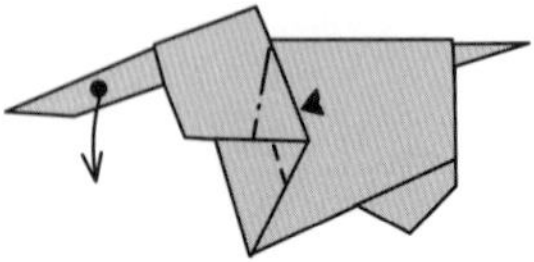

鼻を下げ、耳を折る

ぐらい折り

15

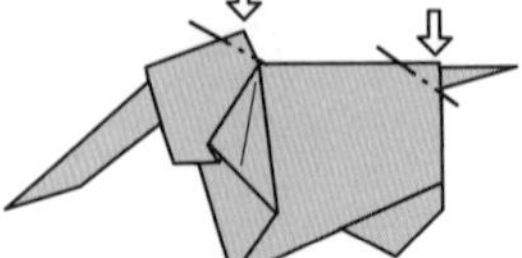

頭と尾を中割り折り

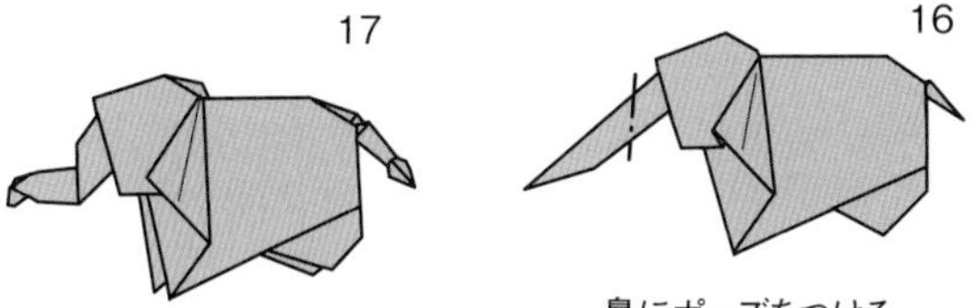

鼻にポーズをつける
尾の先をねじってもよい

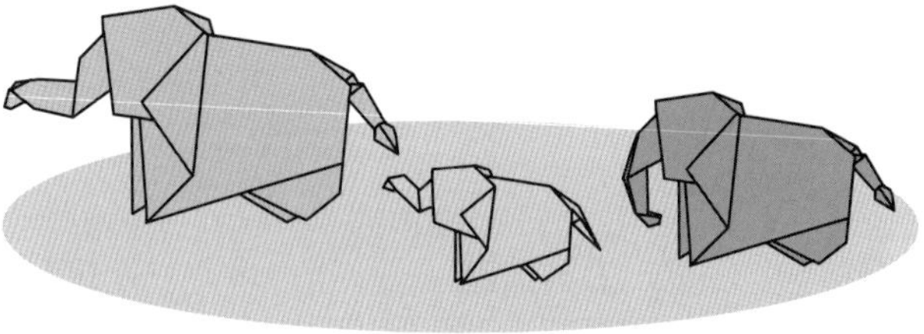

ゾウのおやこ

ある日バスにのってたら
ゾウのおやこがのってきた
乗客全員ギクリとし
傘をさすやら本読むまね
けっきょくひとりがとび出すと
つづいてみんなもとび出した
ゾウのおやこはしかたなく
むすこがバスを押してった

ネコ ★★15cm×15cm

手順4以下の「ぐらい折り」で印象のちがうネコになります。何度か折って気に入ったバランスを見つけてください。

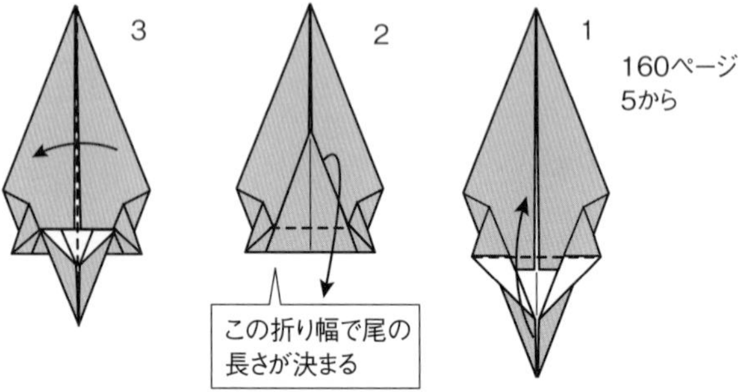
3
2
1
160ページ
5から
この折り幅で尾の
長さが決まる

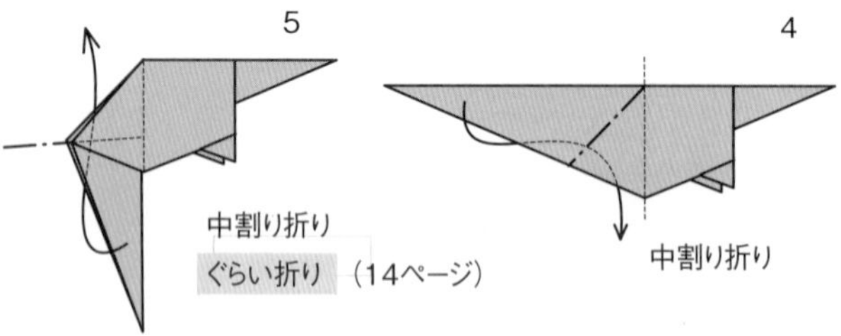
5
4
中割り折り
ぐらい折り （14ページ）
中割り折り

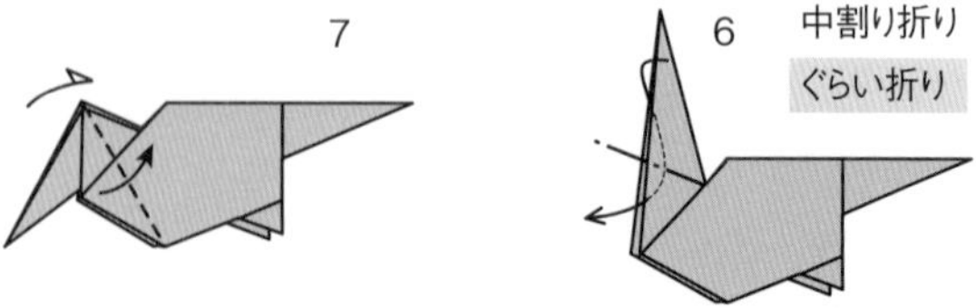
7
6
中割り折り
ぐらい折り

8

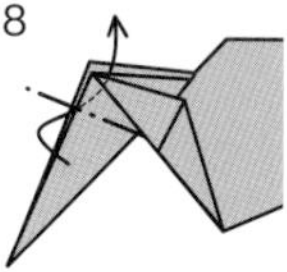

中割り折り

9

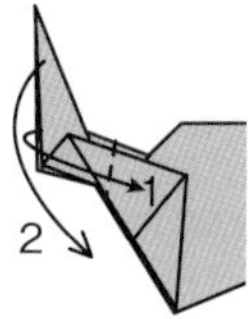

1を開きながら
2を下げて顔
の部分を作る

10

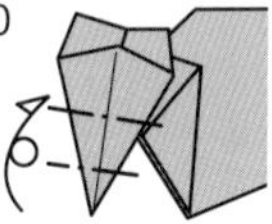

内側に巻いて
折る

11

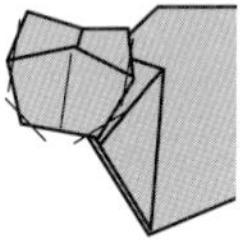

あごや顔の脇を内側に
折って丸みをつける
（細線で表示）

12

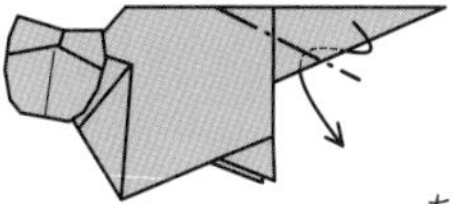

中割り折り

13

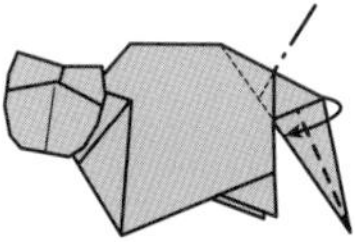

中割り折り

14

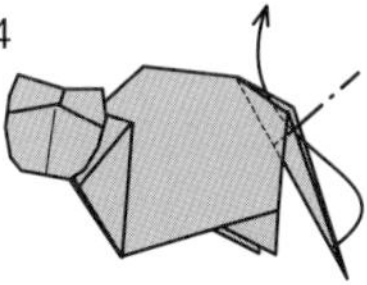

中割り折り

15

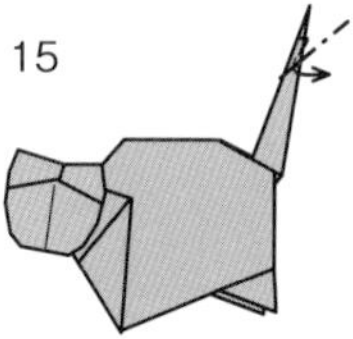

尾のポーズ
をつける

16

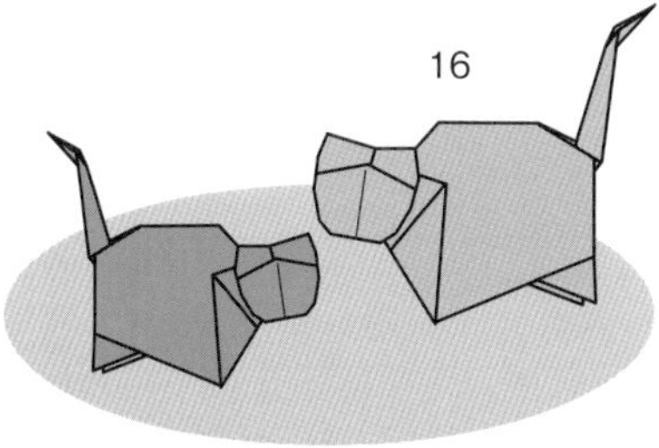

壁画のゾウ　★15cm×15cm

「壁画」の動物シリーズは、片面だけを平面で表現しました。イスラエルのPaule Jacksonさん、イギリスのNick Robinsonさんの同様の試みに刺激を受けて作りました。

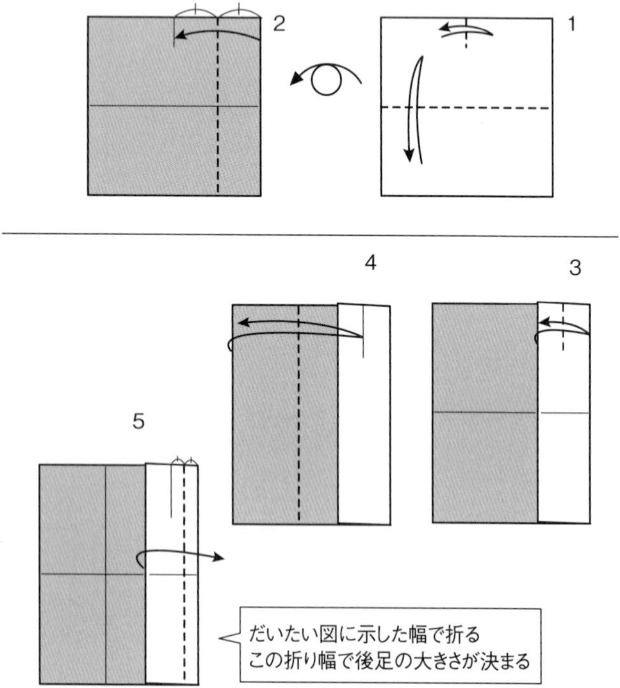

2
1
4
3
5
だいたい図に示した幅で折る
この折り幅で後足の大きさが決まる

6

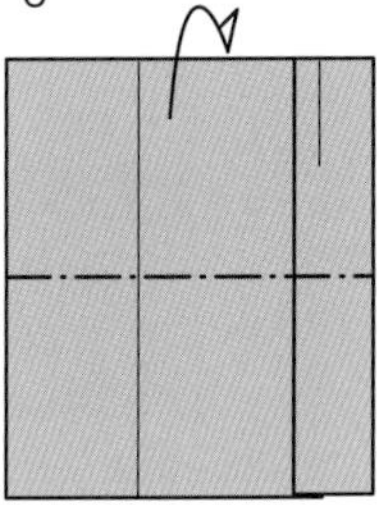

7

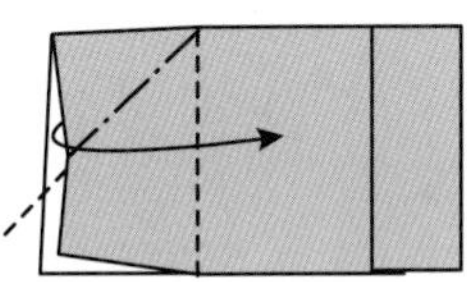

8

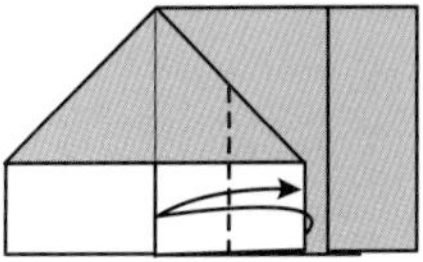

9

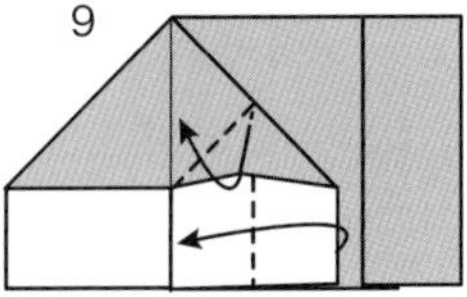

10

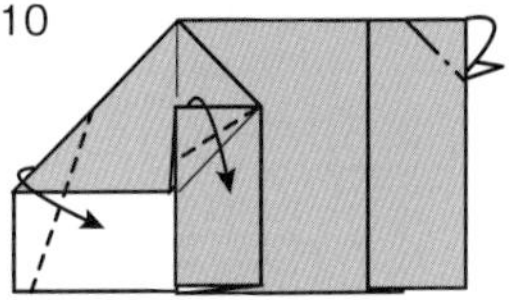

鼻と耳を折り、お尻のかどを後ろへ折る

11

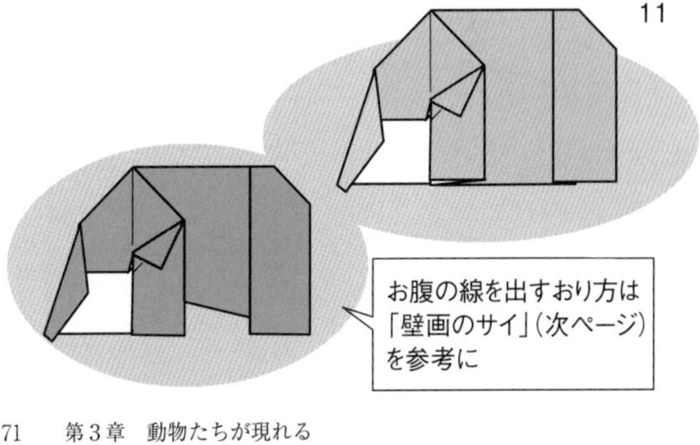
お腹の線を出すおり方は
「壁画のサイ」(次ページ)
を参考に

壁画のサイ　★15cm×15cm

1

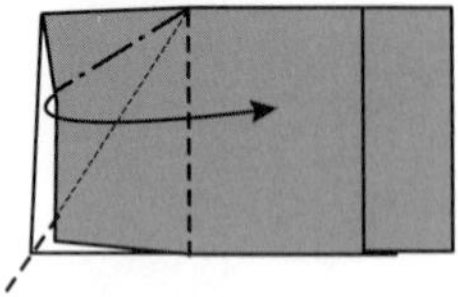

「壁画のゾウ」の6から（前ページ）

2

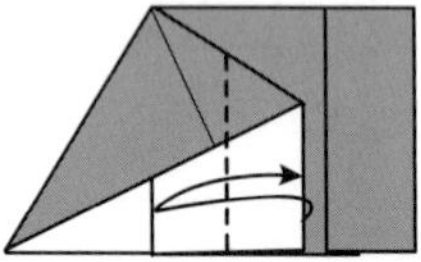

3

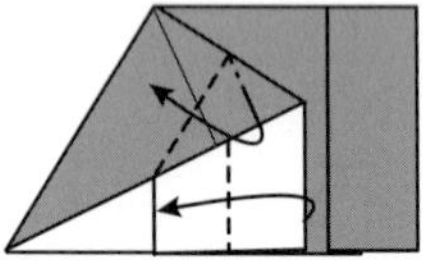

4

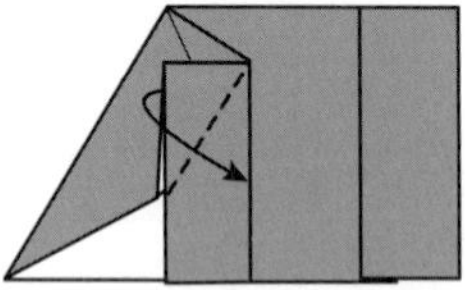

5

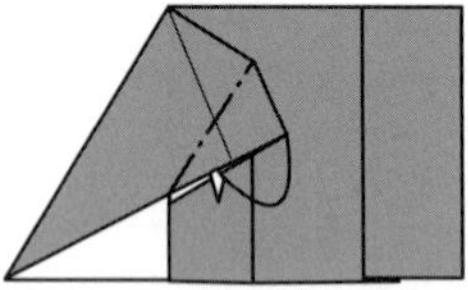

中割り折り

6

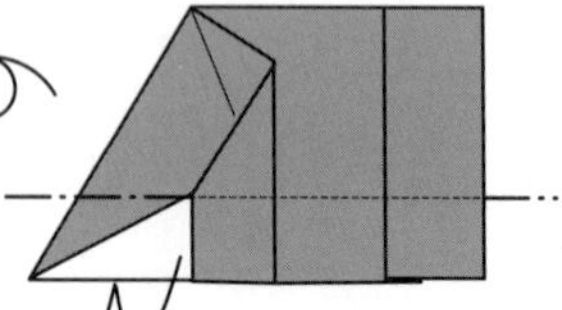

7

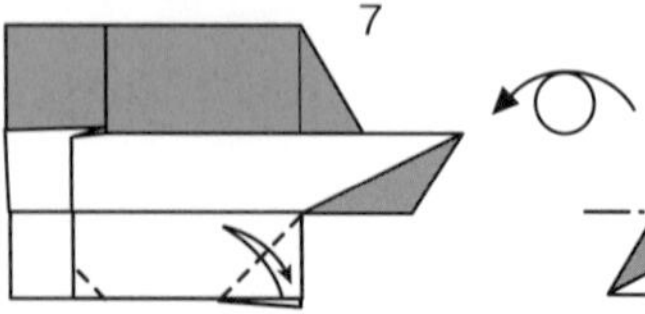

上の2枚に折り線をつける

8

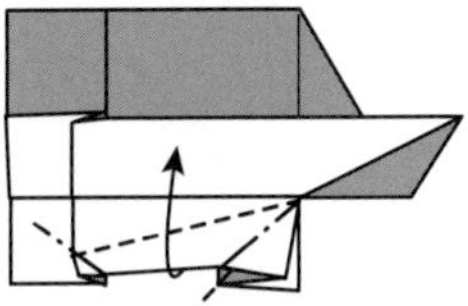

9

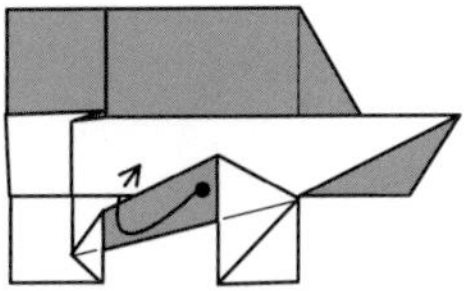

下にはさむ

10

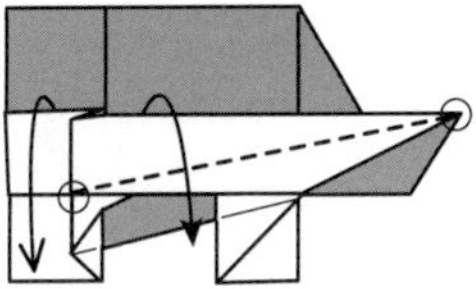

11

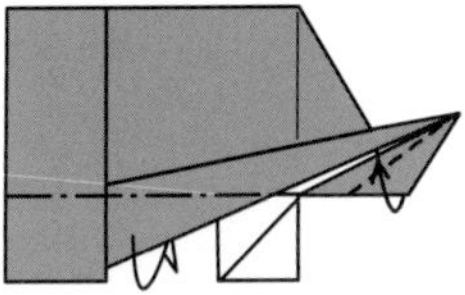

内側に折る

12

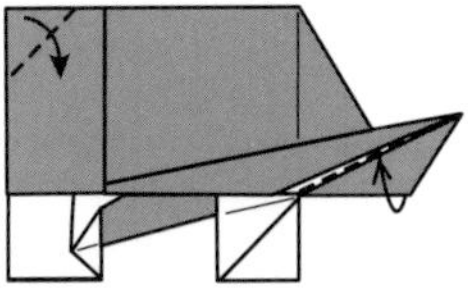

角になる部分をはさみ
お尻の線を折る

13

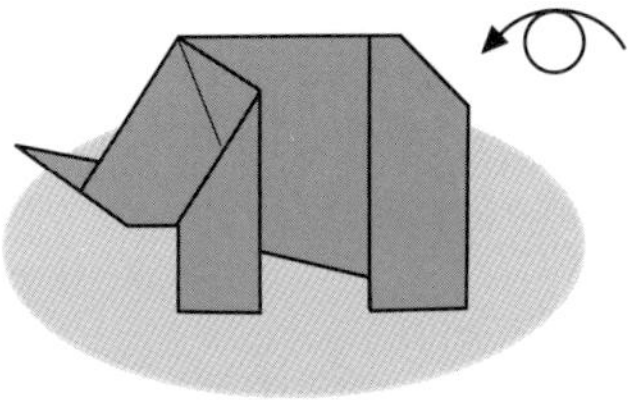

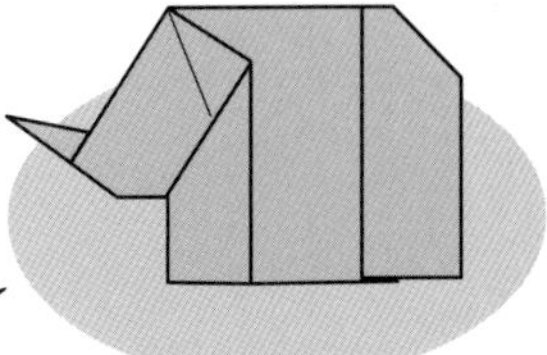

お腹の線を出す折り方を省いたもの。「壁画のゾウ」を参照（170ページ）

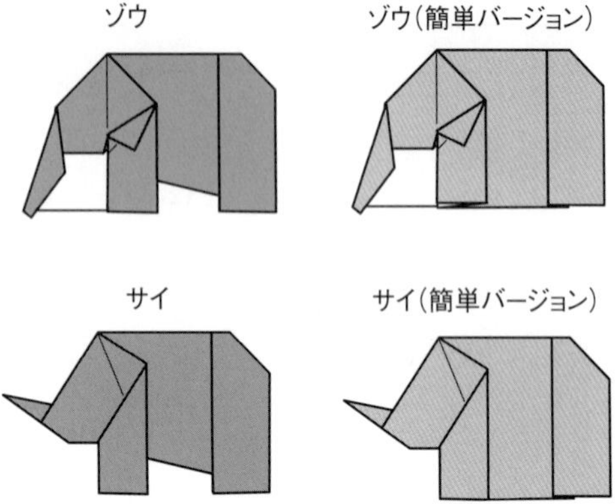
ゾウ
ゾウ（簡単バージョン）
サイ
サイ（簡単バージョン）

壁画の動物
170〜173ページ参照

column　どこまで折るか

場合にもよりますが、折り込むほどに動物はリアルになっていきます。シンプルに主眼を置いた場合、どこで止めようか悩みます。

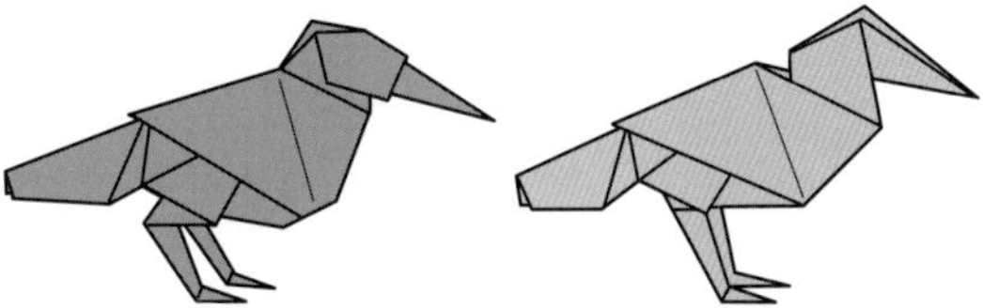

「壁画の動物シリーズ」も、腹の線を出すかどうかが悩みどころです。手順の複雑さと出来ばえの良さ、どちらをとるか。

カラスを折ることを例に考えると、本書では上図のようなカラスにしました。さらにテクニックを使うと、参考図のように頭をもっと折り込むこともできます。また、くちばしを上下二つで表したいと思うときは、基礎から変えなくてはなりません。

具体的にこんな形にしたいというはっきりした目標があれば、それに近づけるのが最良です。折り手の技術レベルにもよるし、結局はその人の好みでしょう。簡単、複雑、超複雑を問わず、折り紙らしい無駄のない形を目指したいものです。

ペリカン ★★15cm×15cm

シンプルながら、くちばし、つばさ、足とそろっています。

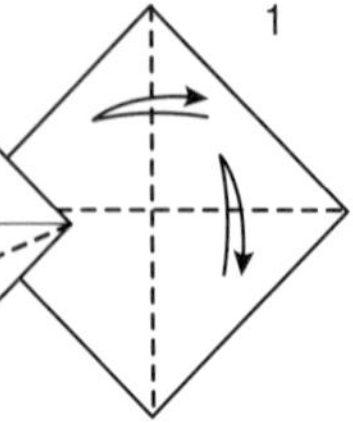

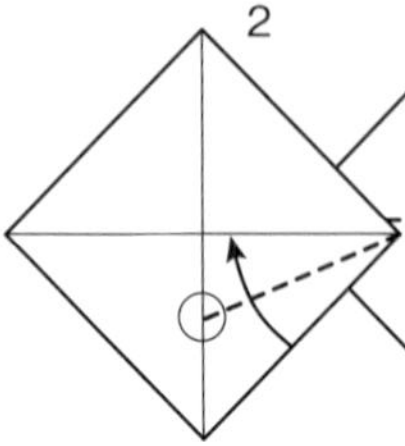

○印まで折る

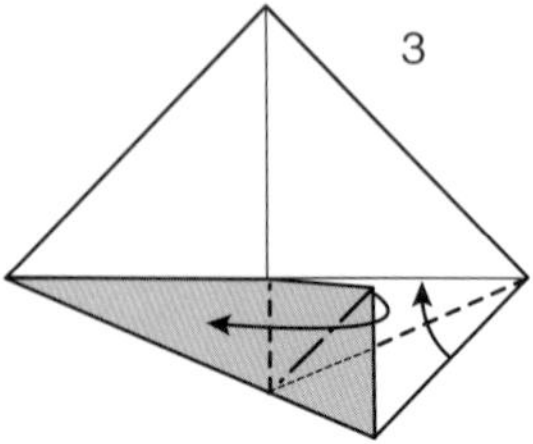

三角をつまんでたおす

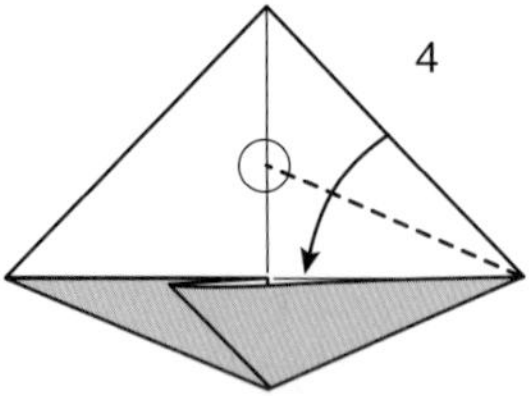

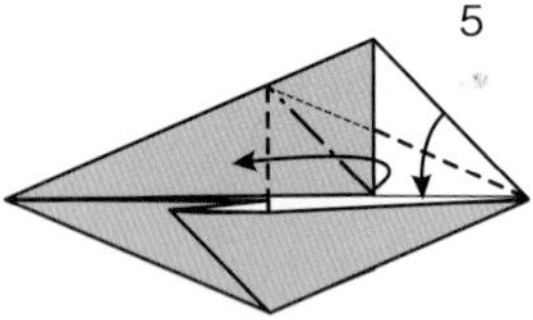

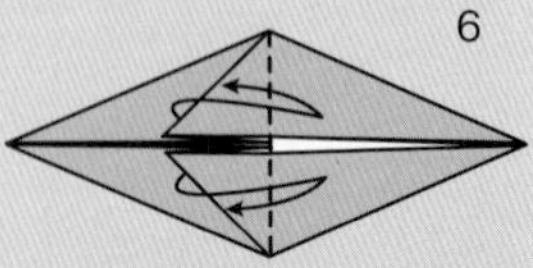

この形は
178〜183ページでも使用

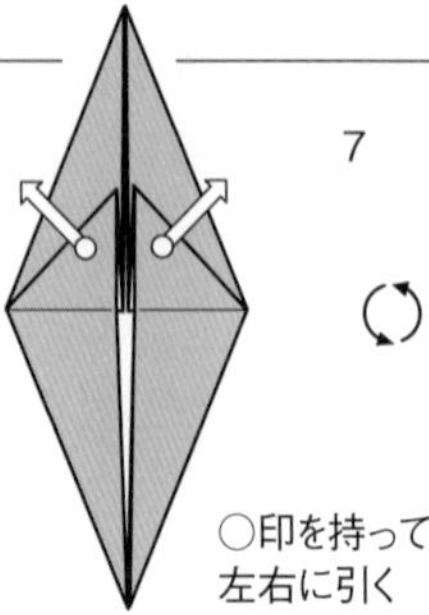

○印を持って
左右に引く

8

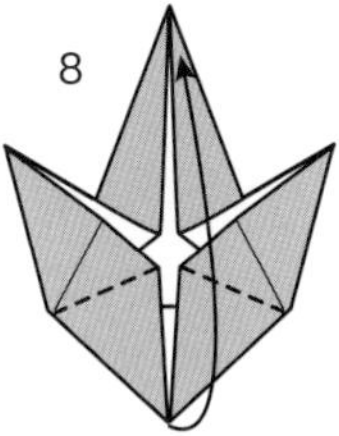

（途中の図）

9

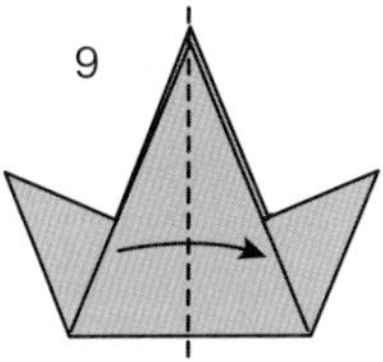

半分に折る

10

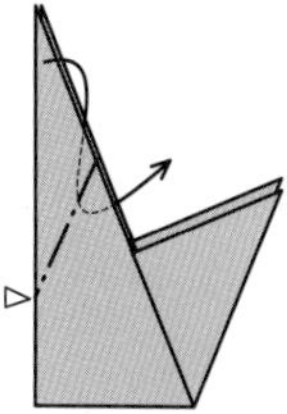

△印の紙の重なりで
厚い所から中割り折り

ぐらい折り （14ページ）

11

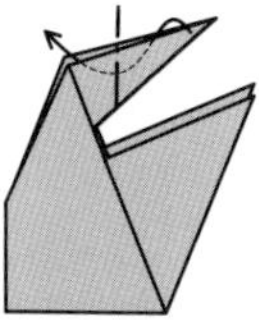

中割り折り

ぐらい折り

12

中の一枚をずらす

13

中割り折り

ぐらい折り

14

15

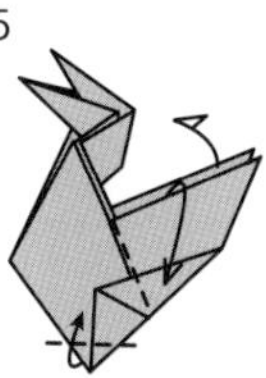

16

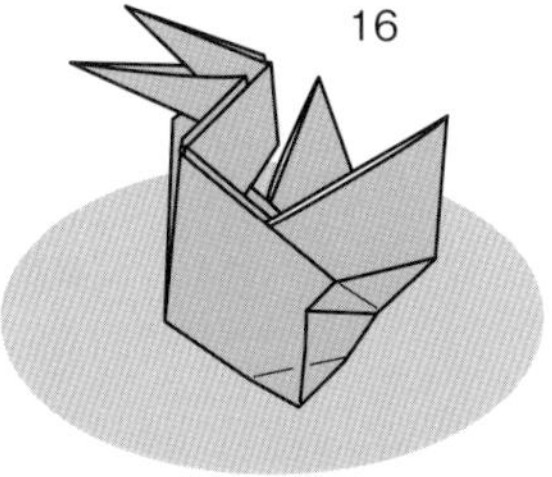

ダックスフント ★★15cm×15cm

耳など顔は自由にポーズをつけてください。

176ページ6から

1

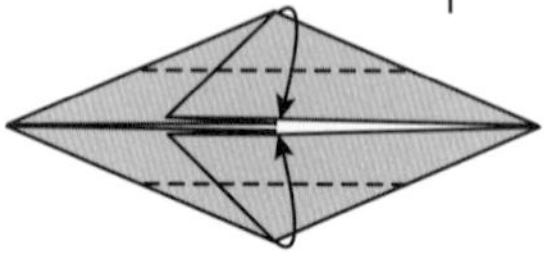

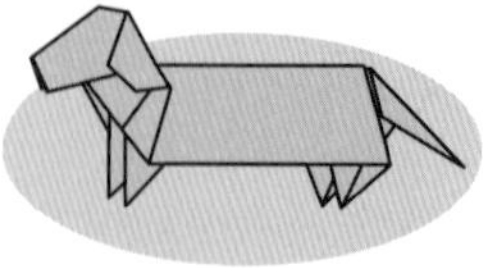

2

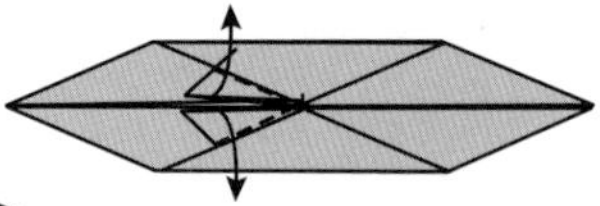

3

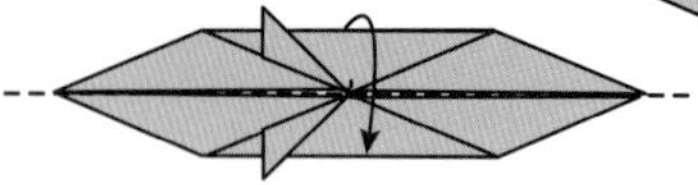

半分に折る

4

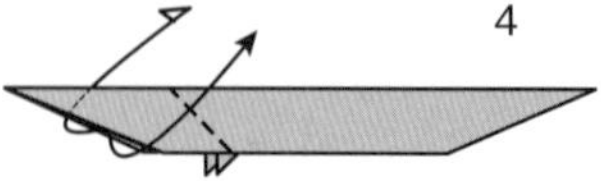

かぶせ折り

ぐらい折り （14ページ参照）

5

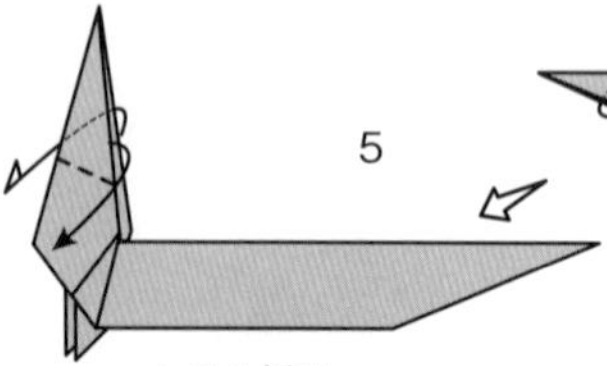

かぶせ折り

ぐらい折り

6

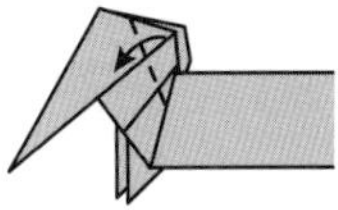

ぐらい折り

7

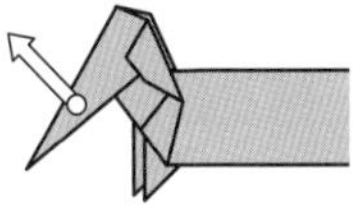

顔を引き上げて
耳を押え直す

8

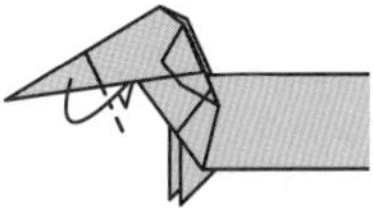

中割り折り

9

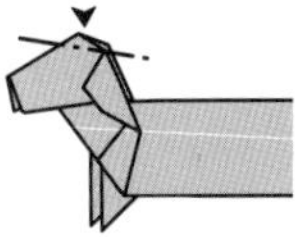

頭の上を押し込み
丸みをつける

10

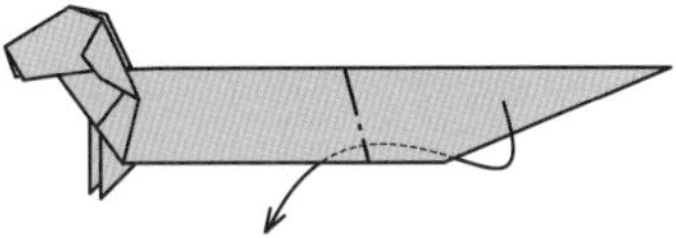

中割り折り
ぐらい折り

11

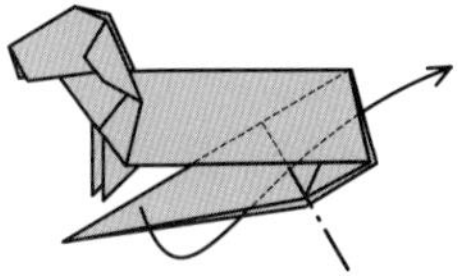

中割り折り

12

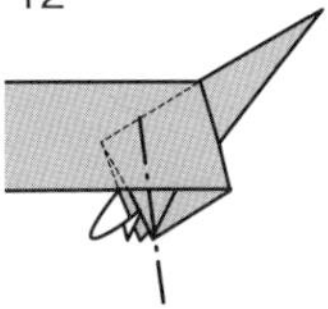

中割り折りをして
足を細くする

13

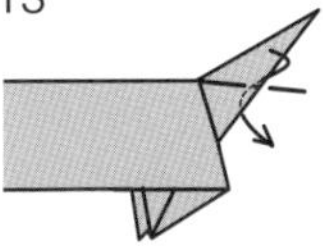

中割り折り

14

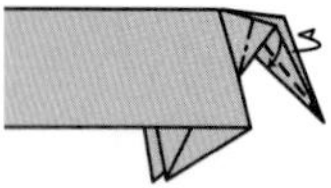

尾を細くする

15

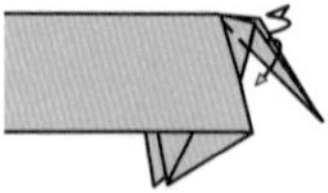

かぶせて折る

16

尾引き上げて調節する

17

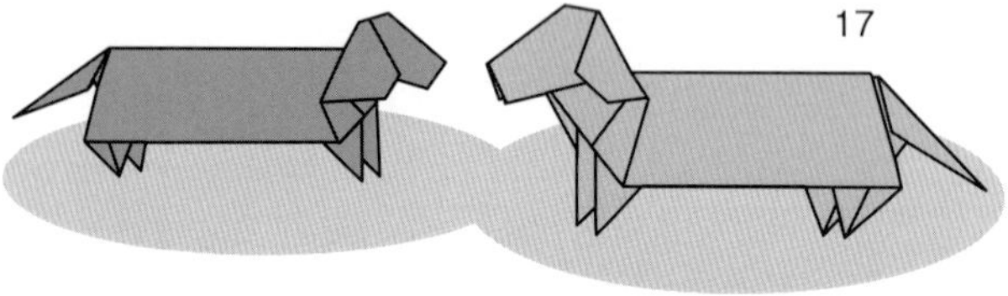

一長一短

なんてながいの　どうしてなの
ながいはなしを　のみこんだ
それがどうりで　ながいのさ

なんてながいの　どうしてなの
ながいはなしを　ふみつけた
それがこのあし　じょうぶなもんさ

ものごとすべて　一長一短
そこでおいらも　一長一短
ながいはなしは　まっぴらさ

小鳥の親子 ★★15cm×15cm

親鳥は首や尾をいろいろアレンジできるでしょう。

▶親鳥◀

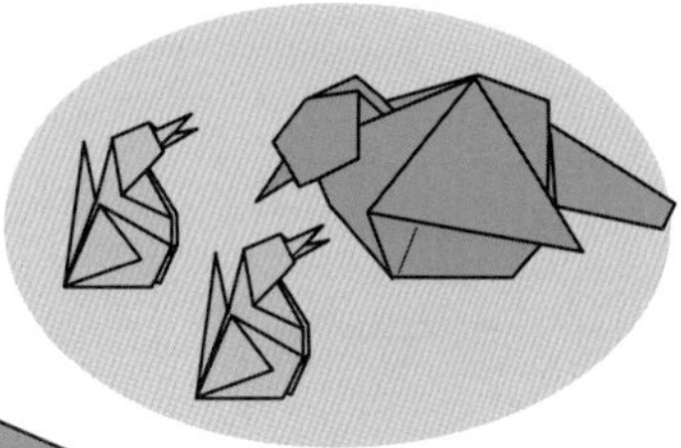

176ページ6から

1

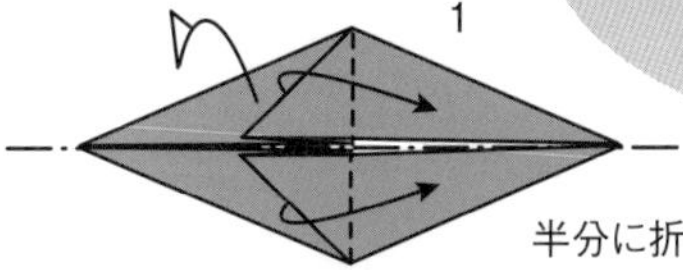
半分に折る

2

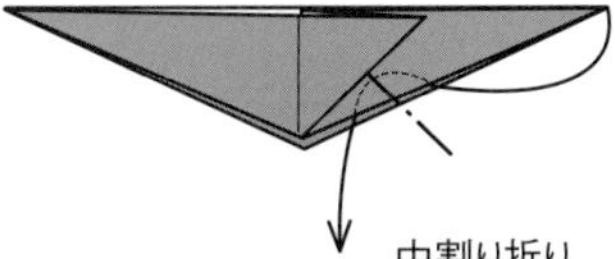
中割り折り

3

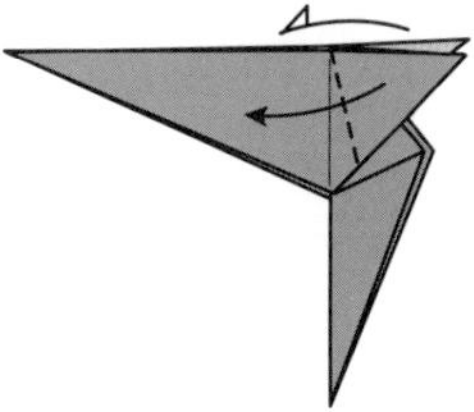

4

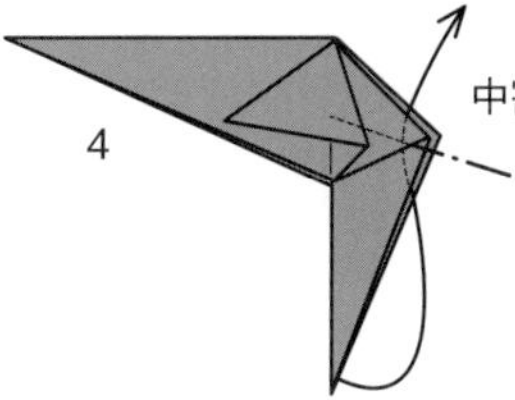
中割り折り

5

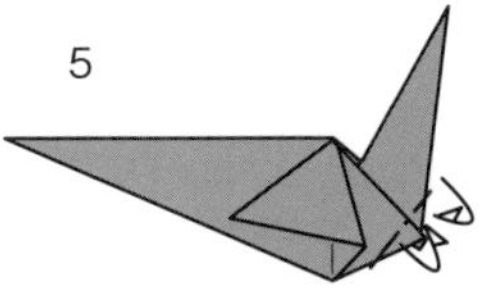

6

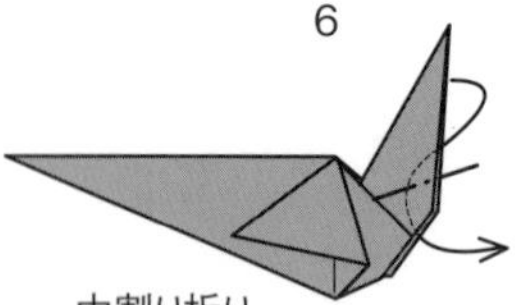

中割り折り

ぐらい折り （14ページ）

7

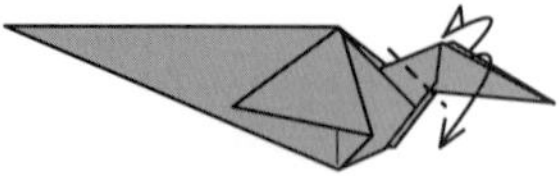

かぶせ折り

8

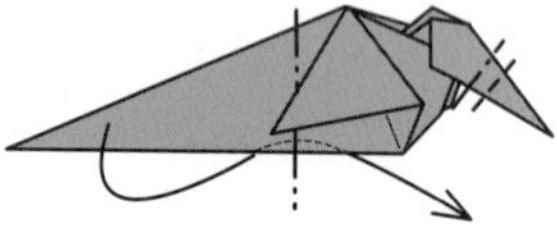

尾を中割り折り
くちばしを内側に段折り

ぐらい折り

9

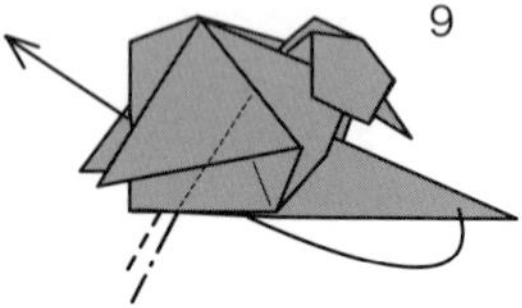

尾を大きく中割り折り

10

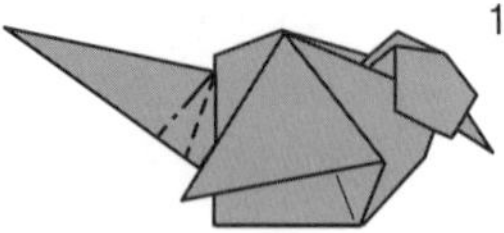

尾をかぶせるように折る

11

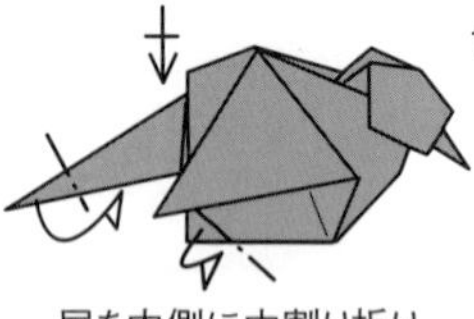

尾を内側に中割り折り
下もかどを落として折る

12

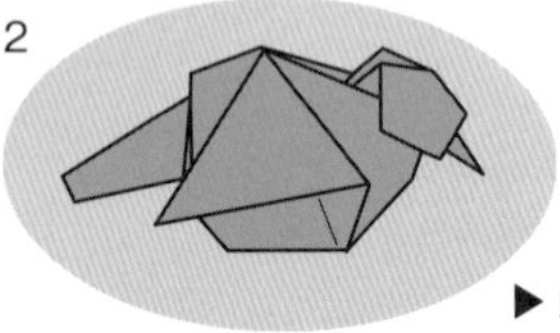

▶ **親鳥** ◀

▶ヒナ◀

176ページ6から

1

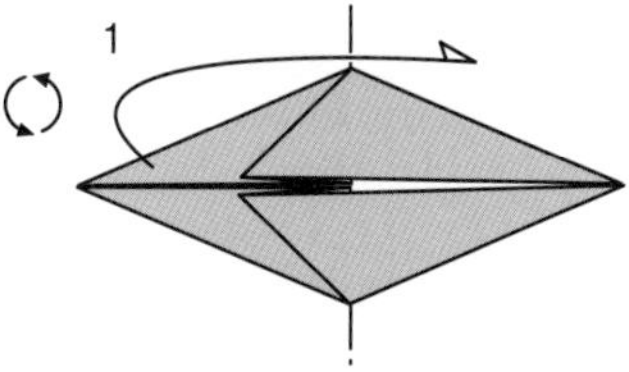

山線で半分に折る

2

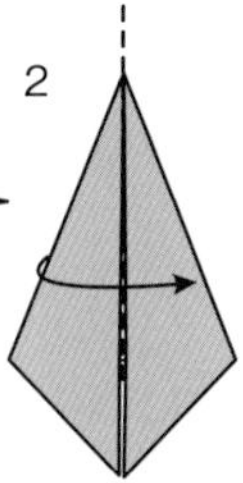

半分に折る

3

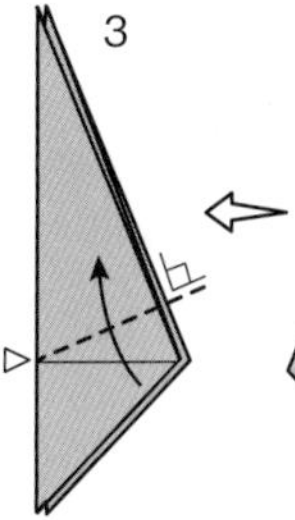

4

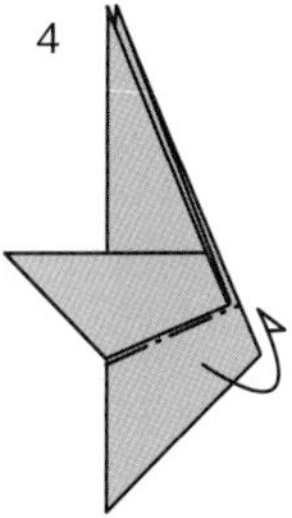

5

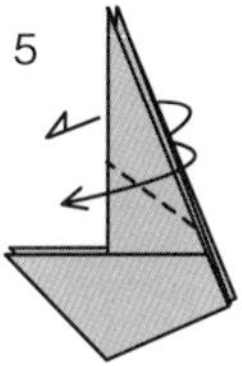

かぶせ折り

6

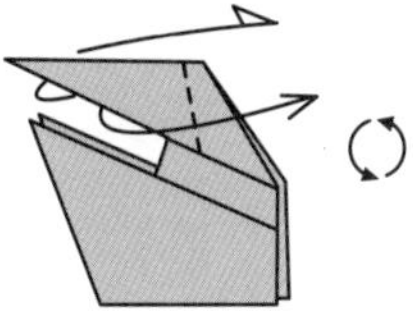

かぶせ折り

7

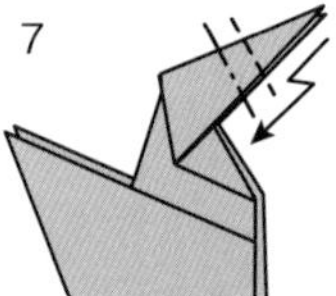

内側に段に折る

8

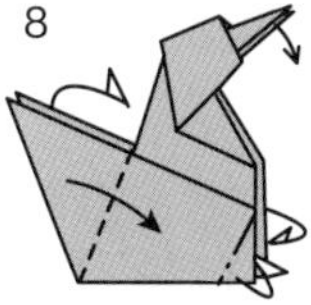

くちばしを下げて開き
つばさと胸を折る

9

キリン　★★15cm×15cm

省略できるところは省略して、特徴をいかしたキリンです。
「中割り折り」がたくさんあります。

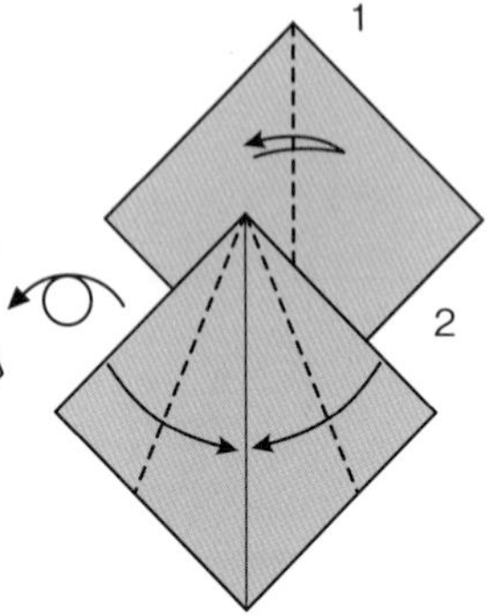

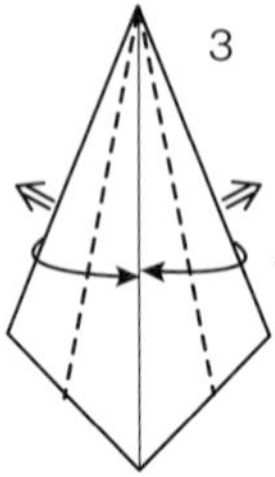

後ろは折らずに
引き出す

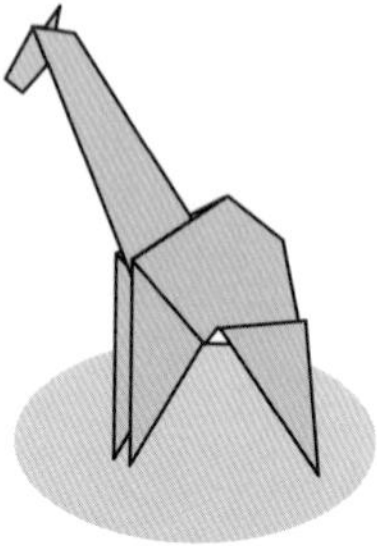

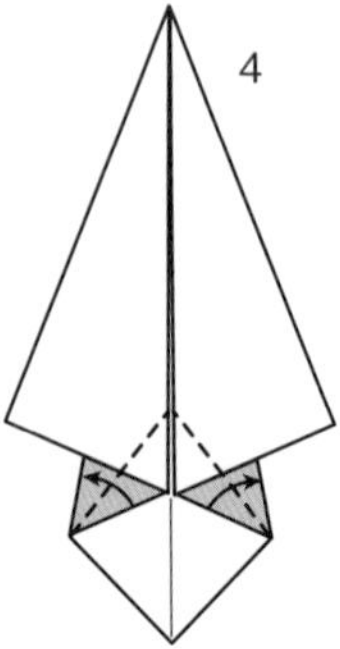

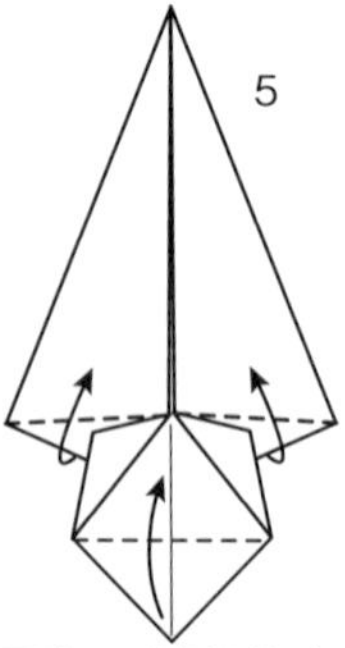

両脇は、内側を伸ばし
ながら折る

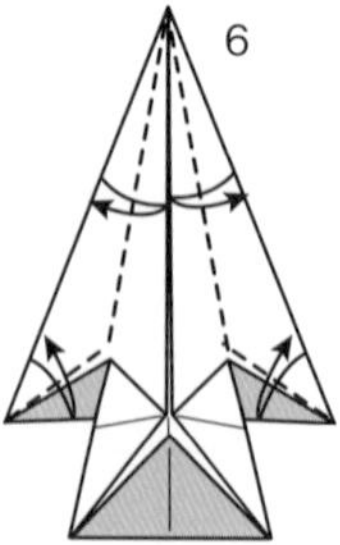

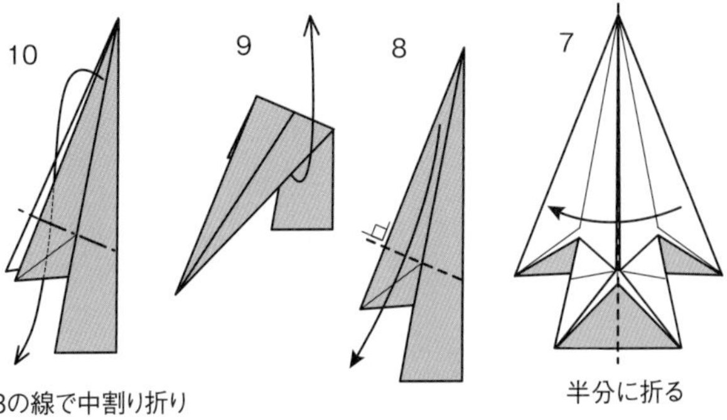
7
半分に折る
8
9
10
8の線で中割り折り

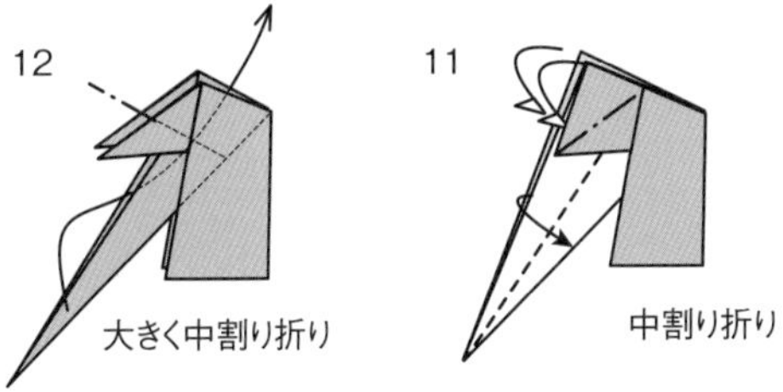
11
中割り折り
12
大きく中割り折り

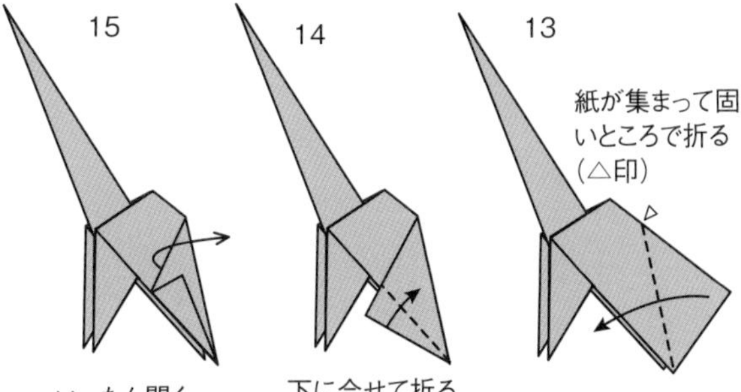
13
紙が集まって固いところで折る（△印）
14
下に合せて折る
15
いったん開く

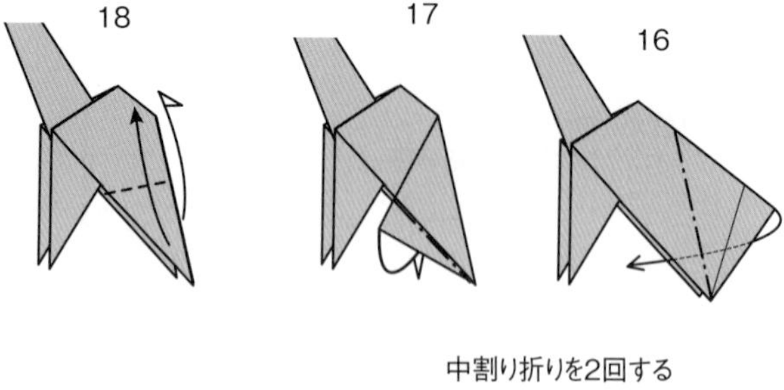
16
中割り折りを2回する
17
18

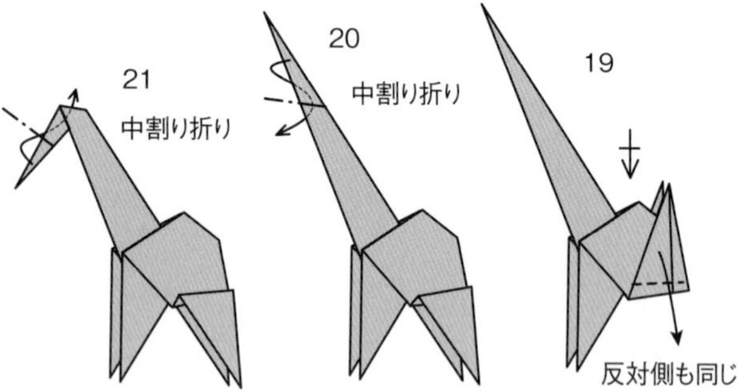
19
反対側も同じ
20
中割り折り
21
中割り折り

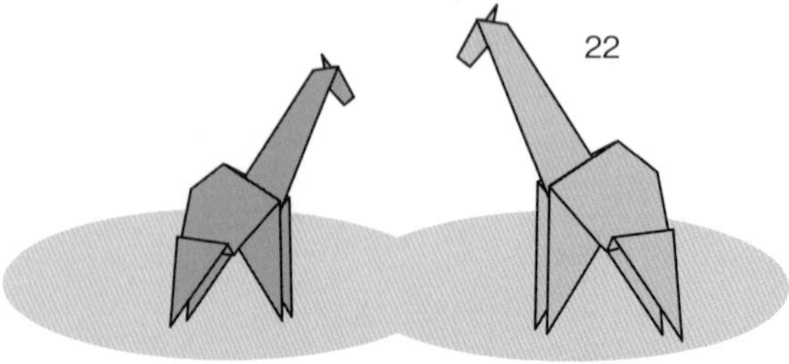
22

ヒトコブラクダ ★★15cm×15cm

キリンの首だけ折り方を変えると、ヒトコブラクダになるから、折り紙はおもしろいですね。

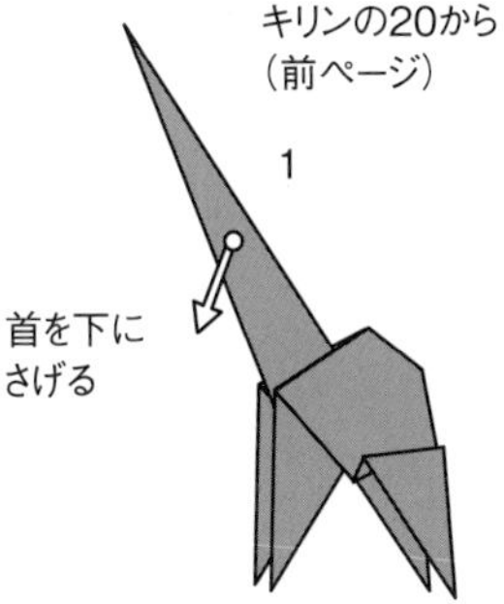
キリンの20から
（前ページ）
1
首を下に
さげる

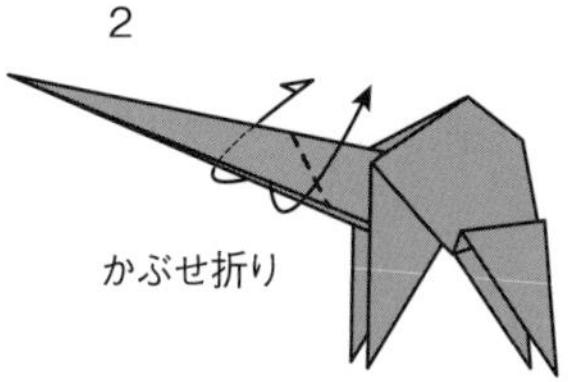
2
かぶせ折り

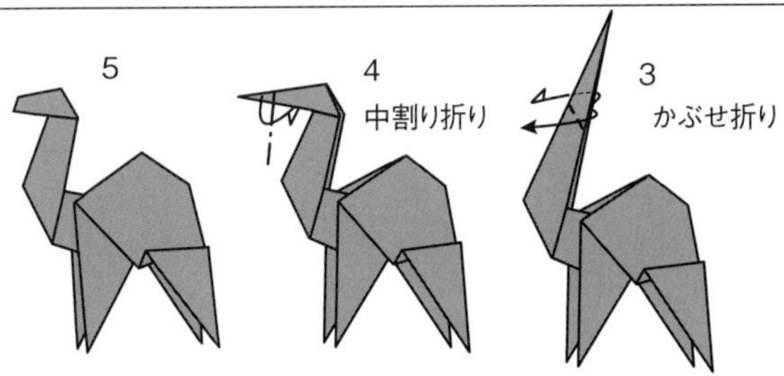
3
かぶせ折り
4
中割り折り
5

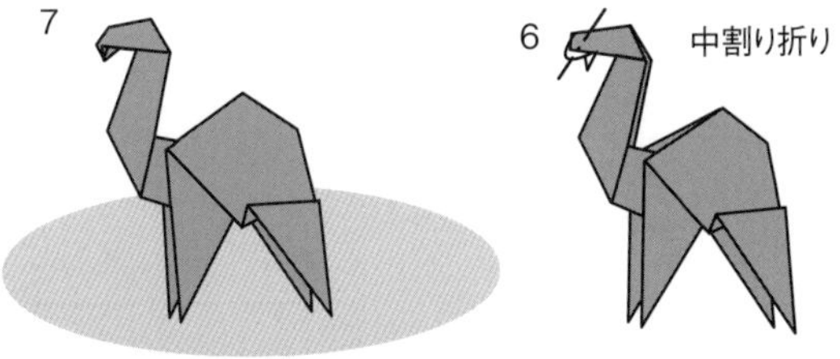
6
中割り折り
7

ダチョウとシチメンチョウ ★★15cm×15cm

頭部の折り方、足の角度、全体のバランスで、ダチョウとシチメンチョウを折り分けます。

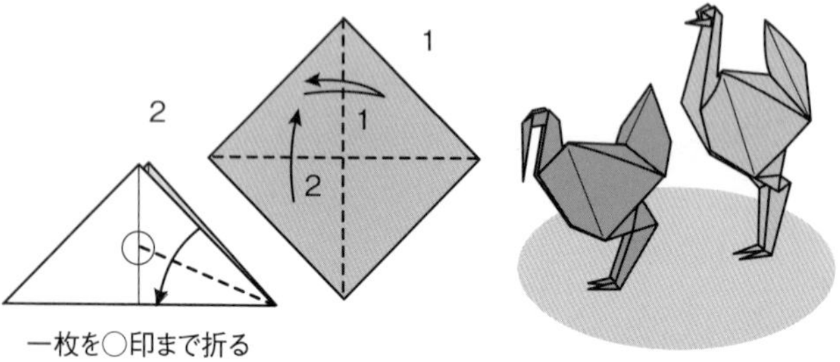

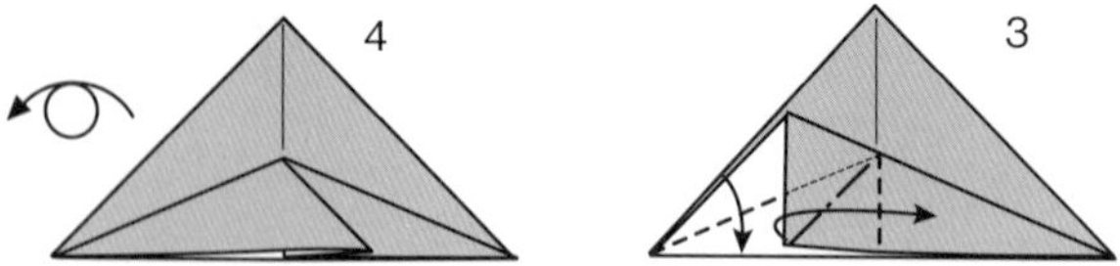

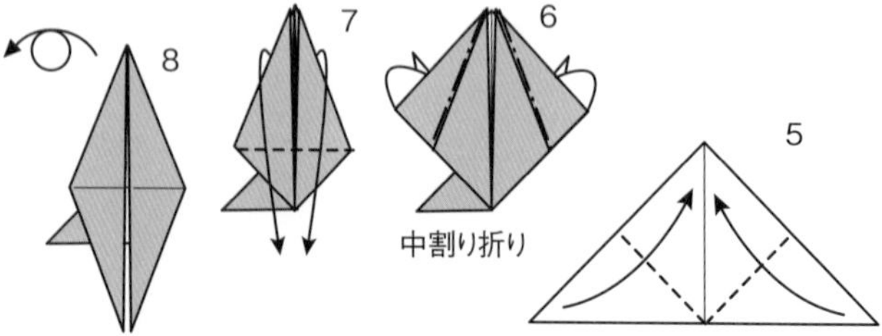

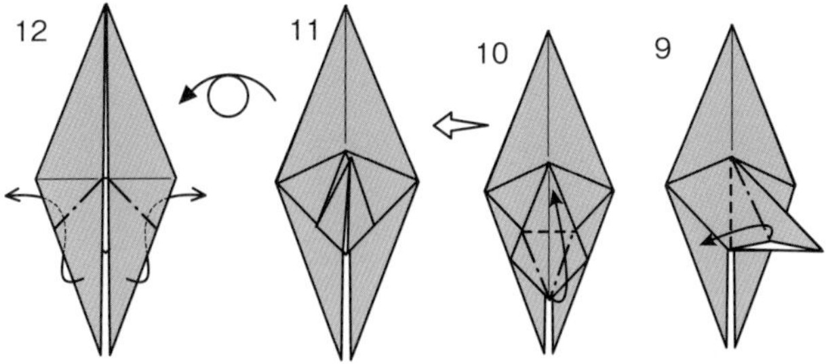

中割り折り

開いてつぶす

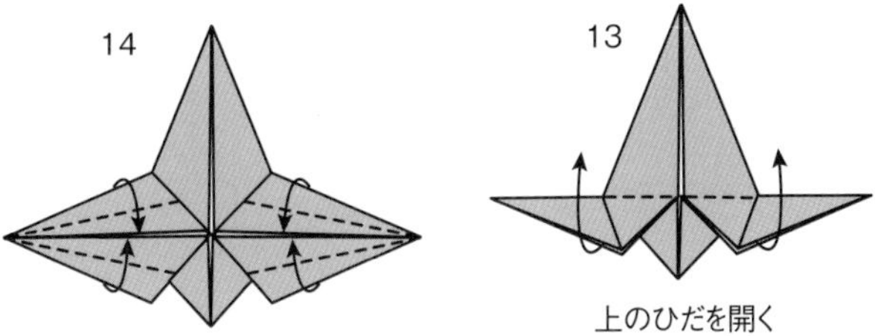

上のひだを開く

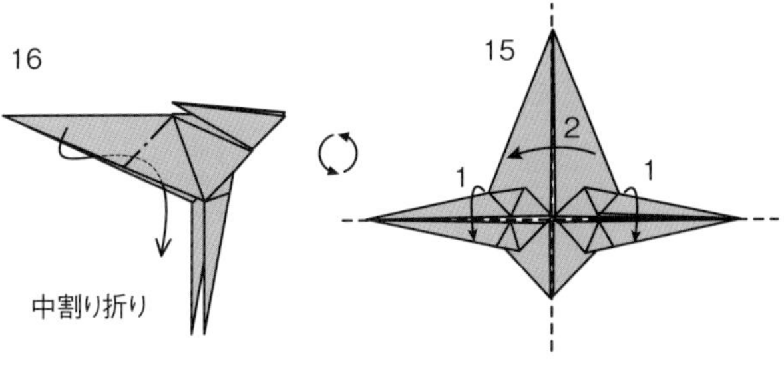

中割り折り

番号順に折る

▶ダチョウ◀

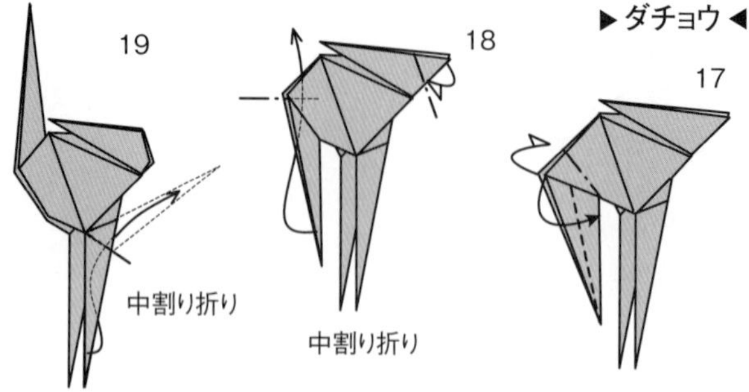
19
18
17
中割り折り
中割り折り

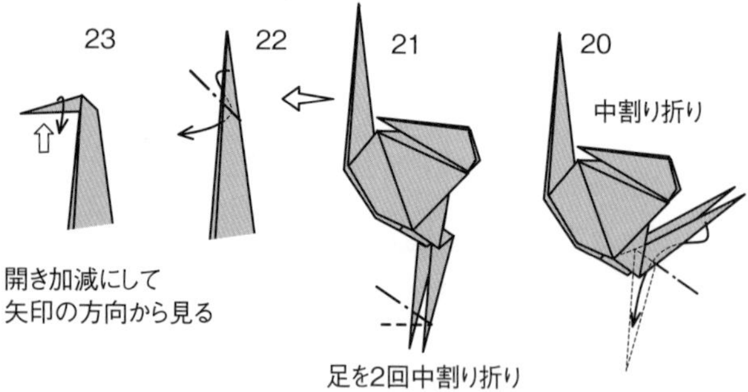
23
22
21
20
中割り折り
開き加減にして
矢印の方向から見る
足を2回中割り折り

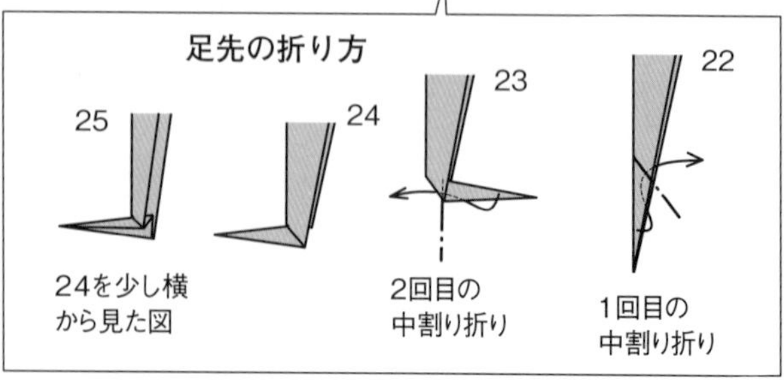
足先の折り方
25
24
23
22
24を少し横
から見た図
2回目の
中割り折り
1回目の
中割り折り

27

尾を開いて
形を整える

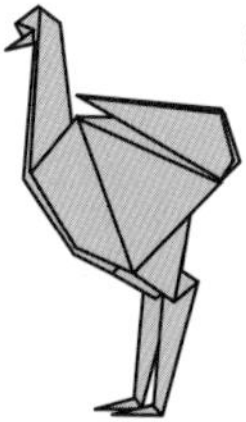

26

25

24

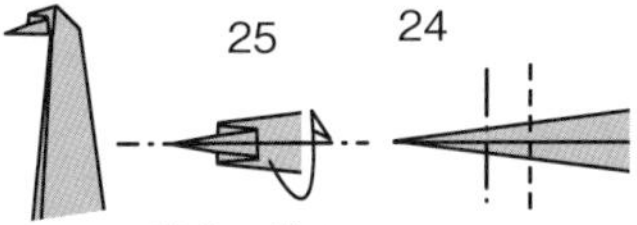

半分に折る

段に折る

28

▶ シチメンチョウ ◀

ダチョウの17から

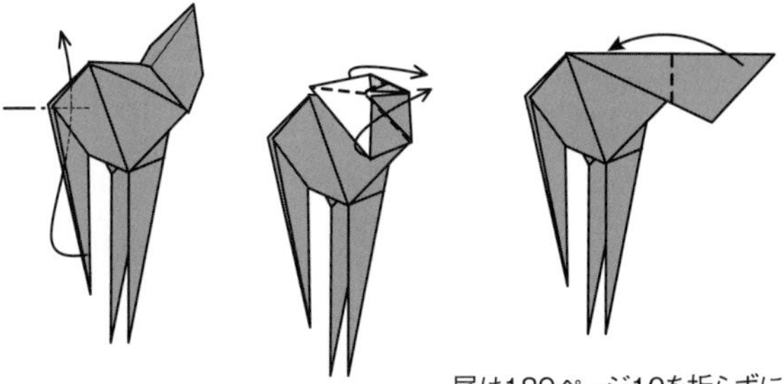

以下、ダチョウの18
からを参考に

尾は189ページ10を折らずに
そのままにしておく

じまんばなし

「こーすいは　フランスせい
すかーふは　イギリスせい
このダイヤモンドは　50カラット
よみせのやたいで　かいましたの」
シチメンチョウのおくさん　じまんする
ダチョウのおくさん　びっくりし
「それみんな　クリスマスプレゼントざ
ーますの？」

シチメンチョウ

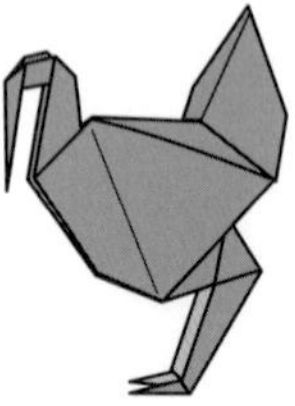

ダチョウ

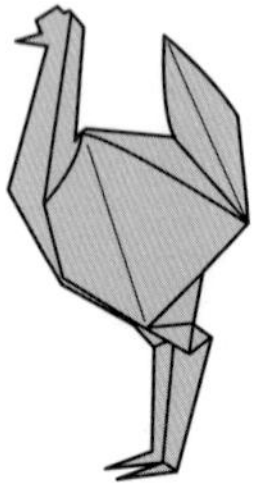

column　見立て

折り紙に「見立て」は重要な要素です。動物など実物にそっくりでなくても、特徴をつかんでいれば、そう見えてきます。キリンとヒトコブラクダ、ダチョウとシチメンチョウなどがその例です。

紙を折って形を作るため、思うにまかせない部分があって、自然に引き算や省略がなされ、思いがけないデザインが生まれることがあります。ここが折り紙の折り紙たるところ。

また「見立て」には見る側の想像力が必要なことはいうまでもありません。

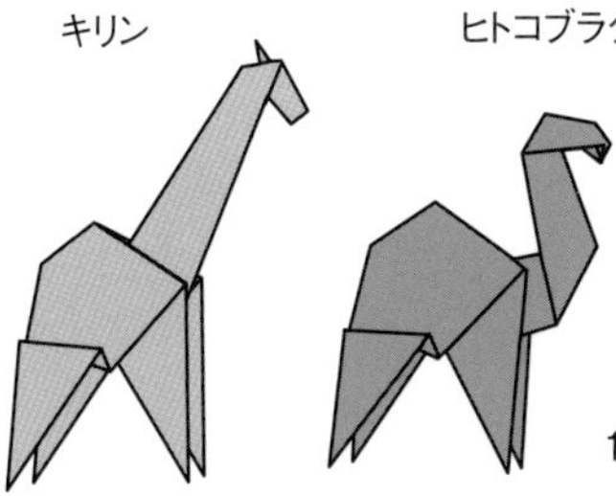

184〜187ページ参照

子ザル　★★15cm×15cm

折り紙の定型の「さるのかお」（147ページ）をした子ザルです。

1

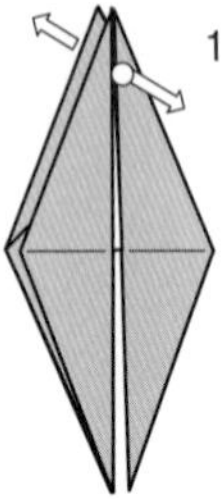

つるの基本形から（18ページ）

○印を持って左右に引く

2

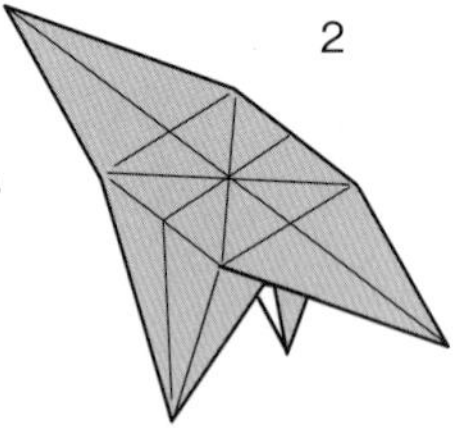

3

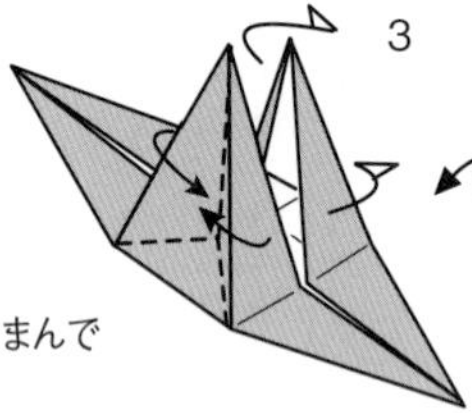

先をつまんで立てる

4

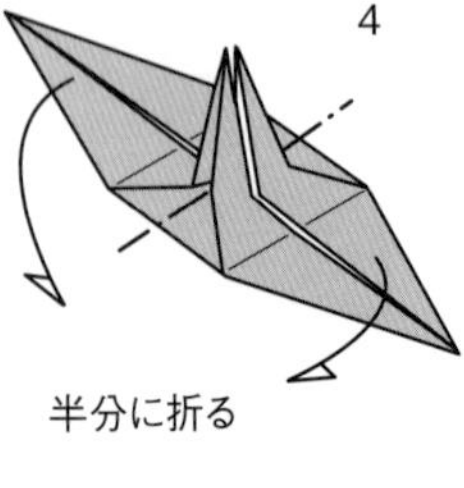

半分に折る

5

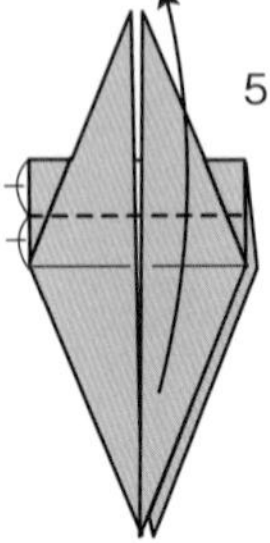

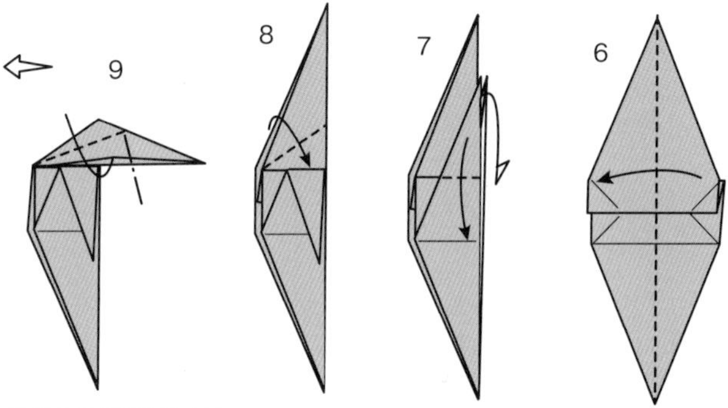

半分に折る

半分の角度より多めに
折る（顔が大きくなる）

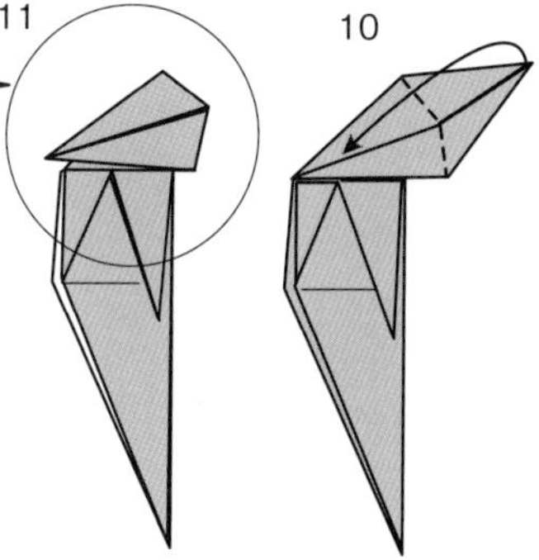

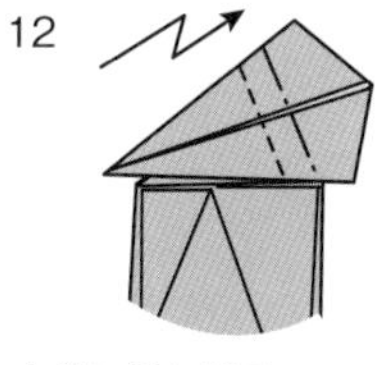

内側に段に折る

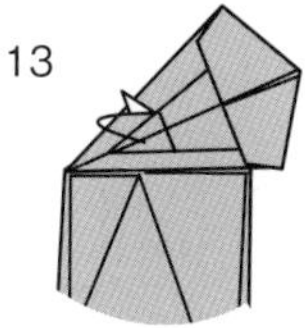

先を内側に折る

14

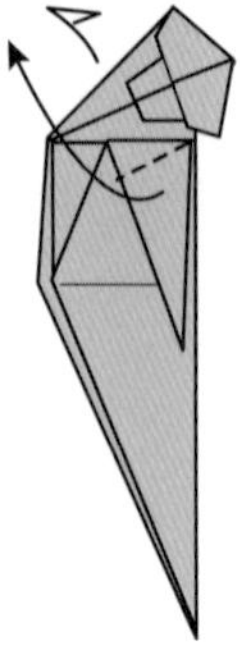

手のポーズをつける

15

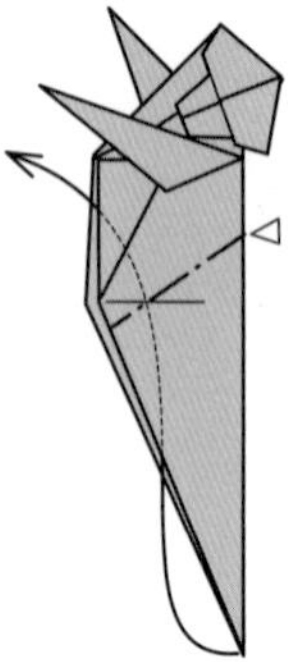

△印、かどいっぱいのところで。
大きく中割り折り

16

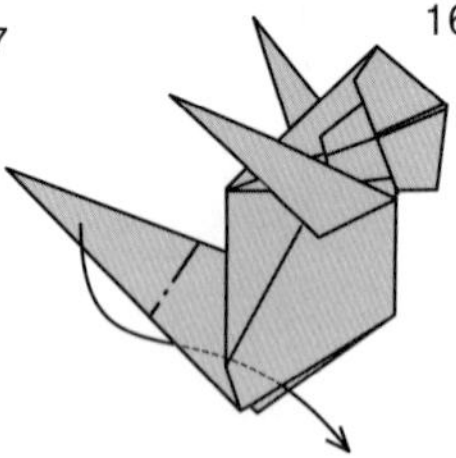

尻尾が出るように
中割り折り

ぐらい折り （14ページ）

17

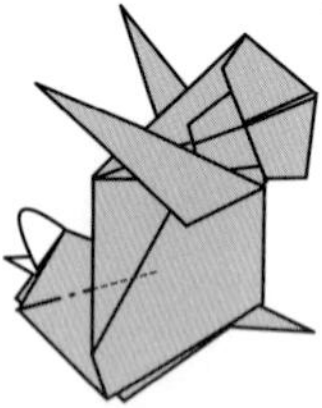

中割り折り

18

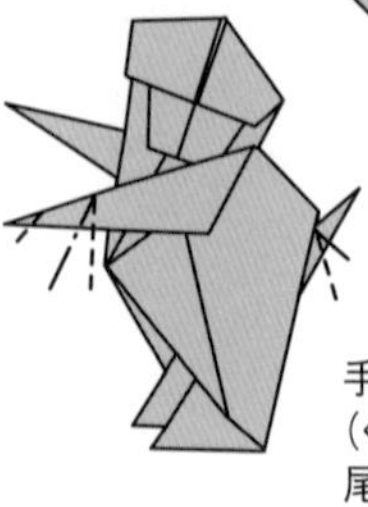

手と指を折る
（くわしくは次ページ）
尾も同じ折り方

こざる

さる　さる　こざる
かわいい　こざる
おいでといったら
さる　こざる

さる　さる　こざる
げんきな　こざる
ここかとおもえば
あこ　ござる

19

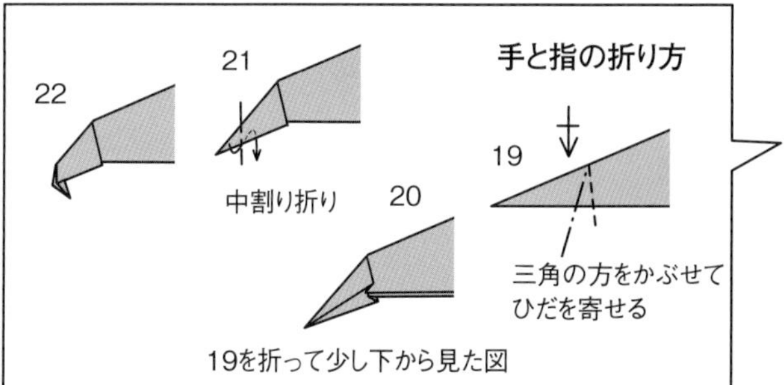
手と指の折り方
19
三角の方をかぶせて
ひだを寄せる
20
19を折って少し下から見た図
21
中割り折り
22

ウサギ　★★15cm×15cm

耳をねかせたウサギです。

1

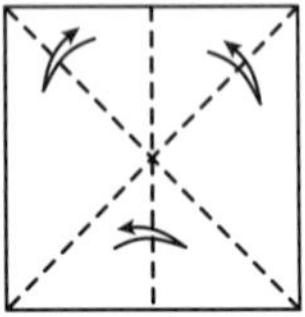

2

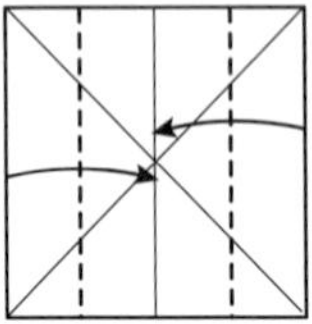

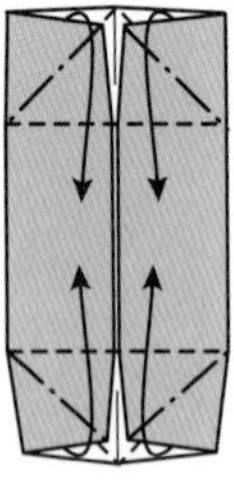

3

三角をつまんで倒し、
下も三角に折る

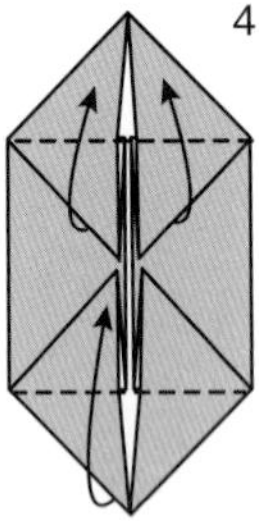

4

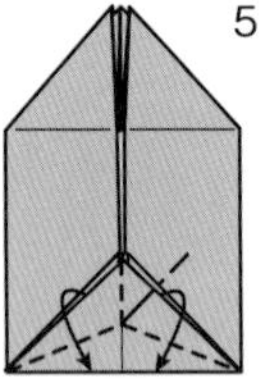

5

三角をつまんで
立て、右に倒す

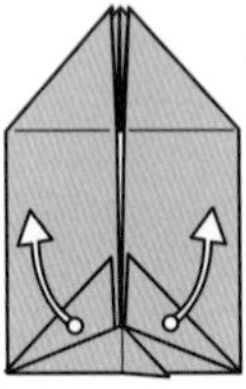

6

○印を持って折り目を
はずして引き上げる

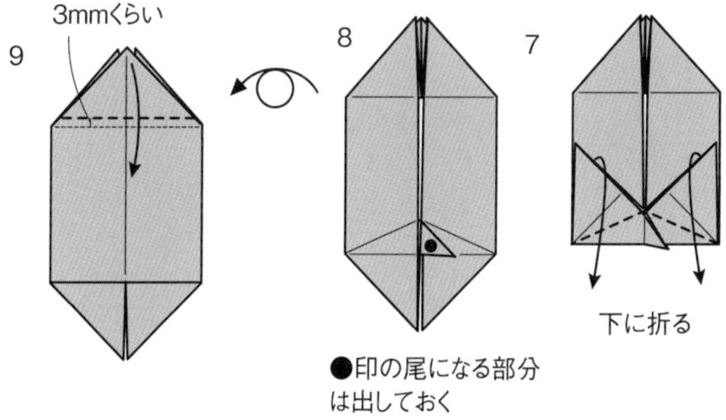
9
3mmくらい
8
7
下に折る
●印の尾になる部分
は出しておく

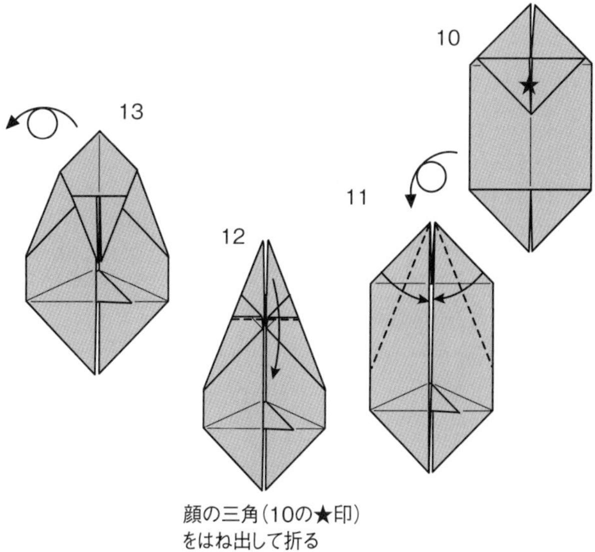
10
13
11
12
顔の三角（10の★印）
をはね出して折る

14

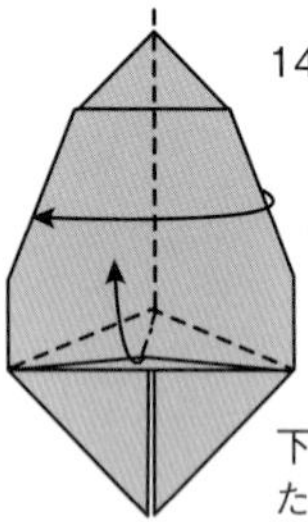

下をあげながら
たて半分に折る

15

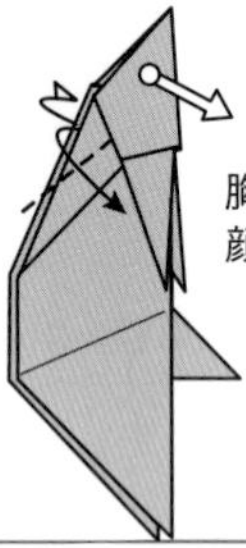

胸を折りながら
顔を引き上げる

16

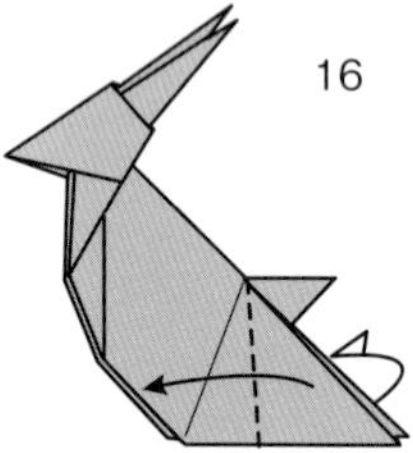

直角より少しずらして折る

ぐらい折り　（14ページ）

17

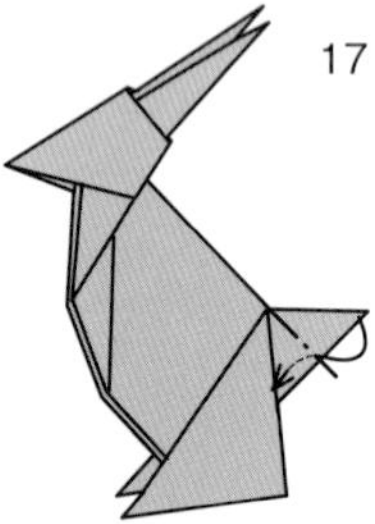

尻を中割り折り

18

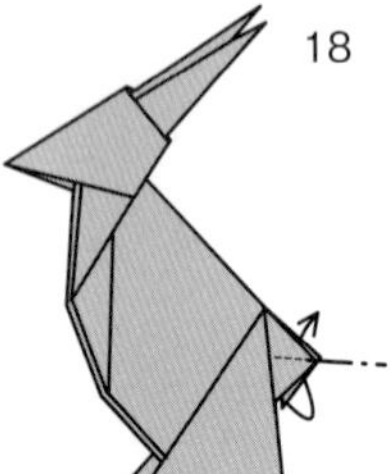

中割り折りして
尾を作る

19

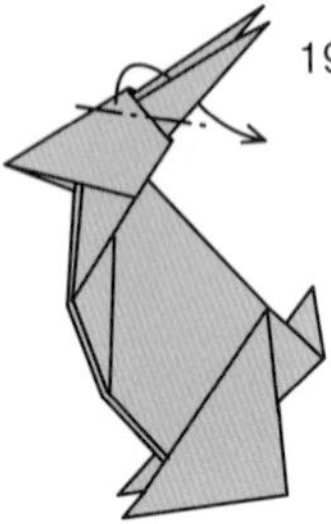

頭を中割り折り

20

鼻先を中割り折り
足を内側に折る

十五夜うさぎ

うさぎ　うきうき
うたは　ぶぎうぎ
まんまるつきよに　まんまるだんご
まんまる　まんまる　だんごはうまい
だんご　だんご
うさぎ　うきうき

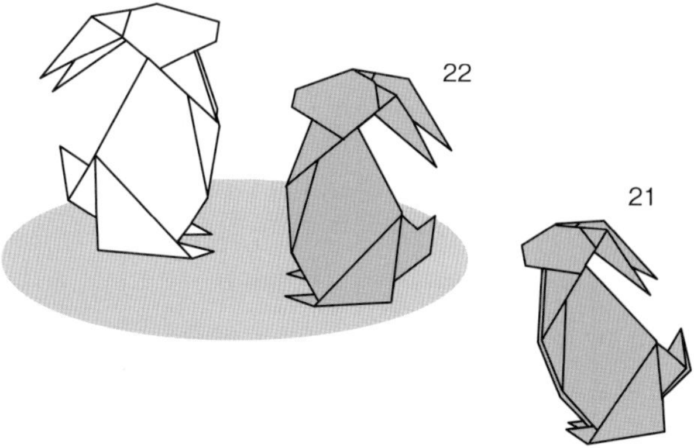

足を平らにして立てる

カラス ★★15cm×15cm

基本形を生かした鳥の折り方の例です。

つる+かえるの基本形
20ページ6から

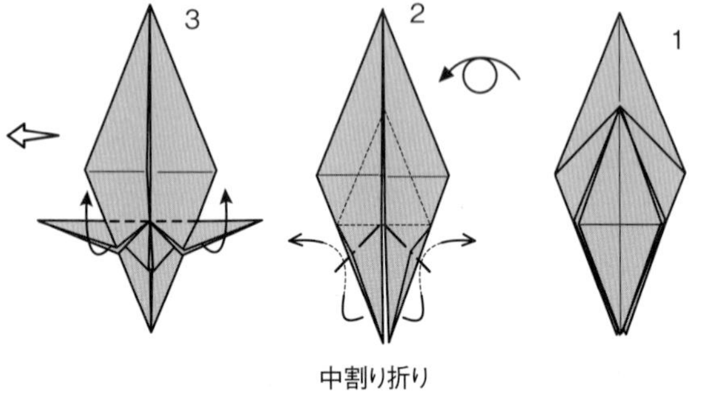

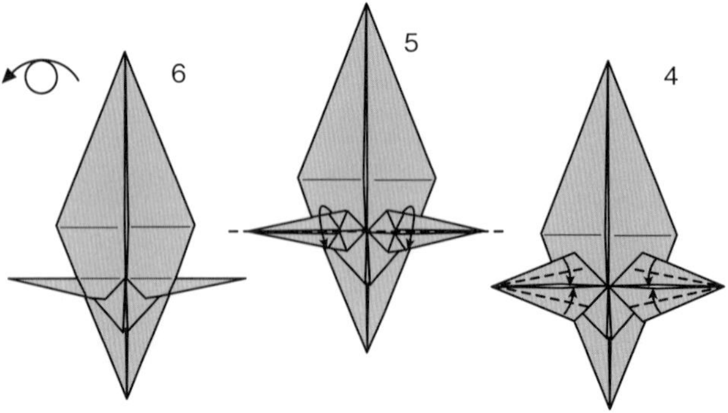

7

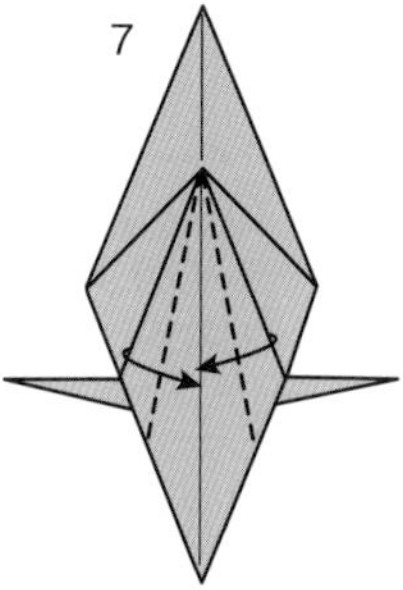

8

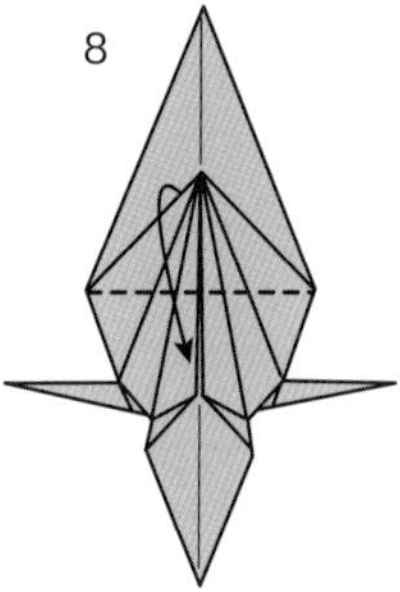

9

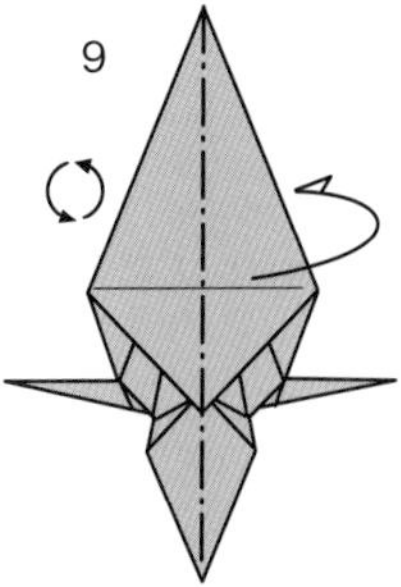

10

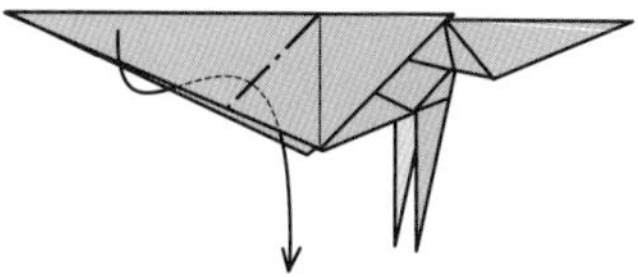
中割り折り

11

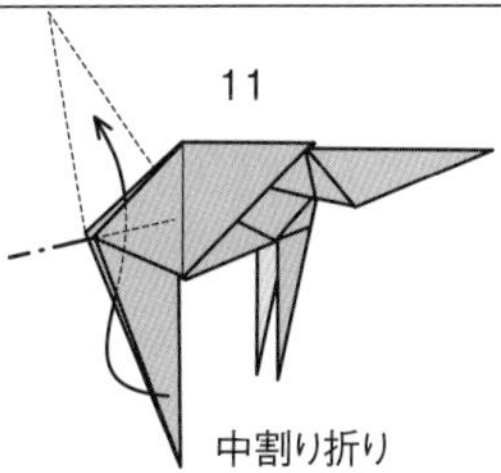
中割り折り

12

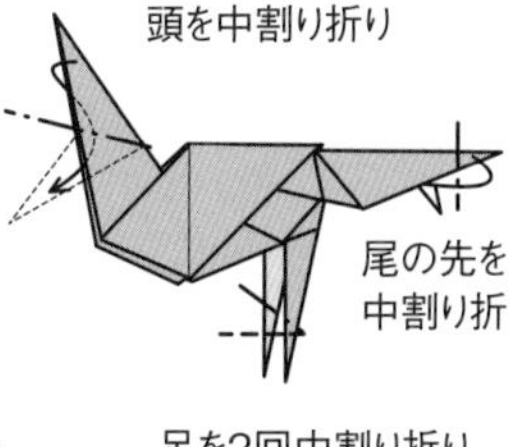
頭を中割り折り
尾の先を
中割り折り
足を2回中割り折り
(190ページ参照)

13

セキセイインコとダルマインコ

★★15cm×15cm

「つる＋かえるの基本形」から、カラスに続きインコを折り出します。折り紙のテクニックと対象の特徴をどうつかむか。ここが勝負になります。

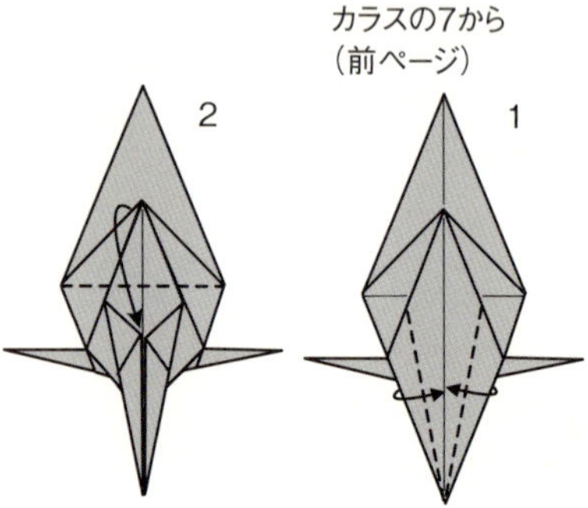
カラスの7から
（前ページ）
2
1

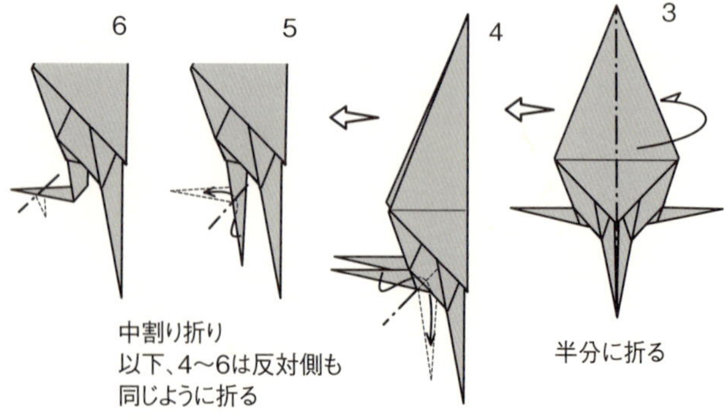
6
5
4
3
中割り折り
以下、4〜6は反対側も
同じように折る
半分に折る

▶ セキセイインコ ◀

7

8

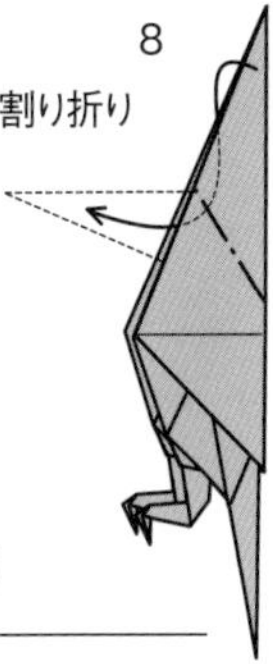

中割り折り

9

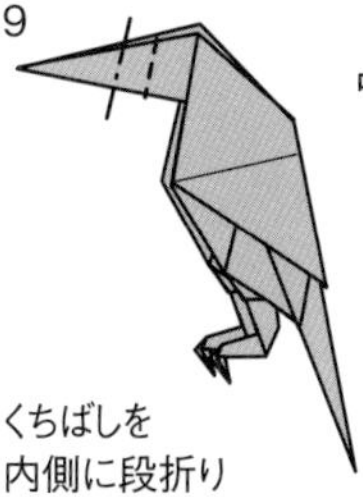

くちばしを
内側に段折り

ぐらい折り （14ページ）

10

くちばしをか
ぶせ折り

11

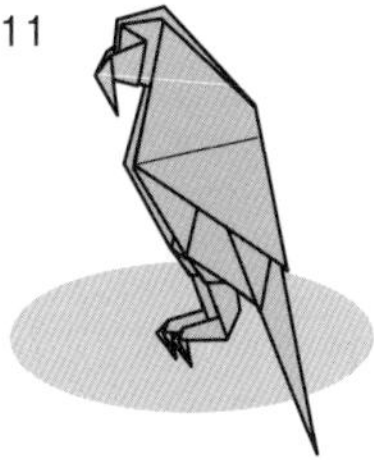

▶ダルマインコ◀

セキセイインコ
の7から

8

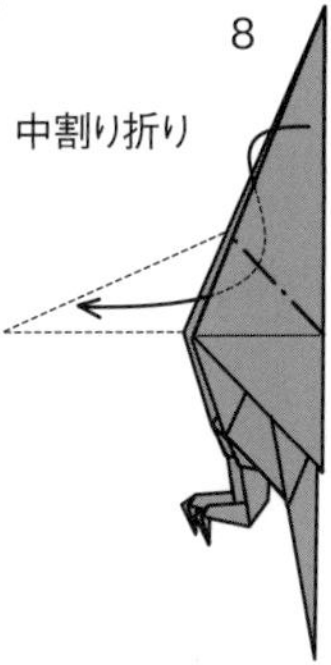

中割り折り

9

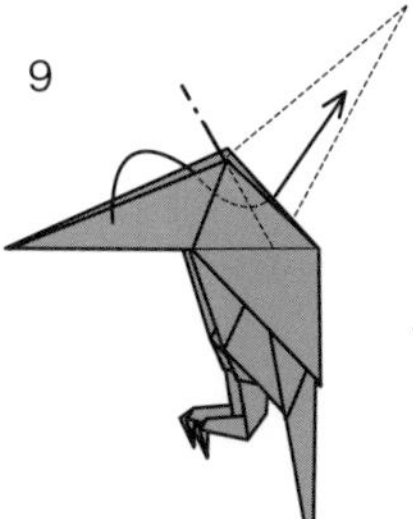

中割り折り

ぐらい折り

10

中割り折り

ぐらい折り

11

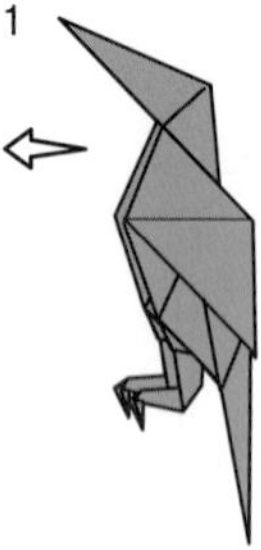

12

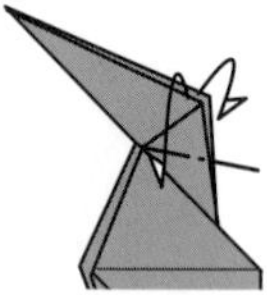

かぶせ折り

ぐらい折り

9〜12の角度で、形が決まる。
わずかなちがいで微妙にバランスが変わる。

13

内側に段折り

14

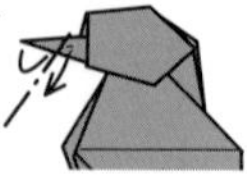

くちばしを中割り折り

15

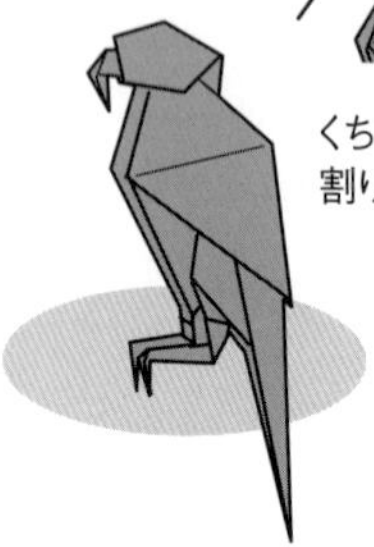

column　何度か折る

「中割り折り」と「かぶせ折り」、この二つを「ぐらい折り」することが続く折り方はバランスがむずかしく、初見で満足のいくものはなかなか出来ません。動物には特にこの作業が多いので、何度か折って気にいった角度を見つけましょう。

ミドリガメ ★★15cm×15cm

最後に甲羅の凹凸をしっかりつけて立体化します。

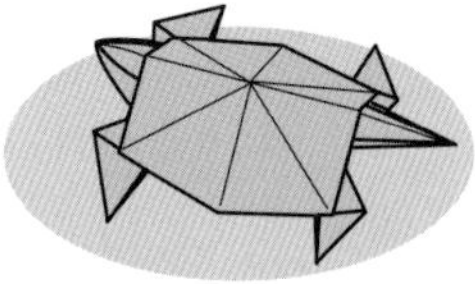

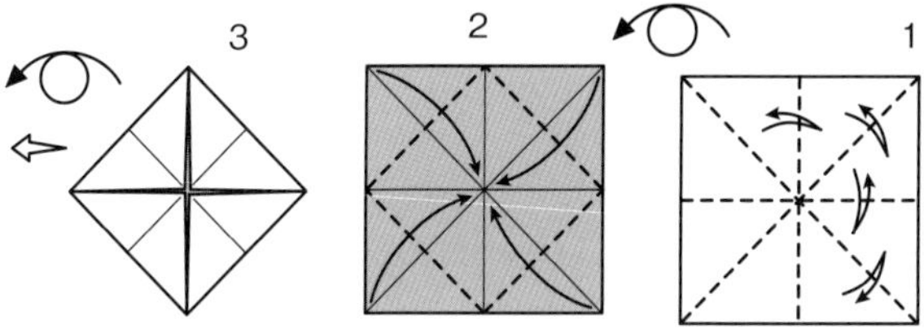
3
2
1

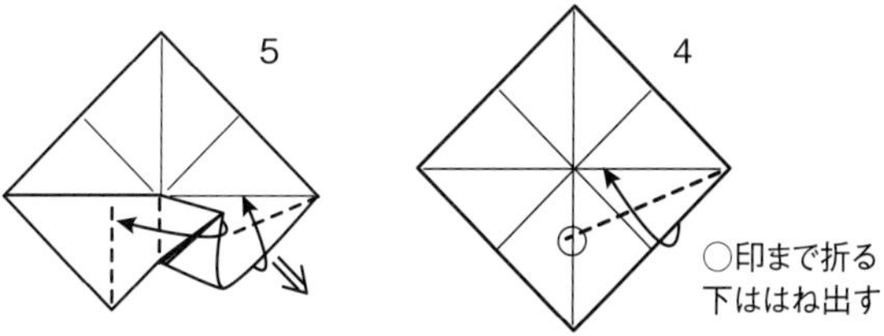
5
4
○印まで折る
下ははね出す

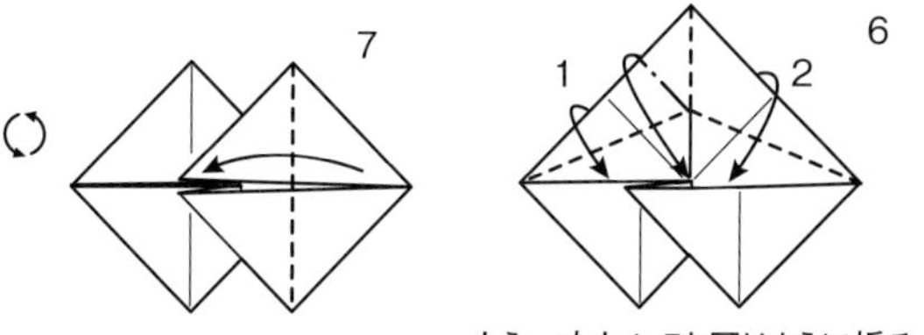
7
6
1
2
もう一方も4、5と同じように折る

8

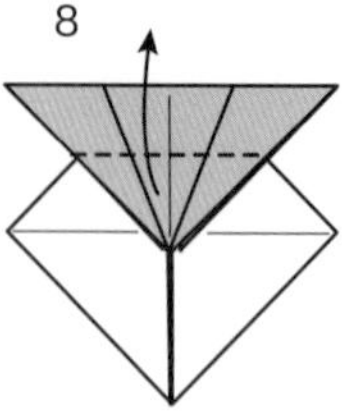

9

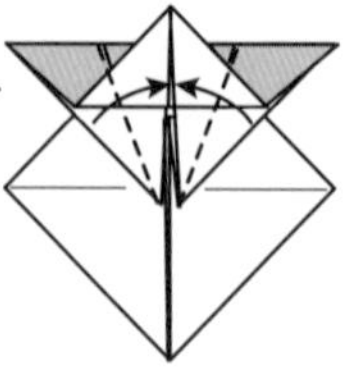

10

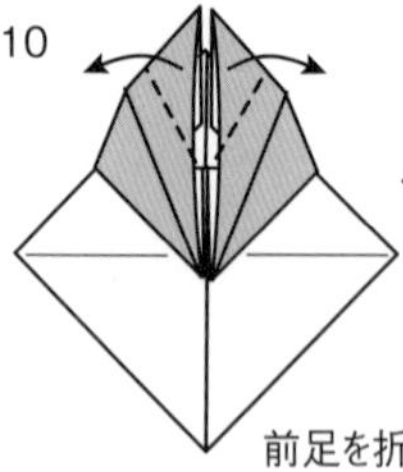

前足を折る

11

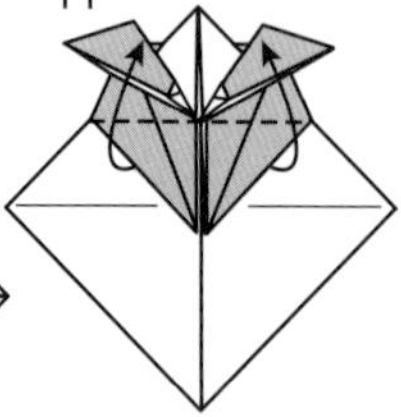

三角部分を
逆にたおす

12

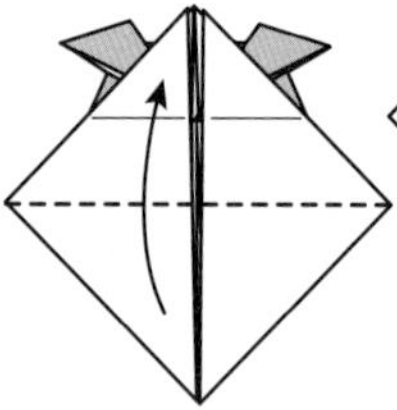

13

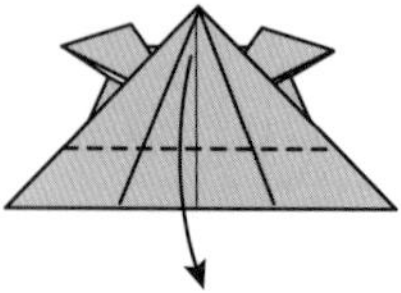

尾は頭より長くなる
ように長めに折る

14

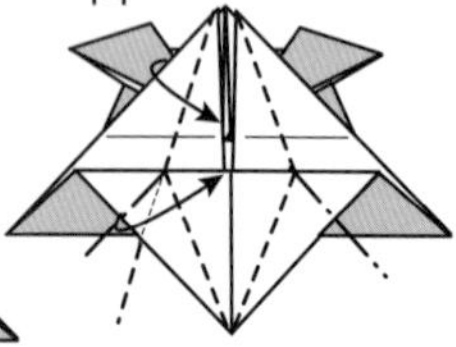

15

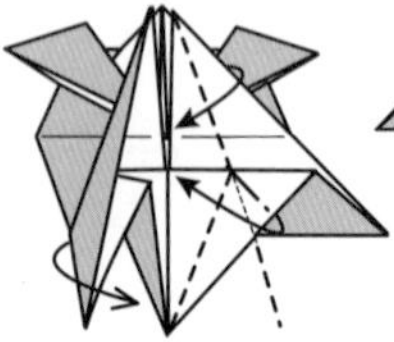

16

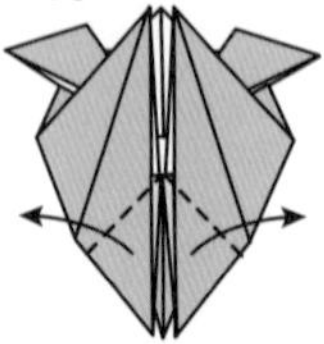

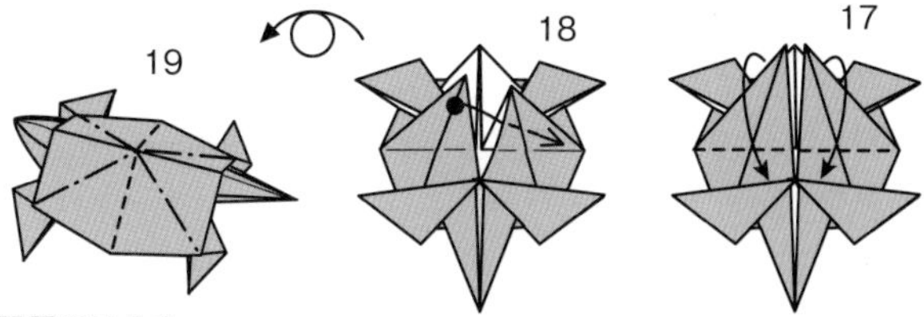

17 三角部分を立てる

18 三角を片方の袋に
先までしっかり差し込み
立体化する

19 甲羅の凹凸を
しっかりつける

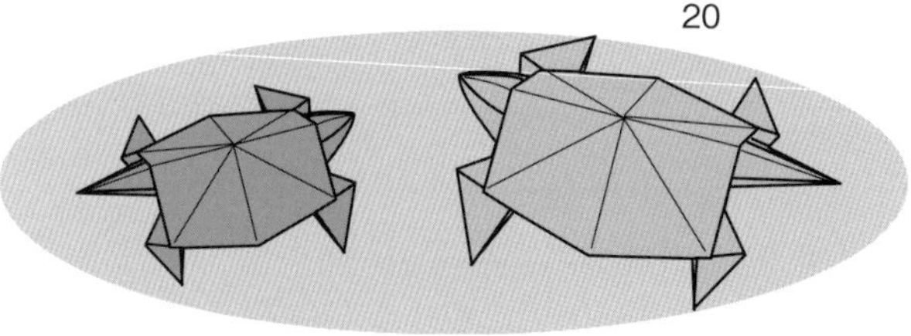

おおがねもち

かめはかねもち　おおがねもち
こがめもかねもち　ちょっとだけ
おおきくなれば　おおがねもち
かめはかねもち　おおがねもち
こがねもつもれば　やまとなる
まんねんたてば　おおがねもち

リス ★★★18cm×18cm

手順は多いですが、ひとつずつ丁寧に折って下さい。
大きめの紙を使いましょう。

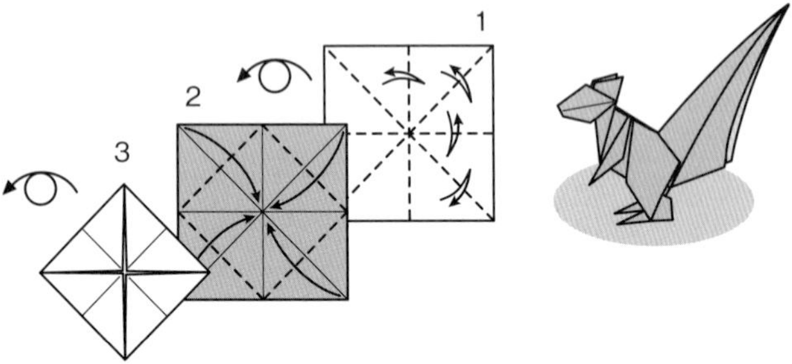

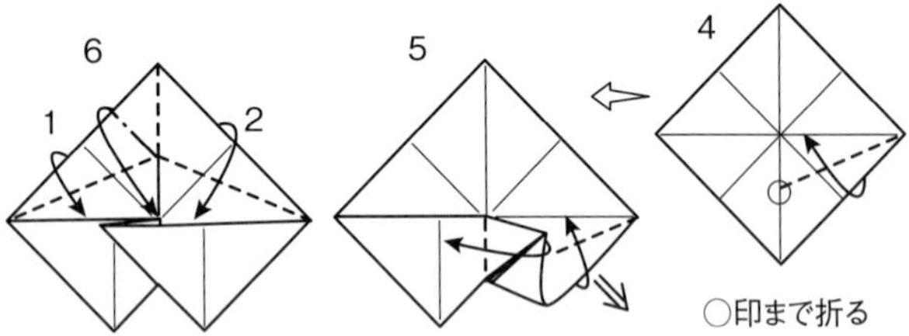

もう一方も4、5と同じように折る

○印まで折る
下ははね出す

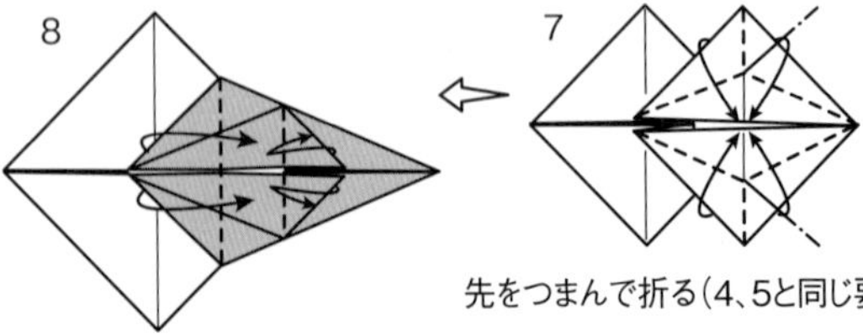

先をつまんで折る(4、5と同じ要領)

9

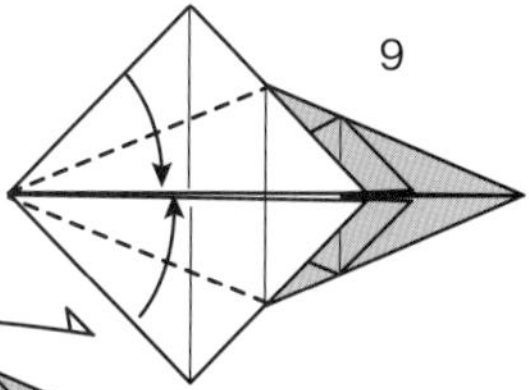

10

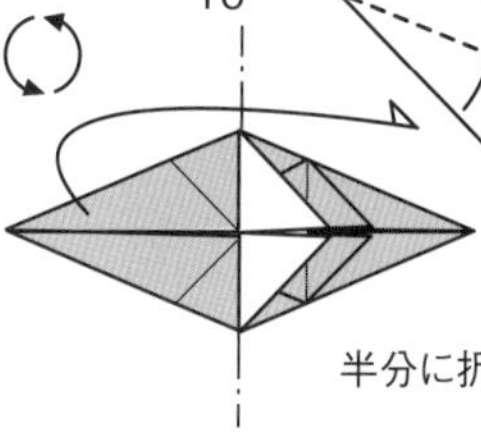

半分に折る

11

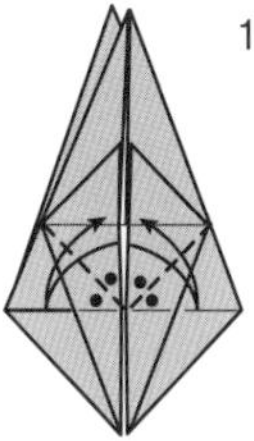

上の層だけ折り線を
つける

12

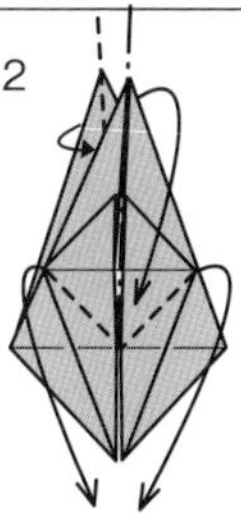

11でつけた折り線で
中を割って半分に折る

13

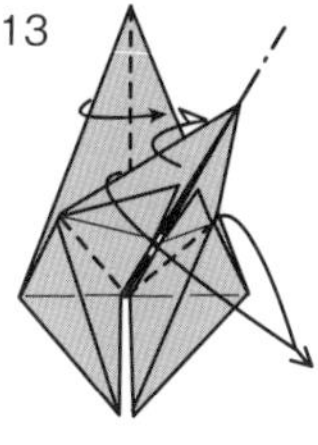

(途中の形)

14

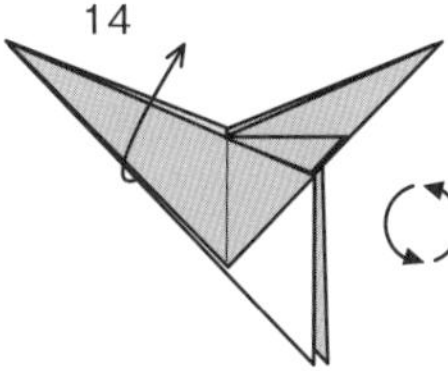

15

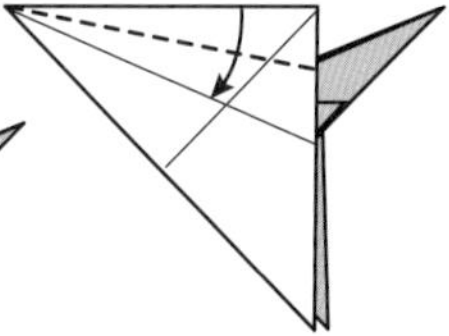

以下15〜27まで
反対側も同じように折る

16

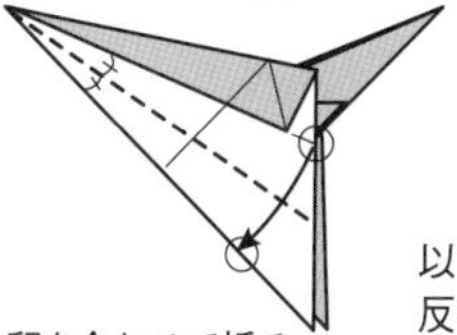

○印を合わせて折る

17

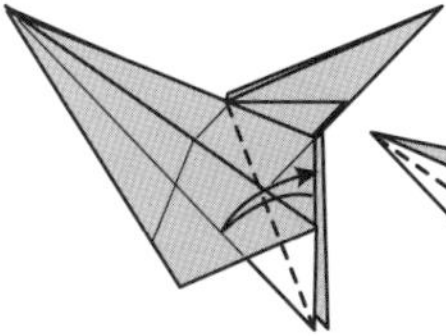

18

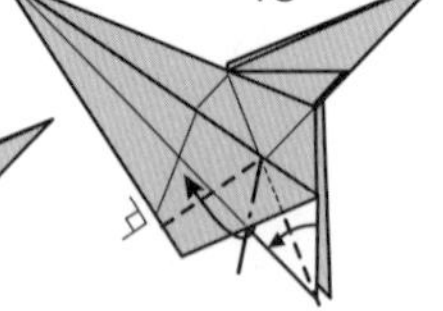

19

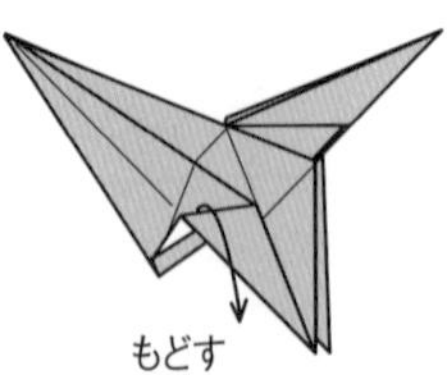

もどす

20

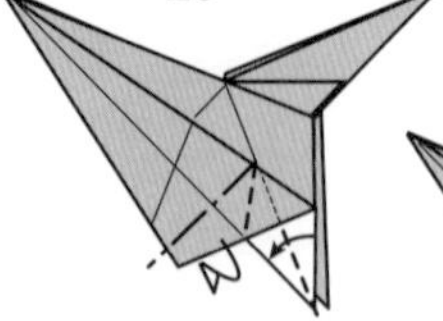

18でつけた折り線で
内側に折る

21

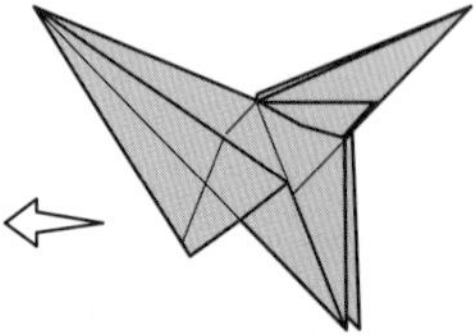

内側に折ったところ

22

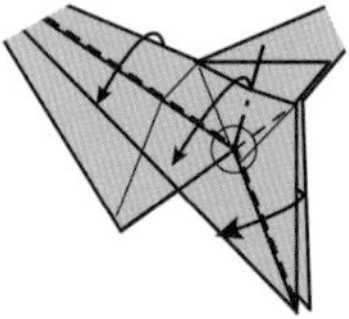

◯印のところで
畳んで折る

23

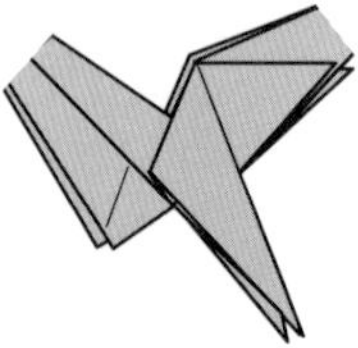

折ったところ

24

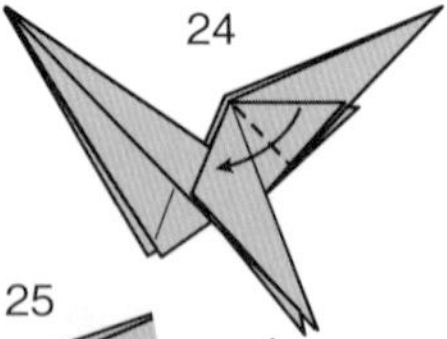

25

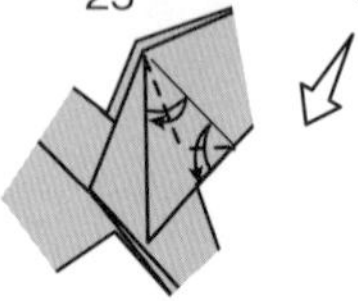

角を半分にする
折り線をつける

26

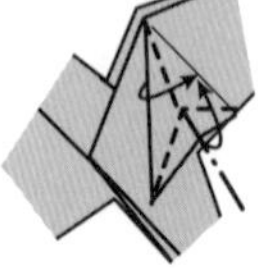

つまんで細く
折る

27

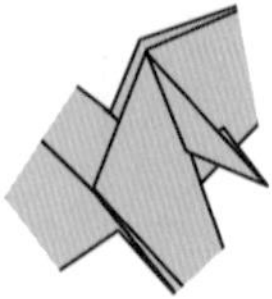

28

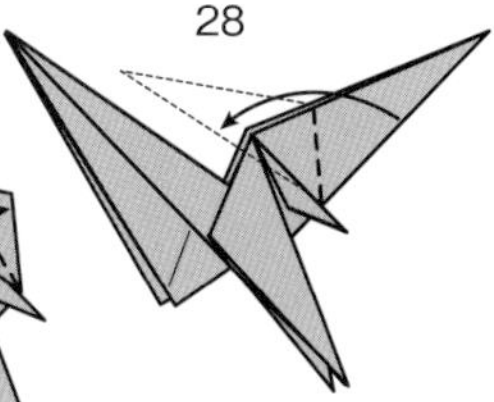

右の三角を全部
左へ折る

29

30

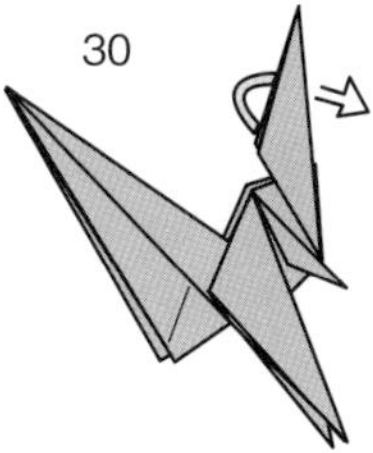

真ん中で折り目をはずして
顔になる部分を開く

31

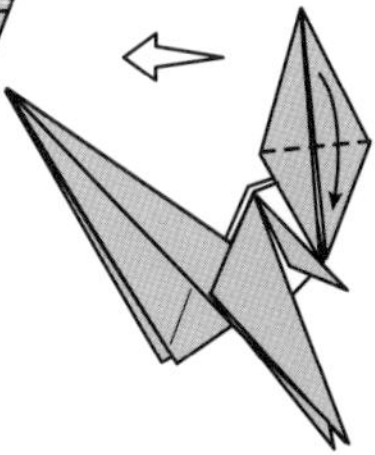

32

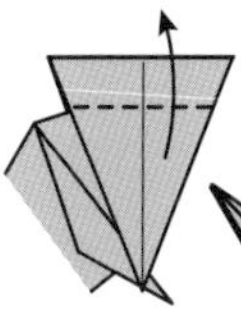

33

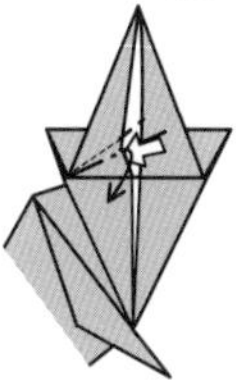

中を開いて折る

34

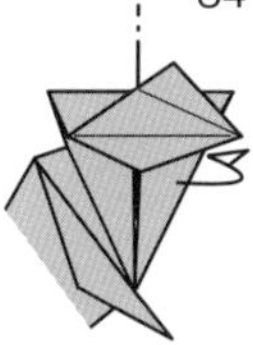

向こうに折って
顔を立てる

35

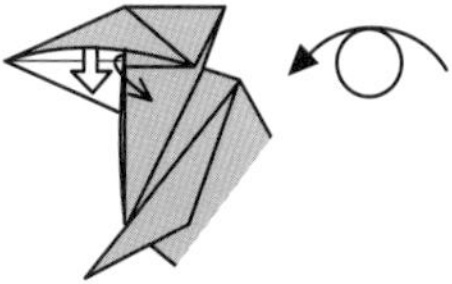

中を引き出す

36

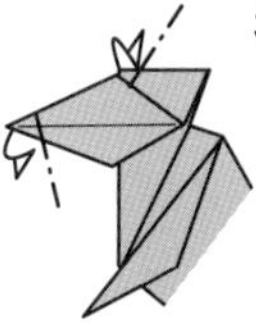

顔の先と耳を
中割り折り

37

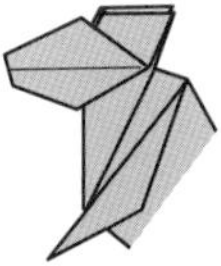

38

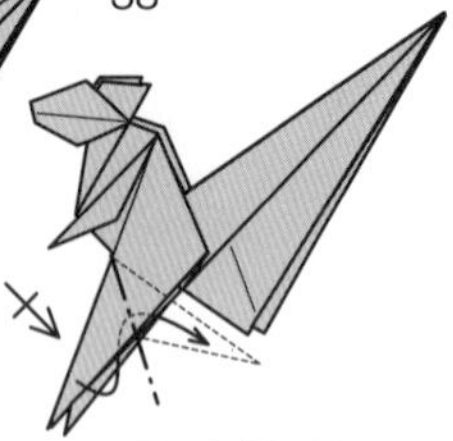

足を中割り折り

39

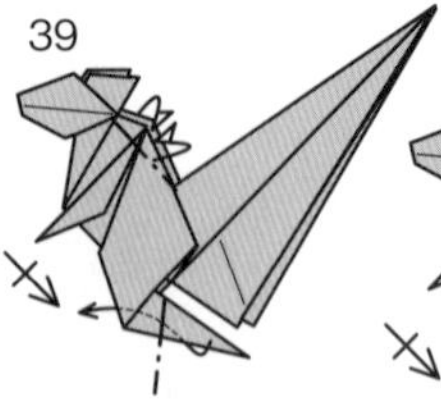

足を中割り折りし
背中を内側に折る

40

尾を内側に折り、
膨らませて
形を整える

41

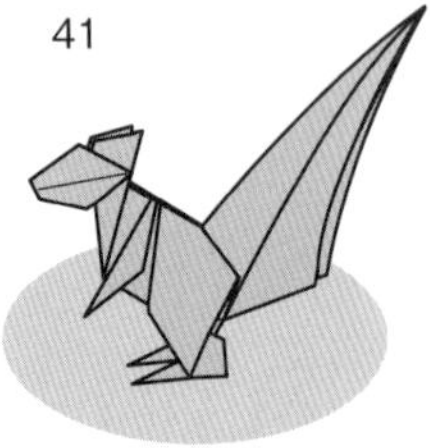

リス

どんぐりまなこの　リス
どんぐりがすき
みみは　ぴん
ひげも　ぴん
しっぽ　ふわりと
えだから　えだへ
ぴんぴん　ぴんぴん
いそがしい
どんぐりまなこの　リス
どんぐりがすき

推薦文

「楽しい！　簡単な折り方をほんのいくつか覚えるだけで、世界中でコミュニケーションが！」

松尾貴史

本書は書き下ろしです。

これで古典がよくわかる　橋本治

古典文学に親しめず、興味を持てない人たちは少なくない。どうすれば古典が「わかる」ようになるかを具体例を挙げ、教授する最良の入門書。

恋する伊勢物語　俵万智

恋愛のパターンは今も昔も変わらない。恋がいっぱいの歌物語の世界に案内する、ロマンチックでユーモラスな古典エッセイ。（武藤康史）

倚りかからず　茨木のり子

もはや／いかなる権威にも倚りかかりたくはない……話題の単行本に3篇の詩を加え、高瀬省三氏の絵を添えて贈る決定版詩集。（山根基世）

茨木のり子集　言の葉（全3冊）　茨木のり子

しなやかに凜と生きた詩人の歩みの跡を、詩とエッセイで編んだ自選作品集。単行本未収録の作品なども収め、魅力の全貌をコンパクトに纏める。

詩ってなんだろう　谷川俊太郎

谷川さんはどう考えているのだろう。その道筋にそって詩を集め、選び、配列し、詩とは何かを考えるおおもとを示しました。（華恵）

笑う子規　正岡子規＋天野祐吉＋南伸坊

「弘法は何と書きしぞ筆始」「猫老て鼠もとらず置火燵」。天野さんのユニークなコメント、南さんの豪快な絵を添えて贈る愉快な子規句集。（関川夏央）

尾崎放哉全句集　村上護編

「咳をしても一人」などの感銘深い句で名高い自由律の俳人・放哉。放浪の旅の果て、小豆島で破滅型の人生を終えるまでの全句業。（村上護）

山頭火句集　種田山頭火　村上護編　小崎侃・画

自選句集「草木塔」を中心に、その境涯を象徴する随筆も精選収録し、〝行乞流転〟の俳人の全容を伝える一巻選集！（村上護）

絶滅寸前季語辞典　夏井いつき

「従兄煮」「蚊帳」「夜這星」「竈猫」……季節感が失われ、風習が廃れて消えていく季語たちに、新しい命を吹き込む読み物辞典。（茨木和生）

絶滅危急季語辞典　夏井いつき

「ぎぎ・ぐぐ」「われから」「子持花椰菜」「大根祝う」……消えゆく季語に新たな命を吹き込む読み物辞典。超絶季語続出の第二弾。（古谷徹）

尾崎翠集成（上・下）　尾崎翠　中野翠 編

鮮烈な作品を残し、若き日に音信を絶った謎の作家・尾崎翠。時間と共に新たな輝きを加えてゆくその文学世界を集成する。

クラクラ日記　坂口三千代

戦後文壇を華やかに彩った無頼派の雄・坂口安吾との、嵐のような生活を妻の座から愛と悲しみをもって描く回想記。巻末エッセイ＝松本清張

貧乏サヴァラン　森茉莉　早川暢子 編

オムレット、ボルドオ風茸料理、野菜の牛酪煮……。食いしん坊茉莉は料理自慢。香り豊かな〝茉莉ことば〟で綴られる垂涎の食エッセイ。文庫オリジナル。

紅茶と薔薇の日々　森茉莉　早川茉莉 編

天皇陛下のお菓子に洋食店の味、庭に実る木苺……森鷗外の娘にして無類の食いしん坊、森茉莉が描く懐かしく愛おしい美味の世界。（辛酸なめ子）

ことばの食卓　武田百合子　野中ユリ・画

なにげない日常の光景やキャラメル、枇杷など、食べものに関する昔の記憶と思い出を感性豊かな文章で綴ったエッセイ集。（種村季弘）

遊覧日記　武田百合子　武田花・写真

行きたい所へ行きたい時に、つれづれに出かけてゆく。一人で。または二人で。あちらこちらを遊覧しながら綴ったエッセイ集。（巖谷國士）

わたしは驢馬に乗って下着をうりにゆきたい　鴨居羊子

新聞記者から下着デザイナーへ。斬新で夢のある下着を世に送り出し、下着ブームを巻き起こした女性起業家の悲喜こもごも。（近代ナリコ）

私はそうは思わない　佐野洋子

佐野洋子は過激だ。ふつうの人が思うようには思わない。大胆で意表をついたまっすぐな発言をする。だから読後が気持ちいい。（群ようこ）

神も仏もありませぬ　佐野洋子

還暦……もう人生おりたかった。でも春のきざしの蕗の薹に感動する自分がいる。意味なく生きても人は幸せなのだ。第3回小林秀雄賞受賞。（長嶋康郎）

老いの楽しみ　沢村貞子

八十歳を過ぎ、女優引退を決めた著者が、日々の思いを綴る。齢にさからわず、「なみ」に、気楽に、と過ごす時間に楽しみを見出す。（山崎洋子）

遠い朝の本たち　須賀敦子

一人の少女が成長する過程で出会い、愛しんだ文学作品の数々を、記憶に深く残る人びとの想い出とともに描くエッセイ。（末盛千枝子）

おいしいおはなし　高峰秀子編

向田邦子、幸田文、山田風太郎……著名人23人の美味な思い出。文学や芸術にも造詣が深かった往年の大女優・高峰秀子が厳選した珠玉のアンソロジー。

るきさん　高野文子

のんびりしていてマイペース、だけどどっかヘンテコな、るきさんの日常生活って？　独特な色使いが光るオールカラー。ポケットに一冊どうぞ。

それなりに生きている　群ようこ

日当たりの良い場所を目指して仲間を蹴落とすカメ、迷子札をつけているネコ、自己管理している犬。文庫化に際し、二篇を追加して贈る動物エッセイ。

うつくしく、やさしく、おろかなり　杉浦日向子

生きることを楽しもうとしていた江戸人たち。彼らの紡ぎ出した文化にとことん惚れ込んだ著者がその思いの丈を綴った最後のラブレター。（松田哲夫）

ねにもつタイプ　岸本佐知子

何となく気になることにこだわる、ねにもつ。思索、奇想、妄想はばたく脳内ワールドをリズミカルな名短文でつづる。第23回講談社エッセイ賞受賞。

回転ドアは、順番に　穂村弘　東直子

ある春の日に出会い、そして別れるまで。気鋭の歌人ふたりが、見つめ合い呼吸をはかりつつ投げ合う、スリリングな恋愛問答歌。（金原瑞人）

絶叫委員会　穂村弘

町には、偶然生まれては消えてゆく無数の詩が溢れている。不合理でナンセンスで真剣だからこそ可笑しい、天使的な言葉たちへの考察。（南伸坊）

杏のふむふむ　杏

連続テレビ小説「ごちそうさん」で国民的な女優となった杏が、それまでの人生を、人との出会いをテーマに描いたエッセイ集。（村上春樹）

月刊佐藤純子　佐藤ジュンコ

注目のイラストレーター（元書店員）のマンガエッセイが大増量してまさかの文庫化！　仙台の街や友人との日常を描く独特のゆるふわ感はクセになる！

ちくま文庫

ハッとする！ 折《お》り紙《がみ》入門《にゅうもん》

二〇一三年十一月十日　第一刷発行
二〇一八年十二月十日　第二刷発行

著　者　布施知子（ふせ・ともこ）
発行者　喜入冬子
発行所　株式会社　筑摩書房
東京都台東区蔵前二―五―三　〒一一一―八七五五
電話番号　〇三―五六八七―二六〇一（代表）
装幀者　安野光雅
印刷所　株式会社加藤文明社
製本所　株式会社積信堂

ISBN978-4-480-43055-7 C0172